高职高专物流管理专业精品系列教材

仓储与配送管理实务

季 敏 主编
浦玲玲 杨双林 李文舒 副主编

清华大学出版社
北京

内 容 简 介

本书为"十三五"江苏省高等学校重点教材,同时为中国大学慕课"仓储与配送中心管理实务"课程配套教材。仓储与配送课程是物流管理专业的核心课程。本书基于工作过程设计教学情境,结构新颖,契合学生的认知规律,较好地体现了翻转教学思想,为翻转课堂提供资源支持。

本书设计了仓储作业前的准备(项目一)、仓储作业操作(项目二~项目五)、案例集锦和综合实训四大部分,共五大项目,细分为25个任务。本书配有微课学习资源,读者可以使用移动终端扫描二维码观看学习,也可登录中国大学慕课平台系统学习"仓储与配送中心管理实务"课程。

本书可作为高职高专院校物流管理等相关专业的教学用书,也可作为物流管理专业现代学徒制班的行业课程教材,还可供从事物流工作的相关人员参考使用。

本书封面贴有清华大学出版社防伪标签,无标签者不得销售。
版权所有,侵权必究。举报:010-62782989,beiqinquan@tup.tsinghua.edu.cn。

图书在版编目(CIP)数据

仓储与配送管理实务/季敏主编. —北京:清华大学出版社,2018(2021.12重印)
(高职高专物流管理专业精品系列教材)
ISBN 978-7-302-50831-1

Ⅰ. ①仓… Ⅱ. ①季… Ⅲ. ①仓库管理-高等职业教育-教材 ②物流配送-物资管理-高等职业教育-教材 Ⅳ. ①F253

中国版本图书馆 CIP 数据核字(2018)第 178576 号

责任编辑:左卫霞
封面设计:常雪影
责任校对:李 梅
责任印制:宋 林

出版发行:清华大学出版社
网　　址:http://www.tup.com.cn, http://www.wqbook.com
地　　址:北京清华大学学研大厦A座　　邮　编:100084
社 总 机:010-62770175　　邮　购:010-62786544
投稿与读者服务:010-62776969,c-service@tup.tsinghua.edu.cn
质量反馈:010-62772015,zhiliang@tup.tsinghua.edu.cn
课件下载:http://www.tup.com.cn,010-62770175-4278

印 装 者:三河市少明印务有限公司
经　　销:全国新华书店
开　　本:185mm×260mm　　印 张:17.5　　字　数:425千字
版　　次:2018年9月第1版　　印　次:2021年12月第5次印刷
定　　价:54.00元

产品编号:079943-02

FOREWORD 前 言

当前,物流已成为我国经济新的增长点,物流专业人才已成为我国紧缺人才之一。高职高专教育肩负着培养面向生产、建设、服务和管理第一线需要的高技能人才的使命,其人才培养的实践性和应用性特色已越来越被社会认可与接受。仓储与配送作为物流业的两大主要功能,近年的发展越来越体现出社会化、专业化、信息化的特征。特别是随着工业加工、商贸流通等产业集约化、规模化的提升,以及居民生活水平的提高,社会对优质、高效的仓储与配送服务产生了越来越强烈的需求。所以,社会对仓储与配送业务人才的需求也从内涵上提出了更高、更新的要求,迫切需求职业化、应用型人才。

现阶段高职高专正积极探索和开展现代学徒制试点工作,传统的教材不管是从内容上还是从教学方法上都不太适合学徒制培养的要求。针对学徒制培养的特点,教材开发要求主体多元化、学习情境系统化、教材内容交融化、教材形式立体化等。

本书从物流管理专业职业需要和现代学徒制下学生的认知规律出发,着重体现对学生仓储与配送领域实践能力的培养,突出教材在教学中的理实一体化运用,突出在教育中的实践性、拓展性、前瞻性和创新性。

本书在编写上突出以下几个方面的特点。

第一,具有基于工作过程系统化的情境设计。

基于工作过程系统化的情境设计,吸收了模块课程的灵活性和项目课程一体化的特长,本书在编写时首先分析典型工作任务,归纳出行动领域,然后转化成学习领域,设计出学习情境。这样能够激发学生的学习动机和好奇心,调动学生的求知欲望,发展创新思维,培养学生知识迁移、可持续发展的能力。

第二,教材结构新颖,契合学生认知规律。

本书每一个项目首先列出要掌握的"学习与技能目标",每一个任务,首先进行"任务描述",然后进行"任务引导",接着进行"任务实施",此部分主要是关键知识点和技能点的学习,接着进行"温故知新",通过一些题目巩固所学知识点,最后通过"职场训练"强化和提高学生的职场实践能力。在设计"职场训练"时,着重针对真实企业的工作情境和岗位进行设计,并且结合本任务的技能点,贯穿物流技能竞赛储配方案的设计。案例集锦主要是从生产企业、零售企业、批发企业、物流企业等角度,汇编十个典型行业企业的案例,在扩充学生知识面的同时,也丰富了课堂学习的内容,激发了学生的学习兴趣,提高了学生分析与解决问题的能力。综合实训不但对前面所学理论知识进行了巩固和运用,而且对职场训练中的技能点进行了串联,从而使学生对该课程所学知识与技能得到了升华,能力得到进一步提升。

第三，教材较好地体现翻转教学思想，为翻转课堂提供资源支持。

本书针对每一个任务都设计了"任务引导"，学生在课前按照"任务引导"实现课堂翻转，进行知识点的前置学习。

第四，教材配有操作视频和动漫视频。

在学习资源上，本书运用二维码技术，将"看书"与"操作"紧密结合，学习者除了可以学习纸质教材的内容外，还可以通过扫描书中的二维码，观看实际的物流操作或微课动画。本书为中国大学慕课"仓储与配送中心管理实务"课程配套教材，扫描本页下方二维码可登录学习该课程。

本书由南通职业大学季敏担任主编，负责书稿框架的设计、统稿、定稿、视频制作等工作，南通科技职业技术学院浦玲玲、无锡商业职业技术学院杨双林和南通职业大学李文舒担任副主编，具体编写分工如下：季敏编写项目一，浦玲玲、王乐编写项目二，柳艳娇、唐临琳编写项目三，杨双林、王中林编写项目四，李文舒编写项目五，沈正榜编写案例集锦。林森物流集团的卞飞经理和陈旭经理参与了本书案例、职场训练内容的收集和编写及视频制作等工作。

本书可作为高职高专物流管理、电子商务、连锁经营和国际贸易等专业课程教材，也可作为物流管理专业现代学徒制班行业课程教材，还可供社会上有志于从事仓储与配送相关岗位工作的人士及企业物流管理人员自学、业务水平提高使用。

本书在编写过程中得到了国内一些企业界人士的大力支持，他们为本书的编写提供了很多素材，提出了宝贵意见；本书引用了许多同行的成果，利用了相关网络资源及一些公司的案例资料，参考了大量的相关书籍，因篇幅限制，仅在书末列出部分参考文献，在此一并表示最诚挚的谢意。

本书中的单位信息均为虚构，如有雷同纯属巧合。

由于物流业正处于快速的变革和发展中，物流相关理论和操作方法的创新不断涌现，高职教育改革日新月异，同时由于我们学识有限，掌握的资料有限，经验不足，疏漏、错误之处在所难免，恳请读者提出宝贵意见。

编 者

2018 年 5 月

仓储与配送管理实务在线开放课程

目 录

项目一 仓储作业前的准备 ... 3
- 任务一 认知仓储与仓储管理 ... 3
- 任务二 认知仓储设施、设备与仓储技术 ... 9
- 任务三 仓储管理作业规划 ... 37
- 任务四 仓储管理岗位人员的配备 ... 52

项目二 仓储商务作业 ... 56
- 任务一 订立仓储合同 ... 56
- 任务二 仓储合同纠纷处理 ... 70
- 任务三 签署仓单 ... 77

项目三 入库作业 ... 84
- 任务一 入库准备操作 ... 84
- 任务二 识别常用包装标志 ... 95
- 任务三 货物接运与验收操作 ... 99
- 任务四 货物堆码苫垫操作 ... 107
- 任务五 处理入库信息 ... 116

项目四 在库作业 ... 121
- 任务一 货物的保管保养方案制订 ... 121
- 任务二 仓库盘点操作 ... 131
- 任务三 库存控制 ... 138
- 任务四 6S操作 ... 158

项目五 出库作业 ... 164
- 任务一 订单处理操作 ... 164
- 任务二 分拣作业 ... 180
- 任务三 补货作业 ... 196

任务四　流通加工作业 …… 201
　　任务五　出库交接业务操作 …… 206
　　任务六　送货作业 …… 213
　　任务七　车辆配送路线方案制订 …… 220
　　任务八　车辆积载方案制订 …… 228
　　任务九　退货作业操作 …… 233

案例集锦 …… 237
　　案例一　奥康鞋业的物流运作模式 …… 237
　　案例二　安利物流运作模式 …… 239
　　案例三　台湾雀巢与家乐福的供应商管理库存系统 …… 240
　　案例四　海尔的物流改革 …… 243
　　案例五　长春烟厂分拣系统设计 …… 245
　　案例六　正泰集团自动化立体仓库案例 …… 246
　　案例七　可口可乐配送中心开创拣选效率新纪录 …… 248
　　案例八　KUKA机器人为Widmer公司解决高处卸垛问题 …… 251
　　案例九　为Halfords打造新型零部件存储和拣选中心 …… 252
　　案例十　物流信息系统助力物美物流配送中心 …… 253

综合实训 …… 258

参考文献 …… 274

速达运物流有限公司介绍

速达运物流有限公司成立于 1951 年,公司历经了 60 多年的变革和发展,已成为一个集公路运输、化学危险品运输、大件运输、仓储、物流配送为一体的 AAAAA 级现代物流企业,注册资本 7 493.458 万元,现有总资产近 5 亿元,自有各类营运车辆 700 多辆,自有 3 万平方米的现代化标准库房,仓储容量为 3 万吨。经过 60 多年的风风雨雨,企业在全国物流领域有着较强的影响力。

公司下设 10 多个子公司,50 多个驻外分支机构及化学危险品运输公司、电力大件运输分公司等多个分公司。公司兴建的物流中心,占地 150 亩,一期工程 1.44 万平方米高标准库房。其中可口可乐配送中心隶属于该物流中心。该可口可乐配送中心地址见图 1。

图 1　可口可乐配送中心地理位置(图标 A 所在地)

该可口可乐配送中心主要支持本地区约 300 多家门店的货物供应。仓库面积约 4 000m^2,库存量淡季 8 万～12 万箱,旺季 18 万～22 万箱,日出货量最高峰达到 3 万～3.5 万箱。可口可乐配送中心流程见图 2。

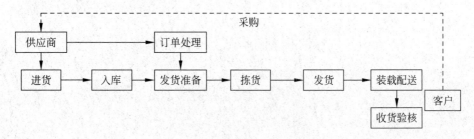

图 2　可口可乐配送中心流程图

配送中心在布局时,主要分为收货区、发货区、储存区、拣货区、出库缓冲区、整理区、作业工具存放区、行政办公区等区域,如图3所示。

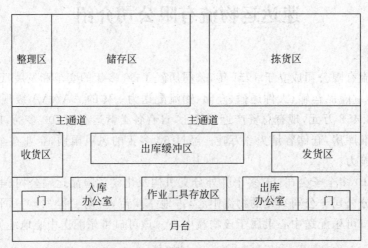

图 3　配送中心布局图

配送中心的仓库全都是单层仓。绝大部分采用托盘和叉车进行库内搬运,少量采用手工搬运。配送中心装卸搬运使用的作业设备主要有1.5t的电动叉车15辆、0.5t的手动叉车28辆、100kg的手推车40辆。项目的信息系统使用的是可口可乐项目SAP系统。可口可乐项目组织结构见图4。

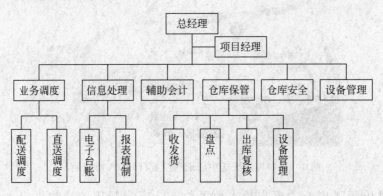

图 4　可口可乐项目组织结构图

项目一

仓储作业前的准备

【学习与技能目标】

（1）理解仓储及仓储管理的概念,理解仓储的种类,掌握通过设计调查问卷对某企业进行仓储现状调研的技能。

（2）了解各类仓库设施与设备的适用条件,能识别仓库设施设备,熟练操作常见的仓库设备；了解常见的仓储技术。

（3）了解存储场所的分配与布置,掌握仓库选址和仓库布局设计的基本知识,具有依据作业流程进行仓储企业平面布局的能力。

（4）了解仓储企业人员的选拔与培训,明确仓储人员及管理人员的素质要求。

任务一　认知仓储与仓储管理

要想熟练地做好仓储管理的各项专业工作,首先应该对仓储管理的基础常识有所了解,对仓储的含义、种类及其功能有一定的认识。

（1）企业为什么需要仓储活动？请结合下列企业分别进行分析。

① 生产企业——常州速派奇车业有限公司。

② 零售企业——苏宁云商（苏宁电器）。

③ 批发企业——常州凌家塘蔬菜批发市场。

④ 仓储式超市——麦德龙。

⑤ 常州粮食现代物流中心——常州城北国家粮食储备库。

（2）结合以下问题,分析仓储有哪些种类？

① 常州速派奇车业有限公司自己建造仓库进行原材料、零部件与成品的仓储。

② 上海申美饮料有限公司将南通大区的仓储配送业务外包给速达运物流有限公司。

（3）仓储功能可以分为基本功能和增值服务功能,请分析下列仓储活动的功能。

① 常州速派奇车业有限公司的仓储物流活动。

② 苏宁云商(苏宁电器)的仓储物流基地。

③ 物流金融网(http://www.99569.com/index.asp)提供仓单质押的业务,见图 1-1。

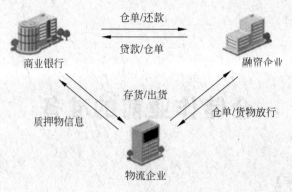

图 1-1　仓单质押的业务

任务实施

步骤一　熟悉仓储及其功能

仓储随着物资储存的产生而产生,又随着生产力的发展而发展,是商品流通的重要环节之一,也是物流活动的重要支柱。

一、仓储的概念

仓储是指以改变"物"的时间状态为目的的活动,通过仓库或特定的场所对物品进行保管、控制等管理,从克服产需之间的时间差异中获得更好的效用。仓储是物资产品生产过程的延续,物资的仓储也创造着产品的价值;仓储既有静态的物品储存,也包含动态的物品存取、保管、控制的过程;仓储活动发生在仓库等特定场所;仓储的对象既可以是生产资料,也可以是生活资料,但必须是实物动产。

二、仓储的功能

从物流角度分析,仓储的功能可以分为基本功能和增值服务功能。

1. 基本功能

(1) 储存保管。储存保管是仓储最基本的功能,是仓储产生的根本原因。

(2) 存期控制。仓储物资有可能是长期存储,也可能只是短期周转存储。存期的控制自然就形成了对流通的控制。流通控制的任务就是对物资进行仓储还是进入流通做出安排,确定储存时间和储存地点。

(3) 数量管理。存货人交付仓储物的数量和提取仓的数量必须一致。另外,保管人可以按照存货人的要求分批收货和分批出货,对储存的货物进行数量控制。

(4) 质量维护。根据收货时仓储物的质量交还仓储物是保管人的基本义务。

2. 增值服务功能

(1) 交易中介。仓储经营人利用大量储存的有形资产,利用与物资使用部门广泛的业务联系，开展现货交易。该功能有利于加速仓储物的周转和吸引新的仓储业务，是仓储经营发展的方向。

（2）流通加工。加工本来是生产的环节，但随着消费向个性化、多样化发展，生产企业将产品的定型、分装、组配、装潢等工序留到最接近销售的仓储环节进行，使仓储成为流通加工的重要环节。

（3）配送。设置在生产和消费集中地区附近从事生产原材料、零部件或产成品的仓储，对生产车间和销售点的配送成为其基本的增值服务。根据生产进度和销售的需要，仓库不间断、小批量地将仓储物送到生产线、零售商店或收货人手上。仓储配送业务的发展有利于生产企业降低存货，减少固定资金的投入，实现准时制生产；有利于商店减少存货，降低流通资金使用量，且能保证销售。

（4）配载。大多数运输转换仓储都具有配载的功能。货物在仓库集中集货，按照运输的方向进行分类仓储，运输工具到达时出库装运。而在配送中心就是不断地对运输车辆进行配载，确保配送的及时和运输工具的充分利用。

步骤二　了解仓储的种类

1. 按照仓储经营主体分类

（1）企业自营仓储。企业自营仓储是指生产或流通企业自用的仓储，不具有独立性，不对外经营，仅仅是为企业的产品或商品经营活动服务。一般来讲，它的规模较小，数量多，储存对象较为单一，专用性强。

（2）营业仓储。营业仓储是仓储经营人以其拥有的仓储设施，向社会提供仓储服务，实现经营利润最大化。仓储经营人与存货人通过订立仓储合同的方式建立仓储关系，并且依据合同约定提供仓储服务并收取仓储费。

（3）公共仓储。公共仓储是公用事业的配套服务设施，为车站、码头提供仓储配套服务，其运作的主要目的是保证车站、码头等的正常作业和运输，具有内部服务的性质，处于从属地位。但对于存货人而言，公共仓储也适用营业仓储的关系，只是不独立订立仓储合同，而是将仓储关系列在作业合同、运输合同中，仓储费通常包含在运费中。

（4）战略储备仓储。战略储备仓储是国家根据国防安全、社会稳定的需要，对战略物资进行储备。其特别重视储备品的安全性，且储备时间较长。储备的物资主要有粮食、油料、有色金属等。

2. 按照仓储功能分类

（1）储存仓储。储存仓储主要是对货物进行保管和维护，一般存放期较长，储存物资较为单一，品种少，但存量大。

（2）物流中心仓储。物流中心仓储是从事物流活动的场所和组织，主要从商品储存、装卸搬运、包装作业、拣选作业和商品验收等方面为社会提供服务。物流功能健全，具有完善的信息网络，辐射范围大、品种少、批量大，存储吞吐能力强。

（3）配送中心仓储。配送中心仓储是向市场或直接向消费者配送商品的仓储，一般在商品的消费经济区间内进行。其特点是主要面向特定用户服务；配送为主，存储为辅；辐射范围小；品种多、批量小。

（4）中转仓储。中转仓储处于货物运输系统的中间环节，主要存放待转运的货物，以保证不同运输方式的高效衔接,特别注重货物的周转作业效率和周转率。如港口、车站场所进行的仓储。

(5) 保税仓储。保税仓储是指使用海关核准的保税仓库存放保税货物的仓储行为。其储存的对象是暂时入境但还需要复运出境的货物,或者是海关批准暂缓纳税的进口货物。保税仓储受到海关的直接监控,虽然所储存的货物由存货人委托保管,但保管人要对海关负责,入库或出库单据均需由海关签署。

3. 按照仓储的保管条件分类

(1) 普通物品仓储。普通物品仓储只有一般性的保管场所和设施,常温保管,自然通风,无特殊功能,库房建造比较简单,使用范围较广。

(2) 专用仓储。专用仓储是专门用来储存某一类(种)的物品仓储。比如对于机电产品、食糖、烟草等,其对温湿度有特殊要求,因此需要专库储存。

(3) 特殊物品仓储。特殊物品仓储是在保管中有特殊要求和需要满足特殊条件的物品仓储。如危险品、石油、冷藏物品等。这类仓储必须配备有防火、防爆、防虫等专门设备,其建筑构造、安全设施都与一般仓库不同。如冷冻仓库、石油库、化学危险品仓库等。

4. 按照仓储物的处理方式分类

(1) 保管式仓储。保管式仓储也称为纯仓储,是以保管物原样保持不变的方式所进行的仓储,即保管物除了所发生的自然损耗和自然减量外,数量、质量、件数不发生变化。保管式仓储分为仓储物独立保管仓储和将同类仓储物混合在一起的混藏式仓储。

(2) 消费式仓储。消费式仓储是在仓储期满,保管人将相同种类、品种和数量的替代物交还给委托人所进行的仓储。其特别适合保管期较短的农产品、市场价格变化较大的商品的长期存放。

(3) 加工式仓储。加工式仓储是保管人在仓储期间根据存货人的要求对保管物进行一定的加工的仓储方式。比如,木材的加工仓储方式有:针对造纸厂需要将树木磨成木屑;针对家具厂需要将原木加工成板材或剪切成不同形状的材料;针对木板厂需要将树枝、树杈、碎木屑掺入其他材料制成复合木板。

步骤三 把握现代仓配业的发展趋势

1. 仓储的产生和发展

人类社会自从出现剩余产品以来,就产生了储存。"积谷防饥"是中国古代的一句警世名言,其意思是将丰年剩余的粮食储存起来以防歉年之虞。中国仓储的产生和发展大致可以分为四个阶段。

(1) 古代的仓储业。古代的仓储是随着社会分工和专业化生产的发展而逐渐形成和扩大的。《中国通史》上记载的"邸店",实际上是商业仓库的最初形式,但由于受当时商品经济的局限,它既具有商品寄存性质,又具有旅店性质。随着社会分工的进一步发展和商品交换的不断扩大,随后,又出现了专门储存商品的"塌房",成为带有企业性质的商业仓库。

(2) 近代的仓储业。近代中国的商业性仓库叫作"堆栈",即指堆存和保管物品的场地和设施。堆栈业初期的业务只限于堆存货物,主要是替商人保管货物,物品的所有权属于寄存人。随着堆栈业务的扩大、服务对象的增加,新中国成立前的堆栈业已经具有码头堆栈、铁路堆栈、保管堆栈、金融堆栈和厂号堆栈等之分。近代堆栈业的显著特点是建立了明确的业务种类、经营范围、责任业务、仓储、进出手续等。然而，由于当时中国仍处于半殖民地半封建社会，民族工业不发达，因此，堆栈业务也伴随着商品交易和交通运输业的盛衰而起落。

（3）新中国成立后的仓储业。新中国成立以后，政府在接收了旧中国官僚买办的堆栈，并对私营仓库进行公私合营的基础上，建立和发展了新中国的仓储业。20世纪50年代，各地纷纷建立了国营的商业性仓储公司，并成立了仓库同业公会，在行业中起领导作用。

（4）现代仓储业。近年来，仓储业服务水平显著提高，发展环境和条件不断改善，现代商业体系的建立引导着仓储业向更加合理、高效、环保的方向发展，而且仓储业的管理水平也在不断提高，计算机管理得到普遍采用。物流技术设备加快更新换代，物流信息化建设有了突破性进展。各种技术标准和管理措施的出台为仓储业的发展奠定了良好的基础，并为我国物流业与国际接轨提供了保证。

2. 我国仓配业未来发展战略

（1）社会化。政府应积极鼓励生产和商贸企业按照分工协作的原则，剥离或外包仓配功能，整合物流资源，促进企业内部物流社会化。

（2）专业化。仓配企业只有将自身资源充分利用到特长项目，通过专业化的发展，为客户量身定制个性化产品，提高客户服务水平，才能不断做大做强，形成竞争优势。

（3）产业化。政府要充分发挥市场配置资源的作用，调动企业的积极性，促进物流产业化。而且随着物流技术的迅猛发展，仓储在商品流通过程中提供的功能增多，实现价值增大，仓储业也必然向着产业化的方向发展。

（4）标准化。为了提高物流效率，保证物流的统一性与物流各环节的有机联系，并与国际接轨，要按照现代物流理念，加快技术标准体系的建设。

（5）机械化、自动化。通过机械化和自动化可实现最少使用人力作业，加大作业集成度，减少人身伤害和货物损害，比如通过信息系统、条形码、自动导引车、自动分拣仪等自动设备完成仓储作业。

（6）信息化、网络化。通过信息的自动识别、自动交换和自动处理，对货物理货、入库、保管、出库等活动进行操作管理；通过网络对仓储商品的动态进行适时跟踪调查，使仓储企业、制造商、物资需求商、运输商之间实现信息共享。

步骤四 熟悉仓储管理

1. 仓储管理的内容

仓储管理是指对货物存储的经营管理，是仓储机构为了充分利用所具有的仓储资源，提供高效的仓储服务所进行的计划、组织、控制和协调过程。主要包括以下几项内容：

（1）仓库的选址与建设；

（2）仓库机械作业的选择与配置；

（3）仓库作业组织和流程；

（4）仓储管理技术的应用；

（5）仓库的库存管理；

（6）仓库的作业管理；

（7）仓储综合成本控制。

2. 仓储管理的基本任务

从微观层次看,其主要任务是减少仓储损耗,降本增效。具体包括以下内容:

(1) 合理规划仓储设施网络;

(2) 合理、准确、迅速、及时地完成仓储作业,保证仓库高效运作;

(3) 合理选择并有效利用仓储设施设备,实现系统作业标准化、高效化;

(4) 采取科学的保管保养方法,创造适宜的保管环境;

(5) 积极采取有效措施,防火、防盗,保证操作过程中人员的安全;

(6) 建立高效率的组织管理机构,搞好经营管理,开源节流,提高经济效益。

步骤五　掌握仓储业市场调研的方法

关于市场调研的方法有很多,选用的方法是否得当,对调查结果的影响极大。一般有以下几种方法。

(1) 询问法。以询问的方式了解情况,收集资料,并将所要调查的问题以面谈、电话、书面等形式向被调查者提出询问,从而获得所需的各种情况和资料。

(2) 观察法。通过观察被调查客户的情况来收集资料。比如,可以四处走访、观察,听一听客户是如何议论各物流公司的,物流公司各项服务如何?这种方法收集的资料一般比较真实,但所花时间太长,花费资金多,同时了解的内容过于表面,无法深入了解问题的实质。

(3) 实验法。从影响调查对象的若干个因素中选择一个或几个因素作为实验因素,在保证其他因素均不发生变化的条件下观察实验因素的变化对调查对象的影响程度,为企业的决策提供参考依据。

(4) 问卷调查法。问卷调查法是指以向被调查者发放调查问卷来收集所需信息的方法。采用问卷调查法可以了解客户的认识、看法和喜好程度等,并可以分析处理这些数据,得出结论。问卷调查的关键就是问卷的设计。

温故知新

不定项选择题

1. 通过仓储,可以创造商品的(　　)。
   A. 空间价值　　B. 时间价值　　C. 使用价值　　D. 经济价值

2. 仓储增值服务的本质特征是(　　)。
   A. 创新、超常规和满足客户个性化需要
   B. 创新、超常规和满足客户多元化需要
   C. 创新、经常性和满足客户个性化需要
   D. 创新、经常性和满足客户多元化需要

3. 出于延迟一段时间出售产品而获取较优价格的要求,需要对生产出的产品进行一定时间的储存,仓储的这个作用称作(　　)。
   A. 蓄水池作用　　B. 调节阀作用　　C. 增容器作用
   D. 平衡器作用　　E. 支撑点作用

4. 在仓储过程中对产品进行保护、管理,防止损坏而丧失价值,体现了仓储的(　　)功能。

  A. 保管　　　　　　B. 整合　　　　　　C. 加工　　　　　　D. 储存

5. 仓储管理的内容包括(　　)。

  A. 仓库选址　　　　B. 仓库机械选择　　C. 仓库人员　　　　D. 库存管理

6. 不属于仓储管理任务的是(　　)。

  A. 合理选择仓储设施设备　　　　　　B. 进行运输线路规划

  C. 严格控制商品进出质量　　　　　　D. 确保仓库运行安全

7. 下列选项中仓储功能可以防止因缺货造成的生产停顿的是(　　)。

  A. 储存功能　　　　B. 组合功能　　　　C. 分类功能　　　　D. 增值功能

8. 生产企业中的原材料仓储属于(　　)。

  A. 企业自营仓储　　B. 营业仓储　　　　C. 公共仓储　　　　D. 战略储备仓储

9. 按功能划分,仓储分为(　　)。

  A. 企业自营仓储、商业自营仓储、公共仓储和战略储备仓储

  B. 普通物品仓储和特殊物品仓储

  C. 储存仓储、物流中心仓储、配送仓储和运输转换仓储

  D. 保管式仓储、加工式仓储和消费式仓储

10. 我国仓配业未来发展战略是(　　)。

  A. 社会化　　　　　B. 专业化　　　　　C. 产业化

  D. 标准化　　　　　E. 机械化、自动化　F. 信息化、网络化

  仓储一直以来不被企业重视。一般只把仓库当作一个货物进出的地方,一个消耗人力、物力、财力的地方,一个不能产生任何经济效益的地方。因此对仓储这一环节的投入是少之又少。这直接导致了仓储技术设备和仓储管理水平落后、仓库功能结构单一、仓储环节的运营成本过高等问题,从而无法有效提高客户服务水平,拖累了企业业绩的提升。请对某地区企业的仓储现状进行调查,思考存在的问题,考虑今后应如何改进。

任务二　认知仓储设施、设备与仓储技术

  仓储活动的实施离不开仓储设施与设备的支持,离不开仓储技术的支撑。仓储设施是进行仓储管理的场所,为仓储作业提供了基本的物质保障;仓储设备为仓储作业提供了必要的手段,能有效提高仓储作业的效率;而仓储技术则为实现仓储管理的合理化、科学化提供了路径,使仓储管理活动更加快捷、准确。

任务引导

（1）仓库有卡车运来300t 1.5L瓶装雪碧，为了顺利入库，你会选择哪些仓储设备？

（2）苏宁云商常州地区物流中心项目总投资3.9亿元，新增仓库自动化设备、信息终端设备、运输设备和通信设备等现代化设备，在常州地区建立了集采购结算、物流配送、客户服务为一体的多功能区域性物流中心。苏宁云商为什么要采用自动化仓库设备？

（3）某公司在秋季备肥时节，公司一次性购置了1万个装载托盘，大大提高了货物装卸搬运的灵活性和可运性，更为下一环节的物流活动提供了极大的便利。试讨论小小的托盘在物流活动中发挥了多大的作用？

（4）叉车的使用促进了托盘运输和集装箱搬运的发展，带来了"搬运革命"。使用叉车提高了作业效率和作业的安全性与可靠性，减轻了劳动强度，而且促进了多层货架和高层仓库的发展。叉车作用这么大，那叉车有哪些类型呢？

 **任务实施**

第一节 认知仓储设施

步骤一 认知仓储建筑基础设施

仓储建筑基础设施主要是指仓库建筑物，基础设施的建设需要考虑很多因素，其中主要包括仓库的选址、仓库的总平面布局等。仓库选址是指在一个具有若干供应点及若干需求点的经济区域内，选择一个地址建立仓库的规划过程。仓库的总平面布局将在任务三中介绍。

一、定性分析

1. 定性分析应遵循的原则

（1）长远发展原则。仓库的选址要与国家以及省、市的经济发展战略、产业导向相适应，与我国物流资源分布和需求分布相适应，与国民经济和社会发展相适应。

（2）协调性原则。仓库的选址应将国家的物流网络作为一个大系统来考虑分布，使仓库的设施设备在地域分布、物流作业生产力、技术水平等方面互相协调。

（3）经济性原则。初期的建设费用及后期的营运费用都与选址有直接关系，选址时应以总费用最低为原则。

2. 分析仓库选址的影响因素

在仓库选址过程中一般需要从6个方面考虑，如表1-1所示。

表1-1 仓库选址需要考虑的因素

因素	说明
原材料供应地和客户的地理位置	若原材料供应地或客户集中于某个地方或者分散在其四周，则在那里设立仓库是理想的
交通条件	仓库的位置要具有便利的交通条件，最好靠近陆路或水路交通线，对大型仓库来说，有时还需要考虑辐射专用线路

续表

因素	说明
地质条件	仓库建设地点对地基承载力提出一定的要求,应该选择地质坚实、平坦、干燥的地点
水电条件	仓库应该建在靠近水源、电源的位置,以保证水电供应
环境条件	确定出口位置时,要考虑周围的环境,与周围的工厂、建筑物,特别是与居民区要保持一定的安全距离,避免各种潜在的危险
政策条件	在决策选址时,要充分考虑当地的政策与法律法规,有些地方政府鼓励在经济开发区建立仓库或者配送中心,这种积极的政策会体现在税收、资本等方面,企业应抓住机遇

3. 注意事项

大中城市的仓库应采用集中与分散相结合的方式选址,在中小城镇中,因仓库的数目有限且不宜过于分散,故宜选择独立地段,在河道(江)较多的城镇,商品集散大多利用水运,仓库可选择沿河(江)地段。

1) 不同类型仓库选址时的注意事项

(1) 流通型仓库大多经营卸装、转载或短期储存的周转类商品,大都使用多式联运方式,因此一般应设置在城市边缘地区交通便利的地段,以方便转运和减少短途运输。

(2) 储备型仓库主要经营国家或所在地区的中长期储备物品,一般应设置在城镇边缘或城市郊区的独立地段,且具备直接而方便的水陆运输条件。

(3) 综合型仓库经营的商品种类繁多,根据商品类别和物流量选择在不同的地段。例如,与居民生活关系密切的生活型物流中心,若物流量不大且没有环境污染问题,可选择接近服务对象的地段,但应具备方便的交通运输条件。

2) 储存特殊货物的仓库选址时的注意事项

(1) 果蔬食品仓库应选择入城干道处,以免运输距离拉得过长,商品损耗过大。

(2) 冷藏品仓库往往选择在屠宰场、加工厂、毛皮处理厂等附近。因为有些冷藏品仓库会产生特殊气味、污水、污物,而且设备及运输噪声较大,可能对所在地环境造成一定影响,故多选择城郊。

(3) 对于建筑材料仓库,由于其物流量大,占地多,可能产生某些环境污染问题,有严格的防火等安全要求,应选择城市边缘,对外交通运输干线附近。

(4) 燃料及易燃材料仓库。石油、煤炭及其他易燃物品仓库应满足防火要求,选择在城郊的独立地段。在气候干燥、风速较大的城镇,还必须选择大风季节的下风位或侧风位。特别是油品仓库选址应远离居住区和其他重要设施,最好选在城镇外围的地形低洼处。

二、定量分析

在定性分析的基础上,粗选出若干个可选的地点,进一步采用定量分析的方法,借助加权平均法、重心法、本量利分析法等进行量化比较,最终得出较优的方案。如果要在现有的用户中确立一个仓库,可以用总距离最短、总运输周转量最小、总运输费用最低来考察。

步骤二　认知仓储配套设施

仓储配套设施是对仓储基础设施功能的补充，提供辅助作用。其主要包括安全设施、环境调控设施、电力系统、通信设施、内部计算机系统和局域网络设施，以及大型仓储设备。以下对通用设施进行简要介绍。

1. 安全设施

存储的安全设施有很多种，如消防设施、防盗设施、防水系统等。

（1）消防设施。消防设施是指建筑物内设置的火灾自动报警系统、自动灭火系统、消火栓系统、防烟排烟系统以及应急广播和应急照明、安全疏散设施等设备设施的总称，具体如表1-2所示。

表1-2　消防设施的组成部分

名　　称	说　　明
自动报警系统	现代建筑中最重要的消防设施之一。根据火灾报警器（探头）的不同，可以分为温感、烟感、光感、复合等多种形式，适用于不同的场所。火灾报警信号确定后，将自动通知仓库值班人员手动启动其他灭火设施和疏散设施，以确保建筑和人员安全
自动喷洒系统	当前最常用的自动灭火设施，在仓库中设置数量很大，其对在无人情况下初期火灾的扑救非常有效，极大地提升了建筑物的安全性能
消火栓、防烟排烟系统以及应急广播和应急照明	小型消防设备，要保证仓库里一定的覆盖率
安全疏散设施	在仓库建造时要做好出口的设计规划，要设置足够多的安全出口，以供发生意外时逃生使用

消防设施是保证仓库建筑物消防安全和人员疏散安全的重要设施，是现代仓库建筑的重要组成部分。

（2）防盗设施。防盗设施最常用的就是监控设施。这是将摄像头安装在仓库周围的道路上或者安装在仓库内的关键位置处，对其进行实时监控，同时又可以对盗窃行为起到威慑作用。

在仓库的四角、中间位置、门口、靠窗或道中的位置都应布置摄像头，要避免拍摄角度和范围出现盲区。

此外，自动化程度较高的防盗报警系统也较为常用。防盗报警系统是预防抢劫、盗窃等意外事件的重要设施。一旦发生突发事件，可以通过声光报警信号在安保控制中心准确显示事故发生地点，便于迅速采取应急措施。

防盗报警系统与出入口控制系统、闭路电视监控系统、访客对讲系统和电子巡查系统等一起构成了安全防范系统。

（3）防水系统。为确保仓库的防水防潮，一方面要增加仓库的通风程度；另一方面就是使用一些材料（防水涂料），达到防水防潮的效果，具体如表1-3所示。

表 1-3 防水涂料的性能说明

名 称	涂料说明	性能优势
聚氨酯防水涂料	一种液态施工的防水涂料,会在与空气中的湿气接触后固化,在基层表面形成一层坚韧、无接缝的整体防水膜	(1) 能在潮湿或干燥的各种基面上直接施工 (2) 与基面黏结力强,涂料中的高分子物质能渗入基面细缝内,追随性强 (3) 涂料有良好的柔韧性,对基层伸缩或开裂的适应性强,抗拉强度高 (4) 高温不流淌,低温不龟裂,优异的抗老化性能,能耐油、耐磨、耐臭氧、耐酸碱侵蚀 (5) 涂料密实,防水层完整,无裂缝、针孔、气泡,水蒸气渗透系数小,既有防水功能,又有隔气功能
防水透气膜	一种新型的高分子透气防水材料,其在加强建筑气密性、水密性的同时,独特的透气性可使结构内部水汽迅速排出,避免结构滋生霉菌,保护物料的价值	(1) 高分子薄膜材料中导入亲水基,使薄膜不但防水好,更具有良好的透气性能,保证材料的耐久性,延长其使用年限 (2) 网格加强筋使材料纵横两个方向的拉伸强度都提高至 700N/50mm,钉杆撕裂强度高达 300N 以上,施工过程不易破损

2. 电力系统

电力系统是由发电、输电、变电和用电等环节组成的电能生产与消费系统。仓库中的电力系统规模相对较小,但是与一般电力系统的基本构成是相似的。

(1) 发电。虽然仓库的日常用电大多源自国家电网,但是对于一个生产制造企业来说,仍需配备发电设备。一旦因意外发生而断电,仓库里的用电设备全部不能使用,那么将严重影响仓储作业的顺利进行。

(2) 输电。输电主要涉及电线的铺设问题。铺设电线网络时一般要注意以下几点:①大型用电设备一定要使用专用线;②铺设的线路不要走地面,要注意防水;③各种插座电源一定做好地线,以防漏电和雷电;④每条线管不能太多,否则用电量大时将无法散热。

(3) 变电。变电是指在电力系统中,通过一定设备将电压由低等级转变为高等级或由高等级转变为低等级的过程。居民日常用电的电压是一定的,但是在存储作业过程中所用的机械和设备的标准电压或高或低,需要采取变电措施。

(4) 用电。用电是仓库电力系统的消费环节。在用电时要注意以下内容:①不要超负荷用电,超过限定容量时,必须改造输电线路。②不用湿手摸或用湿布擦拭开关等电器设备。③应该安装触电保安器,选用与电器设备相匹配的熔断器。不要随意将三眼插头改成两眼插头,切不可将三眼插头的相线(俗称火线)与接地线接错。④金属类物料与输电线路保持安全距离。⑤严禁在用电线路布好后乱拉、乱接电线。

第二节 认知仓储设备

仓储设备是指仓储业务所需的所有技术装置与机器,即仓库进行生产作业或辅助生产作业以及保证仓库与作业安全所必需的各种机械设备的总称。

步骤一 仓储设备的选择

一、仓储设备的种类

仓储设备按其用途和特征可以分为以下几类。

1. 装卸搬运设备

装卸搬运设备是用于商品的出入库、库内堆码以及翻垛作业。目前,我国仓库中所使用的装卸搬运设备通常可以分为以下三类。

(1) 装卸堆垛设备。如桥式起重机、轮胎式起重机、门式起重机、叉车、堆垛机、滑车、跳板以及滑板等。

(2) 搬运传送设备。如电动搬运车、皮带输送机、电梯以及手推车等。

(3) 成组搬运工具。如托盘、网络等。

2. 保管设备

保管设备是用于保护仓储商品质量的设备。主要可归纳为以下两种。

(1) 苫垫用品:起遮挡雨水和隔潮、通风等作用。包括苫布(油布、塑料布等)、苫席、枕木、石条等。其中苫布、苫席用在露天堆场。

(2) 存货用具:包括各种类型的货架、货橱等。

3. 计量设备

计量设备是用于商品进出时的计量、点数,以及货物储存期间的盘点、检查等。如地磅、轨道秤、电子秤、电子计数器、流量仪、皮带秤、天平仪以及较原始的磅秤、卷尺等。

4. 养护检验设备

养护检验设备是指商品进入仓库验收和在库内保管测试、化验以及防止商品变质、失效的机具、仪器。如温度仪、测潮仪、吸潮器、烘干箱、风幕(设在库门处,以隔内外温差)、空气调节器、商品质量化验仪器等。

5. 通风保暖照明设备

通风保暖照明设备是根据商品保管和仓储作业的需要而设置的。

6. 消防安全设备

消防安全设备是仓库必不可少的设备。它包括报警器、消防车、手动抽水器、水枪、消防水源、砂土箱、消防云梯等。

7. 劳动防护用品

劳动保护主要用于确保仓库职工在作业中的人身安全。

8. 其他用品和用具

略。

二、仓储设备的选择

在进行设备选择时,可遵循以下原则。

(1) 适用性。适用性是指所选择的仓储机械设备应当满足使用要求,适用和实用即可。

(2) 经济性。在选择时,要全面考虑设备的价格与运行、维修费用,以综合的经济效益为目标。

(3) 可靠性与安全性。可靠性是指仓储机械设备在规定的使用条件下和使用时间内,能够顺利完成规定功能的能力。安全性是指仓储机械设备在使用过程中保障作业人员人身安全和物料安全,以及作业环境不受损坏的能力。

(4) 系统性。将各个仓储机械设备与仓储系统总目标、仓储管理人员、仓储任务全都加以考虑,综合分析后做出选择。

当然,仓储机械设备使用寿命的长短及使用效率的高低虽然取决于机械设备自身的结构特征、制造水平,但是在很大程度上也受制于使用机械设备的方法是否合理与正确。

步骤二 认知货架

货架(goods shelf)是指用立柱、隔板或横梁等组成的立体储存物品的设施(GB/T 18354—2006)。

一、货架的优缺点

1. 货架的优点

(1) 充分利用仓库空间,提高了库容利用率,扩大了仓库储存能力。

(2) 存入货架中的货物,互不挤压,物资损耗小。

(3) 货物存取方便,便于清点及计量,可做到先进先出。

(4) 易于采取防潮、防尘、防盗、防破坏等措施,以提高物资存储质量。

(5) 很多新型货架的结构及功能有利于实现仓库的机械化及自动化管理。

2. 货架的缺点

(1) 选择货架后,不能随意更改,因为这将会阻碍仓库改变其运营方式。

(2) 货架系统要有较高的仓储管理水平作保证。

(3) 货架系统不适用于较重物品的存储。

(4) 货架系统对仓库建设标准的要求、对照明与消防系统的要求都较高。

(5) 货架系统投资较大,需要与价值昂贵的升高叉车相配合。

二、货架的种类

货架的种类繁多,常见的分类如下。

1. 按照货架的高度分类

(1) 低层货架:高度在 5m 以下。

(2) 中层货架:高度在 5~15m。

(3) 高层货架:高度在 15m 以上。

2. 按照货架的承载能力分类

(1) 轻型货架:每层货架的承载能力在 250kg 以下。

(2) 中型货架:每层货架的承载能力在 250~800kg 以下。

(3) 重型货架:每层货架的承载能力在 800kg 以上。

3. 按照结构特点和用途分类

1) 层架式货架

(1) 结构。层架式货架的应用非常广泛,如果按层架存放货物的重量分类,可以分为重型层架和轻型层架;按结构特点分类,有层格式、抽屉式等类型,如图 1-2 和图 1-3 所示。

图1-2 层格式货架

图1-3 抽屉式货架

（2）特点及用途。层架结构简单，适用性强，有利于提高空间利用率，方便作业的存取，是人工作业仓库主要存储设备。层格式货架主要用于存放规格复杂多样、必须互相隔开的物品。抽屉式货架主要用于存放比较贵重或怕尘土、怕湿的小件物品。

2）托盘货架

（1）结构。托盘货架是指专门用于存放堆码在托盘上的货物的货架，其基本形态与层架类似，但承载能力和每层空间适于存放整托盘货物，如图1-4所示。

（2）特点及用途。托盘货架结构简单，可调整组合，安装简易，费用经济；入库不受先后顺序的限制；储物形态为托盘装载货物，配合升降式叉车存取。

3）阁楼式货架

（1）结构。阁楼式货架是将储存空间做成上、下两层，利用钢架和楼板将空间间隙为两层，下层货架结构支撑上层楼板，如图1-5所示。

（2）特点及用途。阁楼式货架可以有效增加空间利用率，通常上层存放轻量物品，不适合重型搬运设备运行，上层物品搬运需配垂直输送设备。

图1-4 托盘货架

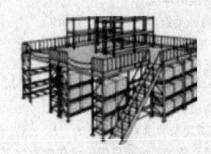
图1-5 阁楼式货架

4）悬臂式货架

（1）结构。悬臂式货架是在立柱上装设杆臂构成的，如图1-6所示。悬臂常用金属材料制造，其尺寸一般根据所存放物料尺寸的大小确定。为防止物料损伤，常在悬臂上加垫木质衬垫或橡胶带以起保护作用。

（2）特点及用途。悬臂架为开放式货架，不大便于机械化作业，需配合跨距较宽的设备。一般高度在6m以下，空间利用率较低，为35%~50%。

5) 移动式货架

(1) 结构。移动式货架其底部装有滚轮，通过开启控制装置，滚轮可沿轨道滑动，如图1-7所示。

图1-6　悬臂式货架

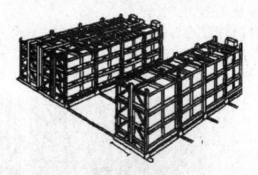

图1-7　移动式货架

(2) 特点及用途。移动式货架平时密集相接排列，存取货物时通过手动或电力驱动装置使货架沿轨道水平移动，形成通道，可以大幅度减少通道面积，地面使用率可达80%，而且可直接存放每一箱货物，不受先进先出的限制。广泛应用于办公室存放文档、图书馆存放档案文献、金融部门存放票据、工厂车间、仓库存放工具、物料等。但相对来说机电装置较多，建造成本也较高，维护也比较困难。

6) 倍深式托盘货架

(1) 结构。倍深式托盘货架与一般托盘货架结构基本相同，只是把两排托盘架结合起来增加储位而已，如图1-8所示。

图1-8　倍深式托盘货架

(2) 特点及用途。储位密度增加了一倍，但在存取性和出入库方便性方面略差，并且必须采用倍深式叉车(一次可作业两个托盘)。

7) 重力式货架

(1) 结构。重力式货架在货架每层的通道上，都安装有一定坡度的、带有轨道的导轨，低端作为出货端，而高端作为入货端，入库的单元货物在重力的作用下，由入货端流向出货端，如图1-9所示。

图1-9　重力式货架

(2) 特点及用途。重力式货架通常成密集型配制,在排与排之间没有作业通道,能够大规模密集存放货物,减少了通道数量,可有效节约仓库空间,大大提高仓库面积利用率;能保证先进先出,并且方便拣货;其拣货端与入货端分离,能提高作业效率和作业的安全性,而且重力式货架可以根据需要设计成适合托盘、纸箱、单件货物储存的结构和形式。

8) 驶入、驶出式货架

(1) 结构。驶入、驶出式货架单用钢质结构,钢柱上有向外伸出的水平的突出构件,叉车将托盘送入,由货架两边的悬轨托住托盘及货物。这种货架可供叉车(或带货叉的无人搬运车)驶入、驶出和存取单元托盘货物,如图 1-10 所示。

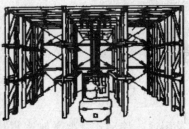

图 1-10 驶入、驶出式货架

(2) 特点及用途。驶入、驶出式货架属高密度配置,高度可达 10m,库容利用率高达 90%以上。适用于大批量少品种配送中心使用,但不太适合太长或太重物品,而且驶入式货架存取货时受先后顺序的限制。因此该种货架的同一通道内的货物品种必须相同或同一通道内的货物必须一次完成出入库作业。

9) 旋转式货架

(1) 结构。旋转式货架一般有水平旋转、垂直旋转两种形式,如图 1-11 所示。

水平旋转型货架　　　水平整体旋转型货架　　　垂直旋转型货架

图 1-11 旋转型货架

(2) 特点及用途。旋转式货架操作简单,存取作业迅速,货架转动的速度很快,可以达到 30m/min 的速度。它的存取效率很高,可以通过计算机控制实现自动存取和自动管理,通过计算机快速检索功能可迅速寻找储位、快捷拣货。储存物可以是纸箱、包、小件物品。取料口高度符合人体工程学,适合操作人员长时间作业。由于旋转式货架可适用于各种空间配置,存取出入口固定,所以空间利用率较高。旋转式货架适用于制造业中对于电子元件,精密机械等小批量多品种小物品的储存及管理。

三、货架的选择

货架在选择时应考虑以下几个方面的因素。

(1) 物品特性。储存物品的外形、尺寸,直接关系到仓储货架规格的选定,储存物品的重量则直接影响选用何种强度的仓储货架。栈板、容器或单品均有不同的仓储货架选用类型。对应于不同的物品特性,不同的货架有着不同的适用范围,如表1-4所示。

表1-4 几种常见货架的主要适用范围

货架种类		主要适用范围
层架式	层格式	存放规格复杂多样、容易搞混,需相互隔离的货物
	抽屉式	比较贵重或怕尘土、怕湿的小件物品
托盘货架		适于存放整托盘货物
阁楼式		适用于各种类型货品的存放,上层放轻量货物可有效利用空间
悬臂式		适用于长条状或长卷状货品
移动式		适用于各种类型货品的存放,能充分利用通道空间
驶入、驶出式		适用于量大样少货品;不适合太长或太重货物

(2) 存取性。一般存取性与储存密度是相对的。也就是说,为了得到较高的储存密度,则必须相对牺牲物品的存取性。虽然有些类型的仓储货架可得到较佳的储存密度,但相对其储位管理较为复杂,而且常常无法做到先进先出。

(3) 出入库量。某些类型的仓储货架虽然有很好的储存密度,但其出入库量却不高,适合于低频率的作业。出入库量高是非常重要的数据,它是仓储货架类型选择需考虑的一个关键因素。

(4) 搬运设备。仓储货架的存取作业是用搬运设备来完成的,因此选储存设备需同时考虑搬运设备。如货架通道宽度直接影响堆高机的类型。

(5) 厂房架构。仓储货架的选用须考虑梁下有效高度,以决定仓储货架的高度,而梁柱位置则会影响仓储货架的配置。其他如地板承重强度、平整度也与货架的设计、安装有关。另外,还要考虑防火和照明设施。

步骤三 认知托盘

托盘(pallet)是指在运输、搬运和储存过程中,将物品规整为物品单元时,作为承载面并包括承载面上辅助结构件的装置(GB/T 18354—2006)。我国托盘规格主要有 800mm×1 000mm、800mm×1 200mm、1 000mm×1 200mm 三种。

一、托盘的特点

1. 托盘的优点

(1) 自重量小。

(2) 返空容易。

(3) 装盘容易。

(4) 装载量适宜,组合量较大。

(5) 节省包装材料,降低包装成本。

2. 托盘的不足

（1）保护产品性能不如集装箱。

（2）露天存放困难，需要有仓库等设施。

（3）托盘本身的回运需要一定的运力消耗和成本支出。

（4）托盘本身也会占用一定的装载空间。

二、托盘的种类

1. 按托盘的结构分类

（1）平板托盘。平板托盘又称平托盘，是由上层板或者单层板另加底脚支撑构成，无上层装置，在承载面和支撑面间夹以纵梁，可使用叉车或搬运车等进行作业，如图1-12所示。

① 按叉车叉入方式分类。分为单向叉入型、双向叉入型、四向叉入型三种。

② 按材料分类。分为木制品托盘、钢制托盘、铝合金托盘、胶合板托盘、塑料托盘、纸板托盘、复合材料托盘等。

图1-12 平托盘

（2）立柱托盘。立柱托盘是在平托盘基础上发展起来的，没有侧板，在托盘上部的四个角有固定式或可卸式的立柱，有的柱与柱之间有连接的横梁，使柱子呈门框形。立柱托盘的特点是在不压货物的情况下可进行码垛，多用于包装物料、管材等的集装，如图1-13所示。

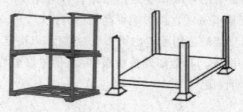

图1-13 立柱托盘

（3）箱式托盘。箱式托盘也是在平托盘的基础上发展而来，它的基本结构是以沿托盘四个边有板式、栅式、网式等栏板和下部平面组成的箱体，顶部可以有盖或无盖。箱板有固定式、折叠式和可拆卸式三种，如图1-14所示。

图1-14 箱式托盘

(4) 滑片托盘（简称滑板）。滑片托盘是由瓦楞纸、板纸或者塑料制成的板状托盘，具有轻、薄、价廉的特点，但是需要带有特殊附件的叉车方可运行，如图1-15所示。

(5) 轮式托盘。轮式托盘是在柱式、箱式托盘下部装有小型轮子来移动，在生产企业物流系统中，可以兼作作业车辆，如图1-16所示。

图1-15　滑片托盘

图1-16　轮式托盘

(6) 特种专用托盘。例如，航空托盘、平板玻璃托盘、油桶专用托盘、托盘货架式托盘、轮胎托盘等。

2. 按制作的材料分类

(1) 木制托盘。木制托盘是托盘中最传统和最普及的类型。由于木材具有价格低廉、易于加工、成品适应性强、可以维修等特点，而为绝大多数用户采用。木质托盘可以分为美式托盘和欧式托盘，分别如图1-17和图1-18所示。美式托盘为木制托盘中结构较简单的形式，分为单面、双面，多为双向进叉型。欧式托盘是使用较多的一种类型，均为四向进叉型。

图1-17　美式托盘

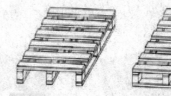

图1-18　欧式托盘

(2) 塑料托盘。塑料托盘一般采用高密度聚乙烯（HDPE）一次生产成型。与木制托盘相比，其整体性好，卫生洁净，在使用中又具有质轻、无钉刺、无静电、耐酸碱、易清洗等特点。同时其使用寿命高于木制托盘的3~5倍，单次使用成本低于木制托盘。根据生产工艺的不同，塑料托盘基本可分为注塑和吹塑两大类。

注塑托盘如图1-19所示，它是用低压高密度聚乙烯，经注塑一次成型。由于原材料成本低于吹塑托盘，目前在国内的应用较广。其缺点在于承载力稍小，在双梁式货架上（无卡板，横梁）载重一般不超过1t。同时，由于其生产工艺，托盘结构一般为单面使用型，双面使用型只能用两个单面托盘焊接或加螺栓制成，因而较少生产。

吹塑托盘如图1-20所示，它是采用高分子量高密度聚乙烯吹塑合模一次生产成型。相比注塑托盘，其承载力大，抗冲击性强，寿命更长。不足之处在于吹塑工艺导致产品全部为双面结构，手动托盘搬运车及托盘举升车无法使用，从而限制了其应用。同时，较高的原材料成本使其价格高于注塑托盘。

图 1-19　注塑托盘

图 1-20　吹塑托盘

（3）纸制托盘。纸制托盘多采用高强度蜂窝纸芯与高强度卡纸、纤维板组合而成，如图 1-21 所示。它利用可靠的力学原理来实现托盘的机械性能，以满足常规运输的要求。纸制托盘均为一次性托盘，具有重量轻、成本低、出口免检、处理简便等特点。缺点在于承载量小。

（4）钢制托盘。与其他材质的托盘相比，钢制托盘具有最好的承载性、牢固性及表面抗侵蚀性。但缺点同样突出，主要是重量大，无法人工搬运且价格高昂。多用于石油化工等对托盘有特殊要求的领域，如图 1-22 所示。

（5）木塑复合托盘。木塑复合托盘如图 1-23 所示，它是一种最新的复合材料托盘。它综合了木制托盘、塑料托盘和钢制托盘的优点，而基本上摒弃了其不足。机械化的生产，高密度、高强度、耐腐蚀、不吸水的型材，解决了木制托盘洁净度差、生产质量无法规范化和寿命短的问题；其相当于木制托盘的板材切割及组装方式又解决了塑料托盘在结构适应性及维修维护方面的问题，同时其承载性相比塑料托盘也大大提高；在重量及成本上又远远低于钢制托盘。其缺点在于自重较大，约为木制、塑料托盘的两倍，人工搬运略有不便，以及由此造成的成本优势不大（约相当于国产注塑托盘）。

图 1-21　纸制托盘

图 1-22　钢制托盘

图 1-23　木塑复合托盘

三、托盘的标准与规格

托盘的规格尺寸是包装尺寸、车厢尺寸、集装单元尺寸的核心，但其关联因素太复杂，做到真正的一致和统一不容易，必须有一个过程。目前自然形成了三大地区核心尺寸。美国的国家标准托盘尺寸为 1.219m×1.016m（48 英寸×40 英寸），其周边国家如加拿大和墨西哥为 1m×1m。澳大利亚为 1.165m×1.165m 和 1.1m×1.1m。欧洲国家采用 0.8m×1.2m 尺寸的较多，德国、英国和荷兰都采用 0.8m×1.2m 和 1m×1.2m 两种尺寸，北欧各国拥有 0.8m×1.2m 的统一型托盘。而亚洲国家和地区，以日本、韩国、新加坡和我国台湾地区为核心，采用 1.1m×1.1m 尺寸的比例较大，普及率在逐年升高，并逐渐影响我国，有应用范围扩大到整个亚洲的趋势。

由于历史的原因,我国托盘规格比较复杂。到目前为止适用于集装箱的托盘共为四种标准规格:0.8m×1.2m、0.8m×1m、1m×1.2m、1.1m×1.1m。在这几种托盘中,1.1m×1.1m规格托盘是为配合现在流行的ISO国际集装箱而被设计出来的,1m×1.2m规格托盘被很多国家所采用,这两种托盘是世界上目前使用最为广泛的托盘。

四、使用托盘的注意事项

(1) 叉车叉取托盘时,叉齿要保持水平,不应上下倾斜。

(2) 叉车必须对准叉孔,垂直于托盘,不应斜着进出托盘。

(3) 严禁甩扔空盘。

(4) 不准用叉齿推移、拖拉托盘。

(5) 空托盘应用叉车整齐叠放,避免碰撞和日晒雨淋。

(6) 如用绳索捆扎货物,捆扎方向应与边板平行。

五、托盘集合的方法

(1) 科学地选择装盘码垛方式。目前托盘码垛的主要形式有"重叠式""正反交错式""纵横交错式"和"旋转交错式",如图1-24所示。

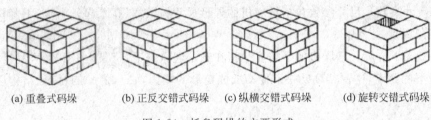

(a) 重叠式码垛　　(b) 正反交错式码垛　　(c) 纵横交错式码垛　　(d) 旋转交错式码垛

图1-24　托盘码垛的主要形式

(2) 托盘的加固方法:①捆扎;②网罩紧固;③框架加固;④中间夹摩擦材料紧固;⑤专用金属卡具固定;⑥黏合紧固;⑦胶带粘扎;⑧平托盘周边垫高;⑨收缩薄膜紧固;⑩拉伸薄膜紧固。

步骤四　认知装卸搬运设备

一、装卸搬运设备功能

装卸搬运设备是进行装卸搬运活动的物质技术基础,是提高装卸搬运技术水平的重要保证。装卸搬运工具、设施和设备不先进,装卸搬运效率低,将容易导致商品流转时间延长、商品破损、增加物流成本,并最终影响整个物流过程的质量。因此,在进行仓储活动时,选择高效、柔性的装卸搬运设备,对仓库开展装卸搬运组织,加快进出库速度,提高作业效率是十分必要的。

二、装卸搬运设备分类

1. 巷道堆垛机

巷道堆垛机是自动化立体仓库中最重要的起重堆垛设备,主要由起升、运行、货叉伸缩机构、载货台、电气装置以及安全保护装置等组成,可分为单立式巷道堆垛机和双立式巷道堆垛机,如图1-25所示。它一般采用半自动和自动控制方式,运行速度和生产效率都较高。它能够在自动化立体的巷道中来回穿梭运行,将位于巷道口的货物存入货格；或者取出货格内的货物运送到巷道口。

(a) 单立式巷道堆垛机　　　　　　　　(b) 双立式巷道堆垛机

图 1-25　巷道堆垛机

主要技术参数如下。

(1) 速度参数。主要包括巷道堆垛机的水平运行速度、起升速度和货叉伸缩速度。

(2) 尺寸参数。尺寸参数包括堆垛机的外形尺寸(长、宽、高)、起升高度、下降深度和最低货位极限深度。

(3) 货叉下挠度。堆垛机的下挠度是指在额定起重量下,货叉上升到最大高度时,货叉最前端弯下的距离,这一参数反映了货叉抵抗变形的能力,它与货叉的材料、结构以及货叉的加工工艺有关。

2. 叉车

1) 叉车的基本概念和结构

叉车又名铲车、装卸车,是一种用来装卸、搬运和堆码单元货物的车辆,是仓库装卸搬运机械中应用最广泛的一种设备。具有适用性强,机动灵活,效率高的优点。叉车由自身的轮胎底盘和能垂直升降、前后倾斜的货叉、门架等组成。它不仅可以将货物叉起进行水平运输,还可以将货物提升进行垂直堆码。

2) 叉车的特点

(1) 叉车将装卸和搬运两种作业合二为一,提高了作业效率。

(2) 在仓库、车站、码头和港口等货物搬运装卸的场所都能应用叉车进行作业,有很强的通用性。

(3) 与大型起重机械相比,它成本低、投资少、见效快、经济效益好。

(4) 与汽车相比较,它的轮距小、外形尺寸小、重量轻,能在作业区域内任意调动适应货物数量及货流方向的改变,可机动地与其他起重运输配合工作。

(5) 叉车可以在许多机具难以使用的领域作业。

3) 叉车的种类

(1) 平衡重式叉车。平衡重式叉车的货叉位于叉车的前部,为了平衡货物重量产生的倾翻力矩,在叉车的后部装有平衡重,以保持叉车的稳定性,如图1-26所示。平衡重式叉车是目前应用最广泛的叉车,占叉车总量的 80% 左右,具有操作简单、机动性强、效率高等特点。它的轮距和转弯半径大,行走平衡,适用于路面较窄、搬运距离较长的场站、配送中心和工厂。按照其使用动力的不同,可分为内燃叉车和电瓶叉车等。

图 1-26　平衡重式叉车

（2）前移式叉车。前移式叉车有两条前伸的支腿,如图 1-27 所示,它在作业时支腿不能插入货物的底部,而门架可以带动整个起升机构沿支腿内侧的轨道移动,这样货叉在取货物后稍微起升一个高度即可缩回,使货物重心位于前、后轮之间,运行稳定,不需要专门的平衡重,且自重轻,转弯半径小,轮子半径较小,能够降低直角通道宽度和直角堆垛宽度,对路面要求较高,适用于车间和仓库内作业。

  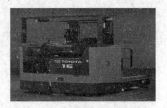

(a) 坐驾前移式叉车　　　　(b) 站驾前移式叉车　　　　(c) 侧驾前移式叉车

图 1-27　前移式叉车

（3）侧面式叉车。侧面式叉车如图 1-28 所示,是货叉和门架位于车体侧面的装卸作业车辆。其作业的主要特点有两个：一是在出入库作业的过程中,车体进入通道,货叉面向货架或货垛,这样在进行装卸作业时不必再先转弯然后作业,这个特点使侧面式叉车适合于窄通道作业；二是有利于搬运条形货物,因为长尺寸货物与车体平行,不受通道宽度的限制,是较长货物如管材、钢板等形状物体的理想搬运工具。由于搬运时,物体位于车体一侧,仓库通道宽度可减少到最低,仅略大于车体宽度。

（4）窄通道叉车。窄通道三向堆垛叉车如图 1-29 所示,它是为高货架而特别设计的叉车,三向叉车可做三向操作——向前、向左及向右,叉车车身多比较窄,转弯半径小,使仓库的空间得以更有效的运用,增加了储存面积,极大地提高了仓库空间的利用率,主要用于窄巷道高层货架立体仓库内。

（5）高位拣选叉车。高位拣选叉车如图 1-30 所示,它是指操作台上的操作者可与装卸装置一起上下运动,并拣选储存在两侧货架内物品的叉车。适用于多品种少量入出库的特选式高层货架仓库。它的起升高度一般为 4~6m,最高可达 13m,大大提高了仓库空间利用率。为保证安全,操作台起升时,只能微动运行。

图 1-28　侧面式叉车　　　图 1-29　窄通道三向堆垛叉车　　　图 1-30　高位拣选叉车

4）叉车的选择

（1）平衡重式叉车需要较大的作业空间，主要用于露天货场作业。

（2）前移式叉车以蓄电池为动力，不会污染环境，一般用于室内作业。转弯半径也小，可有效提高仓库的面积利用率。

（3）窄通道式叉车由于货叉的结构特征决定了其较好的稳定性，尺寸小、转弯半径小，适用于工厂车间，而且还适用于仓库内效率要求不高，但需要有一定堆垛、装卸高度的场合。

（4）侧面叉车主要用于长料货物的搬运。

3．搬运车

仓库内可供选用的搬运车种类繁多，这里主要介绍常见的几种类型。

（1）手推车。手推车是一种以人力为主、在路面上水平运输物料的搬运车，如图 1-31 所示。其特点是轻巧灵活、易操作、回转半径小。它广泛应用于工厂、车间、仓库、站台、货场等处，是短距离输送轻型货物的一种方便而经济的输送工具。

（2）手动托盘搬运车。手动托盘搬运车如图 1-32 所示，主要用来搬运装载于托盘（托架）上的集装单元货物，在使用时将其承载的货叉插入托盘孔内，由人力驱动液压系统来实现托盘货物的起升和下降，并由人力拉动完成搬运作业。它是托盘运输工具中最简便、最有效、最常见的装卸、搬运工具，适合于短距离的水平搬运。

（3）防爆搬运车。防爆搬运车如图 1-33 所示，具有防爆性能的一类搬运车。主要有蓄电池防爆叉车和蓄电池防爆搬运车。对于火花、静电、温度等引起爆炸的因素做了全面处理。电机、电器都设计为隔爆型，电源装置设计为防爆特殊型。适用于石油、化工、纺织、制药、食品、国防等工业部门存在有爆炸性气体混合物的危险场所，用来进行货物的装卸、搬运、堆码等操作。

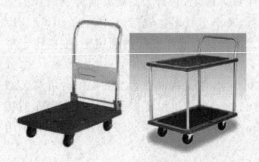  

图 1-31　手推车　　　图 1-32　手动托盘搬运车　　　图 1-33　防爆搬运车

（4）无人搬运车。无人搬运车系统简称 AGVS,是当今柔性制造系统(FMS)和自动化仓储系统中物流运输的有效手段。无人搬运车系统的核心设备是无人搬运车(AGV),如图 1-34 所示,作为一种无人驾驶工业搬运车辆,AGV 在 20 世纪 50 年代即得到了应用。一般用蓄电池作为动力,载重量从几千克到上百吨不等,工作场地可以是办公室、车间,也可以是港口和码头。现代的 AGV 都是由计算机控制的,车上装有微处理器。多数的 AGV 配有系统集中控制与管理计算机,用于对 AGV 的作业过程进行优化,发出搬运指令,跟踪传送中的构件以及控制 AGV 的路线。

AGVS 一般具有四个子系统,即自动导向系统、动力系统、控制和通信系统,以及安全系统。随着传感技术和信息技术的发展,AGV 也在向智能化方向发展,从而又产生了一种新型的搬运车,称为智能搬运车,简称为 AHV,如图 1-35 所示。AHV 外形虽类似于 AGV,但存在不同,如 AHV 装有两只通用机械手,在工作时依靠视觉作用的工业摄像机对物体的位置和大小进行判断,可以搬运重达 200~300kg 的物体;AHV 的导向主要采用光纤陀螺仪判定行走方向,由 IC 卡记录搬运路线指示图。在行走中,两者不断比较,使 AHV 按既定的路线行走。当线路变更时,只要更换 IC 卡中计入的路线指示图即可,路线无须铺设任何磁性导线或者光反射带;具有人工智能的特点,可以自动回避障碍物等。

图 1-34　无人搬运车

图 1-35　智能搬运车

4. 输送机

输送机械是按照规定路线连续地或间歇地运送散料物料或成件物品的搬运机械,是现代物料搬运系统的重要组成部分。输送机系统是由两个输送机及其附件组成的一个比较复杂的工艺输送系统,它完成物料的搬运、装卸和分拣等功能。广泛应用于工厂企业的流水生产线、物料输送线及流通中心、配送中心物料的快速拣选和分拣。

5. 起重机

1) 起重机的概念及工作特点

起重机是一种循环、间歇运动的装卸机械,主要用来垂直升降货物或兼作货物的水平移动,以满足货物的装卸、转载等作业要求。起重机以装卸为主要功能,搬运的功能较差,搬运距离很短。其适用于装卸大件笨重货物,借助各种吊索也可以装卸其他货物,起吊运能力较大,一般为 3~30t。

2) 起重机的基本类型

（1）桥式类起重机。桥式类起重机配有起升机构、大车运行机构和小车运行机构。依靠这些机构的配合,可在整个长方形场地及其上空作业,使用于车间、仓库、露天货场等场所。桥式类起重机包括以下几种类型。

① 桥式起重机。桥式起重机又称"桥式行车",俗称"桥塔"或"天车",其桥架由主梁和端梁构成,沿架设在建筑物上的行车轨道行走。小车在主梁上横向运行,一般用于库房内部,如图 1-36 所示。

② 门式起重机。门式起重机俗称"门吊",其桥架(大车)由主梁和支腿构成门架,沿地面轨道行走。起重机构(小车)在桥梁主梁上沿小车轨道横向运行,一般用于露天货场,如图 1-37 所示。

③ 岸边集装箱装卸桥。它主要用在港口码头、车站等场合进行货物的装卸与搬运。特点是装卸率高,通常以生产率来衡量和选择装卸桥,如图 1-38 所示。

图 1-36　桥式起重机　　　图 1-37　门式起重机　　　图 1-38　岸边集装箱装卸桥

(2) 臂架类起重机。臂架类起重机配有起升机构、旋转机构、变幅机构和运行机构,液压起重机还配有伸缩臂机构。依靠这些机构的配合动作,可在圆柱形场地及上空作业。臂架类起重机可装在车辆上或其他运输工具上,构成运行臂架式起重机。这种起重机具有良好的机动性,可适用于码头、货场、工厂等场所。

① 固定式起重机。固定式起重机如图 1-39 所示,采用单排交叉滚柱式或球式回转支承,可作 360°全回转,运转平稳,使用可靠,适用于内河港口、中小型码头、库场、堆栈或厂区内进行件杂物或散货的装卸作业。

② 移动式起重机。移动式起重机主要有汽车起重机、轮胎起重机、履带式起重机和门座起重机等类型。这里主要介绍一下汽车起重机和门座起重机。

汽车起重机在通用或专用汽车底盘上,装上起重工作装置及设备的起重机称为汽车起重机,如图 1-40 所示。它具有通过性好、机动灵活、行驶速度快、可迅速转移作业地点,到达目的地能够快速投入工作等优点,并且制造容易且较经济。它特别适合于流动性作业场所不固定的场合。由于汽车车身较长,转弯半径较大,且只能在起重机的两侧和后方进行作业。

图 1-39　固定式起重机　　　　图 1-40　汽车起重机

门座起重机是装在沿地面轨道行走的门形底座上的全回转臂架起重机,如图 1-41 所示,它是码头前沿的通用起重机械之一。门座起重机的工作地点相对比较固定,可以以较高的生产率完成船到岸、船到车、船到船之间等多种装卸作业。

③ 浮式起重机。浮式起重机如图 1-42 所示,是以专用浮船作为支撑和运行装置,浮在水上作业,可沿水道自航或托航。它广泛应用于海河港口,可单独完成船到岸或船到船的装卸作业。

图 1-41　门座起重机　　　　　　　　　图 1-42　浮式起重机

步骤五　认知自动化分拣设备

目前,自动化分拣已经成为大中型物流中心不可缺少的一部分。

一、自动分拣系统的主要特点

(1) 能连续、大批量地分拣货物。其分拣能力是人工分拣系统必须连续运行 100h 以上的工作量,每小时可分拣 7 000 件包装商品。

(2) 分拣误差率极低。自动分拣系统如果采用人工键盘或语音识别方式输入,则误差率在 3% 以上,如果采用条形码扫描输入,除非条形码的印刷本身有差错,否则不会出错。

(3) 分拣作业基本实现无人化。自动分拣系统能最大限度地减少人员的使用,基本做到无人化。分拣作业本身并不需要使用人员,人员的使用仅局限于以下工作:送货车辆抵达自动分拣线的进货端时,由人工接货。由人工控制分拣系统的运行。分拣线末端由人工将分拣出来的货物进行集载、装车。自动分拣系统的经营、管理与维护。

二、自动分拣系统的组成

自动分拣系统一般由控制装置、分类装置、输送装置及分拣道口组成。

(1) 控制装置的作用是识别、接收和处理分拣信号,根据分拣信号的要求指示分类装置,按商品品种、送达地点或按货主的类别对商品进行自动分类,并决定某一种商品该进入哪一个分拣道口。

(2) 分类装置是根据控制装置发出的分拣指示,当具有相同分拣信号的商品经过该装置时,该装置改变输送装置的运行方向,使其进入其他输送机或进入分拣道口。分类装置的种类很多,一般有推出式、浮出式、倾斜式和分支式几种,不同的装置对分拣货物的包装材料、包装重量、包装物底面的平滑程度等有不完全相同的要求。

(3) 输送装置的主要组成部分是传送带或输送机,其主要作用使待分拣商品鱼贯通过控制装置、分类装置。在输送装置的两侧,一般要连接若干分拣道口,使分好类的商品滑下主输送机(或主传送带),以便进行后续作业。

(4) 分拣道口是已分拣商品脱离主输送机(或主传送带)进入集货区域的通道,一般由钢带、皮带、滚筒等组成滑道,使商品从主输送装置滑向集货站台,在那里由工作人员将该道口的所有商品集中后或是入库储存,或是组配装车并进行配送作业。

以上四部分装置通过计算机网络联结在一起,配合人工控制及相应的人工处理环节构成一个完整的自动分拣系统。

三、自动分拣系统的分类

1. 堆块式分拣系统

堆块式分拣系统如图1-43所示,它是由链板式输送机和具有独特形状的在链板间左右滑动进行商品分拣的堆块等组成。堆块式分拣系统是由堆块式分拣机、供件机、分流机、信息采集系统、控制系统和网络系统等组成。其特点主要如下。

(1) 可适应不同大小、重量、形状的各种不同商品。
(2) 分拣时轻柔、准确。
(3) 可向左、右两侧分拣,占地空间小。
(4) 分拣时所需商品间隙小,分拣能力高达18 000个/h。
(5) 机身长,最长达110m,出口多。

2. 交叉带式分拣系统

交叉带式分拣系统如图1-44所示,它是由主驱动带式输送机和载有小型带式输送机的台车(简称"小车")联结在一起,当小车移动到所规定的分拣位置时,转动皮带,完成把商品分拣送出的任务。因为主驱动带式输送机与小车上的带式输送机呈交叉状,故称交叉带式分拣机。根据作业现场的具体情况可分水平循环式或直行循环式。大型交叉带式分拣系统一般应用于机场行李分拣和安检系统。其主要特点如下。

图1-43 堆块式分拣系统

图1-44 交叉带式分拣系统

(1) 适用于分拣各类小件商品,如食品、化妆品、衣物等。
(2) 分拣出口多,可左右两侧分拣。
(3) 分拣能力,一般达6 000~7 700个/h。

3. 斜导轮式分拣机

斜导轮式分拣机如图1-45所示,利用转动着的斜导轮,在平行排列的主窄幅皮带间隙中浮上、下降时,达到商品的分拣目的。其主要特点如下。

(1) 对商品冲击力小,分拣轻柔。

(2) 分拣快速准确。
(3) 适应各类商品，只要是硬纸箱、塑料箱等平底面商品即可。
(4) 分拣出口数量多。

4. 轨道台车式分拣机

轨道台车式分拣机，将被分拣的物品放置在沿轨道运行的小车托盘上，当到达分拣口时，台车托盘倾斜 30°，物品被分拣到指定的目的地，如图 1-46 所示。其主要特点如下。
(1) 可三维立体布局，适应作业工程需要。
(2) 可靠耐用，易维修保养。
(3) 适用于大批量产品的分拣，如报纸捆、米袋等。

图 1-45　斜导轮式分拣机

图 1-46　轨道台车式分拣机

5. 摇臂式分拣机

摇臂式分拣机如图 1-47 所示，它是指将被分拣的物品放置在钢带式或链板式输送机上，当到达分拣口时，摇臂转动，使物品沿摇臂杆斜面滑到指定的目的地的分拣机。其主要特点是结构简单，价格较低。

6. 垂直式拣选系统

垂直式拣选系统又称折板式垂直连续升降输送系统，如图 1-48 所示，它是不同楼层间平面输送系统的连接装置。根据用途和结构的不同，分为从某楼层分拣输送至某楼层；从某楼层分拣输送至不同的各楼层；从某楼层分拣输送至某楼层的不同出口方向。

图 1-47　摇臂式分拣机

图 1-48　垂直式拣选系统

四、自动分拣系统的适用条件

在引进和建设自动分拣系统时一定要考虑以下几个条件。

1. 一次性投资巨大

自动分拣系统本身需要建设短则 40~50m，长则 150~200m 的机械传输线，还有配套的机电一体化控制系统、计算机网络及通信系统等，这一系统不仅占地面积大，动辄 2 万 m² 以上，而且一般自动分拣系统都建在自动主体仓库中，这样就要建 3~4 层楼高的立体仓库，库内需要配备各种自动化的搬运设施，这丝毫不亚于建立一个现代化工厂所需要的硬件投资。这种巨额的先期投入要花 10~20 年才能收回，如果没有可靠的货源作保证，则有可能系统大都由大型生产企业或大型专业物流公司投资，小型企业无力进行此项投资。

2. 对商品外包装要求高

自动分拣机只适于分拣底部平坦且具有刚性的包装规则的商品。袋装商品、包装底部柔软且凹凸不平、包装容易变形、易破损、超长、超薄、超重、超高、不能倾覆的商品不能使用普通的自动分拣机进行分拣。

因此为了使大部分商品都能用机械进行自动分拣，可以采取以下措施：一是推行标准化包装，使大部分商品的包装符合国家标准；二是根据所分拣的大部分商品的统一包装特性定制特定的分拣机。但要让所有商品的供应商都执行国家的包装标准是很困难的，定制特定的分拣机又会使硬件成本上升，并且越是特别的其通用性就越差。

步骤六　认知计量检验设备

计量检验设备是指用于商品进出时的计量和点数，以及货存期间的盘点、检查等的设备。在现代仓储管理中，可以利用电子收货系统对到货的计件货物进行计量，利用电子秤对计重货物进行检验。

1. 计量检验设备的特点

（1）稳定性。稳定性是指计量检验设备的计量感应部分在受力后，离开平衡位置，在所受力撤销以后能够回到原来位置。

（2）灵敏性。即计量装置的灵敏度，要求计量装置能感应出的最小荷重变化。

（3）不变性。不变性是指对同一物体连续称重，每次所计量的结果应该在误差所允许的范围内。

（4）正确性。正确性是指计量装置每次对不同物品的计量结果应该在误差所允许的范围内。

2. 计量检验设备的分类

在物流过程中使用的计量装置有许多种，根据计量方法的不同可以分为四类：重量计量设备，包括各种磅秤、地重衡、轨道衡、电子秤等，是仓库中使用最广泛的计量检验设备；流体容积计量设备，包括液面液位计、流量计等；长度计量设备，包括检尺器、长度计量仪等；个数计量设备，包括自动计数器、自动计数显示装置等。这里主要介绍最常见的两种：电子收货系统和电子秤。

（1）电子收货系统。电子收货系统的主要工作过程是当货物到达仓库时，仓库管理员持扫描器扫描托盘或包装箱上的条码，系统自动取消接收订单，从而使货物信息进入仓库管理系统，与订单进行电子核对。该系统能够快速登记货物，缩短收货时间。由于无须人工输入信息，因而极大地提高了效率和准确率。

（2）电子秤。电子秤是一种现代化的称重计量设备，具有操作简单、称量速度快的特点,可以自动称重并显示结果。它主要由三部分组成,即传力系统、称重传感器和显示仪表。传力系统是将被称物品的重量准确无误地传递给称重传感器的整套机械装置,它主要包括称重平台、秤桥、吊挂、安全定位等部件,不同的电子秤的传力机构的结构不同,但一般都会要求有足够的刚度;运行过程稳定、可靠、安全;结构简单、加工方便、便于安装维修等。称重传感器的作用是将物品的重量的力信号转换成为电信号输出。显示仪对称重传感器在承受载荷时的输出电压信号进行测量,并给出以重量为单位的载荷重量示值,还可以通过打印机装置进行打印。电源是向称重传感器测量桥路馈电的、稳定性较高的稳压电源。

第三节 认知仓储技术

在仓储管理活动中,信息化技术的应用越来越广泛、深入。想要高效地管理仓储作业,就必须了解现代的仓储技术。

步骤一 认知条码技术

1. 条形码的构成

条形码是由一组黑白相间、粗细不同的条状符号组成,如图1-49所示。其中隐含着数字信息、字母信息和标志信息,主要用以表示对象物(如商店销售的商品,进入物流领域的货物)的名称、产地、价格和种类等。

图1-49中,静区是指条码左右两端外侧与空的反射率相同的限定区域,它能使阅读器进入准备阅读的状态,当两个条码距离较近时,静区则有助于对它们加以区分,静区的宽度通常应不小于6mm(或10倍于模块宽度)。起始/终止符指位于条码开始和结束的若干条与空,标志条码的开始和结束,同时提供了码制识别信息和阅读方向的信息。数据符位于条码中间的条、空结构,它包含条码所表达的特定信息。

图1-49 条形码

2. 物流条码的种类

目前,现存的条码码制多种多样,但国际上通用、公认的物流条码码制只有以下四种。

(1) EAN-13条码(如图1-50所示)。

(2) 交叉25条码(如图1-51所示)。

图1-50 EAN-13条码示例

图1-51 交叉25条码示例

(3) ITF-14条码(如图1-52所示)。

(4) 贸易单元128条码(如图1-53所示)。

图1-52　ITF-14条码示例

图1-53　贸易单元128条码示例

3．条码识别装置

（1）光笔扫描器。似笔形的手持小型扫描器。

（2）台式扫描器。固定的扫描装置，手持带有条码的卡片或证件在扫描器上移动，完成扫描。

（3）手持式扫描器。能手持并可移动使用的较大的扫描器，用于静态物品扫描。

（4）固定式光电及激光快速扫描器。由光学扫描器和光电转换器组成，是现在物流领域应用较多的固定式扫描设备，安装在物品运动的通道边，对物品进行逐个扫描。各种扫描设备都和后续的光电转换、信息信号放大及计算机联机形成完整的扫描阅读系统相关联，并完成电子信息的采集。

步骤二　认知无线手持终端（RF）

1．无线手持终端概述

无线手持终端又称为数据采集器、盘点机、手持终端或掌上电脑，其具有一体性、机动性、体积小、重量轻、高性能、适于手持等特点。无线手持终端是除了具有条形码数据采集器一体化、便携、速度快等优点外，最大的特点是实时在线，它与计算机的通信是通过无线电波来实现的，可以把现场采集到的数据实时传输给计算机。相比条形码数据采集器又更进一步地提高了操作员的工作效率，使数据从原来的本机校验、保存转变为远程控制，实时传输。

2．无线手持终端的构成

无线手持终端之所以称为无线，就是因为它不需要像条形码数据采集器那样依靠通信座和PC进行数据交换，而可以直接通过无线网络和PC、服务器进行实时数据通信。要使用无线手持终端就必须先建立无线网络。无线接入点（access point）相当于一个连接有线局域网和无线网的网桥，它通过双绞线或同轴电缆接入有线网络（以太网或令牌网），无线手持终端则通过无线接入点与无线通信和局域网的服务器进行数据交换。

无线手持终端的产品硬件技术特点与条形码数据采集器的要求一致，包括CPU、内存、屏幕显示、输入设备、输出设备等。除此之外，比较关键的就是无线通信机制。目前使用比较广泛的有无线跳频技术、无线扩频技术两种。应该说两种技术各有优缺点，但是对于普通的仓储物流、零售应用来说，跳频技术由于其抗干扰能力较强，数据传输稳定，所以采用得较广泛。

每个无线手持终端都是一个自带IP地址的网络节点，通过无线的登录点，实现与网络系统的实时数据交换。无线手持终端与计算机系统的连接基本上采用三种方式，具体采用何种方式进行，应该根据实际的应用情况而定。

(1) TELNET 终端仿真连接。在这种方式下,无线手持终端本身不需要开发应用程序。只是通过 TELNET 服务登录到应用服务器上,远程运行服务器上面的程序。在这种方式下工作,由于大量的终端仿真控制数据流在无线采集器和服务器之间交换,通信的效率相对会低一些。但是由于在无线手持终端上无须开发应用程序,在系统更新升级方面会相对简单、容易。

(2) 传统的 C/S 结构。将无线手持终端作为系统的 CLIENT 端,采集器上面根据用户的应用流程要求进行程序的开发。开发平台与便携式一样,根据不同产品有所不同。在这种方式下工作,无线手持终端与通信服务器之间只需要交换采集的数据信息,数据量小,通信的效率相应较高。但是像便携式无线手持终端一样,每台无线手持终端都要安装应用程序,对于后期的应用升级显得较麻烦。

(3) B/S 结构。在无线手持终端上面内嵌浏览器,通过 HTTP 协议与应用服务器进行数据交换。这种方式对无线手持终端的系统要求较高,基于 WinCE 平台下面的产品相对来讲比较容易实现。

3. 无线手持终端的应用

(1) 商品入库验收。入库时,从计算机中下载商品档案到手持终端中。商品档案包括订单号、商品名称、规格、产地、应有的在库位置等信息。入库过程如下:①向手持终端中输入订单号;②扫描商品条码;③按手持终端所提示的在库位置入库;④将盘点文件回传入计算机。当扫描条码时提示该订单中无此商品时应查出原因,以确认是否订错商品。回传文件包含商品基本信息、库位等信息。

(2) 商品出库发货。出库时,根据出库需求,将出库信息下载到手持终端。出库过程如下:①扫描商品条码;②确认出库数量;③完成后将手持终端的数据传送至计算机。

(3) 商品库存盘点。使用手持终端依次扫描仓库货架上的商品条码,并输入实际盘点数量,操作完成后将数据传送至计算机,与计算机中的在架商品进行比较,就可以进行盘点处理,并由计算机做出损益报告。使用手持终端避免了用货对单或用单找货的麻烦,避免了手工处理的漏盘和重复盘货的现象。

(4) 商品自动补货订货。用手持终端进行自动补货处理,首先将商品货架上的条码读入,然后根据商品在架数量用键盘输入补货数;将取得的数据传送到计算机。由总部汇总后传至给相应的供应商。通过手持终端自动读取条码,可以防止商品编码的输入错误,也避免重复劳动,通过网络进行补货,可以提高补货效率,缩短供货时间。

步骤三 认知声控技术

声控技术是随着计算机的广泛应用而出现的。所谓"声控技术",就是利用声学与电子学原理,即声音传感器,将声音信号转换成电信号,再推动触发器工作的技术。

1. 声控技术在开关领域的应用

声控技术在开关领域最常见的应用就是声控开关,我们用声音就可以打开门窗、电灯、电视机等。在仓库中声控开关应用最多之处应属对照明工具的控制。

以声控灯为例,声控灯是一种声控电子照明装置,它提供了一种操作简便、灵活、抗干扰能力强、控制灵敏的声控开关方式。人们只需发出约 1s 的控制信号"嘶"声,既可方便、及时地打开和关闭声控照明装置,又可以自动延时关闭。在仓库里采用声控灯的优点是,不仅节约了电能资源,而且使用起来较为方便,不必在黑暗中或抱有物料脱不开手时再去摸索开关,省时、方便。

当然,声控开关的应用也有弊端。由于开关的应用频率比较高,开关本身的使用寿命会大大降低,同时也会造成一定的噪声污染。在仓库安全系统中使用声音识别技术,会使仓库的安全系数更高。

2. 声控技术在货物分拣中的应用

在现今的存储管理系统中,声控技术开始逐渐被运用起来,包括库存盘点、入库检验、货物分拣。声控技术在仓储管理系统的运作过程中是将语音识别和语音合成整合起来,使仓库现场工作人员能和仓储管理系统相联系,形成一种新的沟通界面和作业模式。

在语音辨识拣货系统的环境中,理货工作人员发出需要拣货的命令,待自动拣货机接到拣货命令后,即会按照指示进行拣货,待拣货完成后,再通过警示信号指示理货员确认。

声控技术实现了存储管理的最大实时性,让存储作业人员的手、眼均能轻松自如地与仓储管理系统进行互动,大大提升了拣货的效率。

声控技术在存储技术中尚属新技术,应用起来方便、灵活,但是这种新技术的使用成本比较高。对于仓库管理来说,要视要求与经济情况而决定是否采用。

温故知新

不定项选择题

1. 影响库场选址的因素有( )。
   A. 社区环境　　B. 政治稳定性　　C. 扩展机会　　D. 原材料供应
2. ( )是为了货品存放空间,增加库房利用效率,用支架、隔离板或托架组成的立体储存货物的设施。
   A. 托盘　　　　B. 集装箱　　　　C. 叉车　　　　D. 货架
3. 托盘一共分为( )几种。
   A. 平托盘　　　B. 柱式托盘　　　C. 箱式托盘
   D. 轮式托盘　　E. 滑动板
4. ( )是仓库装卸搬运机械中应用最广泛的一种设备。
   A. 传输带　　　B. 叉车　　　　　C. 手推车　　　D. 自动牵引车
5. ( )是建立在整个供应链的最基本条件,它是实现仓储自动化的第一步。
   A. 货物的条形码　　　　　　　　　B. 无线通信技术
   C. 仓储管理信息系统　　　　　　　D. 无线数据采集技术
6. ( )是国际上先进物流搬运机械的重要标志,是一种安装在叉车上以满足各种物料搬运和装卸作业特殊要求的专用机械。
   A. 储位　　　　B. 叉车属具　　　C. 滑纸板　　　D. 集装箱
7. 目前,条形码开始在商场、超市广泛使用,其英文称呼是( )。
   A. BPR　　　　B. SCM　　　　　C. EDI　　　　 D. Bar code
8. 适应性强,应用最广的叉车是( )。
   A. 步行操纵式叉车　B. 平衡重式叉车　C. 前移式叉车　D. 电动托盘叉车

9. 低层货架的高度一般为(　　)。
   A. 5～15m　　　　B. 15m　　　　C. 15m以上　　　　D. 5m以下
10. 适用于存放长形货物和不规则货物的货架是(　　)。
    A. 悬臂式货架　　B. 托盘货架　　C. 重力式货架　　D. 层架

职场训练

速达运公司嘉兴区仓库布局好后,为了进一步提高物流作业效率,结合可口可乐商品的特性,需要为现有仓库配备必要的仓储设施设备,你将如何根据设备配备原则来选择经济的设备呢？配备好设备后对新员工进行培训,使新员工能熟练掌握常见设备的操作。

任务三　仓储管理作业规划

任务描述

仓储管理作业规划是指针对仓储场所、仓储空间、仓储设施、仓储位置等进行安排与规划。仓储管理的措施、效率和仓储规划之间有着密切的关系。换言之,仓储管理作业规划的好坏将直接影响着仓储作业与管理的绩效。

任务引导

(1) 请结合下列企业分析所属仓库的种类。

① 中储发展股份有限公司露天货场350万平方米,库房200万平方米,铁路专用线78条达75 000m,起重运输设备近千台,年吞吐能力6 000多万吨,居于国内仓储行业龙头地位。

② 2015年1月15日,苏果投建的第三家物流基地——淮安物流配送中心正式建成投入使用。该项目占地面积426亩,涵盖了多温层、全品类、多业态的配送功能。一期仓库共设2.8万个储货位,能容纳1.5万种单品,年配送总量达100亿元,堪称巨无霸级物流中心。

③ 无锡圣马危险化学品仓储公司占地面积27 881m²,拥有甲类仓库1 650m²、乙类仓库7 300m²、丙类仓库2 400m²,经无锡市安监局批准可以存放的危险品已达155种。

④ 如皋粮食储备库,库区占地面积88 586m²,总建筑面积41 434m²。现有10幢20个廒间高大平房仓,仓容5万吨,立筒仓6座,仓容2万吨,周转仓仓容1万吨,总仓容8万吨。融办公、结算、军供、粮质检测、信息管理于一体的综合大楼近5 000m²;拥有300m长的千吨级的内港池码头,可容纳4艘1 000t级的船只同时装卸;有两台固定式吊机和一台移动式吊机,有2万平方米的码头场地,设置100t和30t级的电子汽车衡各一座,便于汽车运输计量作业。

⑤ 扬子江药业集团有限公司建立了自动化立体仓库,储存量大、自动化程度高、质量保证措施好、安全系数高,而且温度保持在20℃以下,湿度40%～50%。

(2) 速达运公司可口可乐项目仓库布局和仓库结构本身有着怎样的关联？

(3) 根据速达运公司可口可乐项目仓库布局图,计算各个功能区域面积所占总面积的比例,并分析是否合理？

（4）速达运公司的库房、货棚、货场是如何设计的？它的仓库规划存在什么问题，请提出解决建议。

第一节　存储场所的分配与布置

对存储场所进行分配与布置，其目的是对库存物料进行分类保管，建立合理的保管秩序，以达到"物得其所，库尽其用"的存储管理目标。

步骤一　认知仓库

仓库是保管、存储物品的建筑物和场所的总称。无论生产领域，还是流通领域都离不开仓库。

一、仓库的分类

1. 按运营形态的不同分类

（1）营业仓库。按照仓库业管理条例取得营业许可，保管他人物品的仓库称营业仓库。其面向社会以经营为手段、以盈利为目的。第三方物流企业所建的仓库属于营业仓库。

（2）自营仓库。自营仓库是指由企业或各类组织自营自管，为自身提供储存服务的仓库。仓库的建设、对物品的管理以及出入库等业务均由公司自己负责。所保管物品的种类、数量相对确定，仓库结构和装卸设备与之配套。

（3）公用仓库。国家或公共团体为了公共利益而建设的仓库称为公共仓库，即为公共事业配套服务的仓库。

2. 根据保管条件的不同分类

（1）普通仓库。常温下的一般仓库，用于存放一般物资，对于仓库没有特殊要求。

（2）冷藏仓库。冷藏仓库是指具有冷却设备并隔热的仓库（10℃以下）。一般多是农副产品、特殊药品等对于储存温度有要求的物品。

（3）恒温仓库。恒温仓库是指能够调节温度、湿度的室外仓库（大致在 10～20℃）。

（4）特种危险品仓库。特种危险品仓库用于存放易燃、易爆、有毒、有腐蚀性或有辐射性物品的仓库。危险品由于可能对人体以及环境造成危险，因此在此类物品的储存方面一般会有特定的要求，例如许多化学用品就是危险品，它们的储存都有专门的条例。

3. 根据仓库功能分类

（1）储存仓库。储存仓库主要对货物进行保管，以解决生产和消费的不均衡，如秋季生产的大米要在第二年出售，常年生产的化肥要在春、秋季节供应，只有通过仓储来解决。

（2）流通仓库。流通仓库除具有保管功能外，还能进行流通加工、装配、简单加工、包装、理货以及配送，具有周转快、附加值高、实践性强的特点，从而减少了在连接生产和消费的流通过程中商品因停滞而花费的费用。

（3）配送中心仓库。配送中心仓库是向市场或直接向消费者配送商品的仓库。作为配送中心的仓库，往往具有存货种类众多、存货量较少的现象，要进行商品包装拆除、配货组合等作业，一般还需开展配送业务。

（4）保税仓库。保税仓库是指经海关批准，在海关监管下，专供存放未办理关税手续而入境或过境货物的场所。也就是说，保税仓库是获得海关许可的、能长期储存外国货物的本国国土上的仓库。同样,保税仓库是获得海关许可的能装卸或搬运外国货物并暂时存放的场所。

4. 按照仓库的结构分类

(1) 单层仓库。单层仓库是最常见的,也是用得最广泛的一种仓库建筑类型,这种仓库只有一层,高度一般不超过 6m,也就当然不需要设置楼梯,造价低,适合人工操作。

(2) 多层仓库。多层仓库一般占地面积较小,它一般建在人口稠密、土地使用价格较高的地区,由于是多层结构,因此一般是使用垂直输送设备来搬运货物。

(3) 立体仓库。立体仓库又被称为高架仓库,一般高度在 12m 以上,它也是一种单层仓库,但与一般单层仓库的不同在于,它利用高层货架来储存货物,而不是简单地将货物堆积在库房地面上。在立体仓库中,由于货架一般比较高,所以货物的存取需要采用与之配套的机械化、自动化设备,一般在存取设备自动化程度较高时使用,也将这样的仓库称为自动化仓库。

(4) 罐体式仓库。罐体式仓库主要储存石油、天然气和液体化工产品等。

(5) 简易仓库。简易仓库是指临时代用的一些固定的或活动的简易仓棚等。其构造简单、造价低廉,使用极方便,一般在仓库不足而又不能及时建库的情况下使用。

(6) 露天堆场。露天堆场是用于在露天堆放货物的场所,一般堆放大宗原材料,或者不怕受潮的货物。

二、仓库结构

1. 平房建筑和多层建筑

仓库的结构,从出入库作业的合理化方面考虑,尽可能采用平房建筑,这样储存产品就不必上下移动,因为利用电梯将储存产品从一个楼层搬运到另一个楼层费力,而且电梯往往也是产品流转中的一个瓶颈,因为有许多物料搬运机通常都会竞相利用数量有限的电梯,从而影响库存作业效率。但是在城市内,尤其是在商业中心地区,土地有限或者昂贵,为了充分利用土地,采用多层建筑成为最佳的选择。在采用多层仓库时,要特别重视上下楼的通道设计。

2. 仓库出入口和通道

仓库出入口的位置和数量是由建筑的开建长度、进深长度、库内货物堆码形式、建筑物主体结构、出入库次数、出入库作业流程及仓库职能等因素所决定的。出入库口尺寸的大小是由卡车是否出入库内,所用叉车的种类、尺寸、台数、出入库次数、保管货物尺寸大小所决定的。库内的通道是保证库内作业顺畅的基本条件,通道应延伸至每一个货位,使每一个货位都可以直接进行作业,通道需要路面平整和平直,减少转弯和交叉。对载货汽车来说,出入口宽度和高度的最低限度是 4m;对叉车来说,出入口宽度和高度必须达到 2.5~3.5m。出入口通常采用卷帘式铁门。

3. 立柱间隔

库房内的立柱是出入库作业的障碍,会导致保管效率低下,因而立柱应尽可能减小。一般来说,仓库的立柱间隔,应考虑出入库作业的效率,以汽车或托盘的尺寸为其中的一个基准,通常来说 7m 的间隔较适当,这是适合 2 台大型载货车(2.5m×2)或 3 台小型载货车(1.7m×3)的作业间隔;也是适合放 6 个标准托盘(1.1m×6)的间隔。此外,平房建筑的仓库拓宽立柱间隔比较容易,而且钢骨架结构建筑的仓库可不设立柱。

4. 天花板的高度

由于实现了仓库的机械化、自动化，因此现在对仓库天花板的高度也提出了很高的要求。即使用叉车的时候，标准提升高度是3m；而使用多端式高门架的时候要达到6m。另外，从托盘装载货物的高度看，包括托盘的厚度在内，密度大且不稳定的货物，通常以1.2m为标准；密度小而稳定的货物，通常以1.6m为标准。以其倍数（层数）来看，1.2m/层×4层＝4.8m，1.6m/层×3层＝4.8m，因此，仓库的天花板高度最低应该是5～6m。

5. 地面

地面的构造主要是地面的耐压强度，地面的承载力必须根据承载货物的种类或堆码高度具体研究。通常，一般平房普通仓库地面承载力为2.5～3t，其次是3～3.5t，多层仓库层数加高，地面承受负荷能力减少，一层是2.5～3t，二层是2～2.5t，三层是2～2.5t，四层是1.5～2t，五层是1～1.5t甚至更小。地面的负荷能力是由保管货物的重量、所使用的装卸机械的总重量、楼板骨架的跨度等所决定的。流通仓库的地面承载力，还要保证重型叉车作业的足够受力。

仓库结构一旦确定，再进行更改的可能性是很小的。如果不得不进行修整，也会耗费大量的资金和人力。因此，在建造仓库之初，就需要充分考虑未来可能出现的各种需求变化，科学地设计仓库总体构造。

步骤二　库房、料棚与料场的分配

物料存储的场所可以分为库房、料棚与料场，不同的场所其建造成本与管理费用的差别是比较大的，而且每种物料被分配的储存场所安排合理，会对提高保管质量、方便仓库作业、降低保管费用产生直接的影响。在分配仓储场所时，通常要考虑物料的理化性质、加工程度、本身的价值、用途和作用、批量大小、单位质量和体积等因素。不同物料适宜的储存场所如表1-5所示。

表1-5　不同物料适宜的储存场所

物料属性	储存场所	物料类型示例
风吹、日晒、雨淋和温湿度变化对其无显著影响的物料	可存放在露天料场	生铁锭块、毛坯、钢轨、大型钢材、铸铁管、中厚钢板、原木、大型粗制配件等
受风吹、日晒、雨淋等的影响易变质损坏，而且温湿度变化对其影响不大的物料	可存入料棚	中型钢材、钢轨配件、优质木材、耐火砖、电缆等
受雨雪侵袭，风吹日晒及温湿度变化的影响，易造成损害的物料	应存入普通库房	小型钢材、优质钢材、金属制品、有色金属材料、车辆配件、水泥、化工原料、机械设备等
受风吹、日晒、雨淋和温湿度变化等的影响而容易损坏的物料，特别是对温湿度变化比较敏感的物料	应存入保温库房	紧密仪器仪表、电子器件、高精度量具、轴承、锡及锡制品等
需特殊的保管条件、易燃易爆或具有毒害性、放射性的物料	应存入专用库房	各种危险品，如汽油、炸药、压缩气体、毒性物品、腐蚀性物品、放射性物品等

步骤三　楼库各层的物料分配

在人口比较密集、土地使用价格较高的市区等地，通常会建设多层仓库——楼库。在楼库中常采用垂直输送设备，比如电梯或倾斜的带式输送机等。楼库多为3~5层。仓储管理人员应针对各层不同的保管条件和作业条件，合理安排各层的物料储存。

1. 楼库最底层的物料分配

楼库底层的承载能力强，空间比较高，两侧和两端均可设库门和站台，收发作业方便。但是地面易返潮，易受库边道路灰尘的影响。因此，在楼库底层适宜存放大批量、单位质量大、体积大、收发作业频繁、要求一般保管条件的物料，如金属材料、金属制品。

2. 楼库中间层的物料分配

楼库中间层的楼板承载能力比较差，净空间比较低，增加了垂直方向的搬运频率，只能借助于升降机或电梯收发物料，作业过程不方便。但楼板比较干燥，采光通风良好，受外界温湿度的影响较小。所以，在楼库中间层适宜存放体积较小、质量较轻、要求保管条件比较高的物料，如电工器材、仪器仪表等。

3. 楼库最顶层的物料分配

最顶层屋面直接受日光照射，受温度的影响比较大，而且收发作业更加不方便。因此，在楼库最顶层适宜存放收发不太频繁、要求一般保管条件的轻体物料，如纤维制品、塑料制品等。

步骤四　保管场所的平面布置

保管场所的平面布置是指对库房、料棚、料场内的料垛、料架、通道、垛间距、收发料区等进行合理划分，正确处理它们在平面上的位置关系。

保管场所的布置应满足下列要求：最大限度地提高保管场所的平面利用率和空间利用率；有利于提高物料保管质量；符合技术作业过程的要求，便于日常查点和收发等。

一、保管场所的总平面规划

下面以仓库为例，说明仓库的平面位置规划。

1. 仓库总体布局设计的要求

仓库总体布局是指将一个仓库的各个组成部分，如库房、货棚、货场、辅助建筑物、铁路专用线、库内道路、附属固定设备等，在规定范围内，进行平面和立体的统筹规划、合理安排，最大限度地提高仓库的储存和作业能力，并降低各项费用。

(1) 要适应仓储企业的生产流程，有利于实现仓储作业的优化。

① 单一的物流方向。仓库内商品的卸车、验收、存放地点之间的生产流程，应按同一个方向流动。

② 最短的运距。应尽量减少迂回运输，专用线的布置应在库区中部，并根据作业方式、仓储商品品种、地理条件等，合理安排库房，专用线要与主干道相对应。

③ 最少的装卸环节。减少在库商品的装卸搬运次数和环节，使商品的卸车、验收、堆码作业一次性完成。

④ 最大的利用空间。仓库总平面布置是立体设计，应有利于商品的合理存储和充分利用库位。

(2) 有利于提高仓储经济效益。要因地制宜，充分考虑地形、地质条件，合理确定库房的位置，仓库位置应便于货物的入库、装卸和提取，库内区域划分明确，布局合理，为货物的储存保管创造良好的环境，提供适宜的条件。要根据设计规划和库存物品的性质更好地选择和配置设施设备，充分、合理地使用机械化设备，并最大限度地发挥其效能。

(3) 有利于保证安全生产和文明生产。

① 要符合消防规定，要有防火、防盗、防水、防爆设施，同时要为发生险情时创造方便的救援条件。

② 应符合卫生和环境要求，既满足库房的通风、日照等要求，又要有利于职工身体健康。

2. 仓库总体布局的功能分区

图1-54是一个仓库总体布局示意图。一般来说，一个仓库库区通常由生产作业区、辅助生产区和行政生活区三大部分组成。

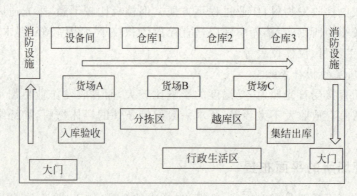

图1-54 仓库总体布局示意图

(1) 生产作业区。生产作业区是库区仓储活动发生的主要场所，主要包括以装卸、储存、转运货物为主要业务的货场、货棚、仓库、装卸平台等和由道路、码头、铁路专用线组成的交通系统。

储货区是装卸、储存保管货物的场所，是物流作业区的主体区域，不仅可存放商品，同时还起着货位周转和调剂作业的作用。

(2) 辅助生产区。辅助生产区是为仓储生产作业提供各项辅助工作的各种外围配套设施布置的集中区域，包括设备间、车库、变电室、油库、维修车间等。

(3) 行政生活区。行政生活区是仓库行政管理机构和生活区域，具体包括办公楼、警卫室、化验室、宿舍和食堂等。行政生活区与生产作业区应分开，并保持一定距离，以保证仓库的安全及行政办公和员工生活的安静。

二、库房内部平面布置

库房内墙线所包围的面积（如有立柱应减去立柱所占的面积）称为"可使用面积"。其中，库房内料架和料垛所占的面积为"保管面积"，其他则为"非保管面积"，其主要包括通道、墙间距、收发料区、仓储管理人员的办公地点等。

下面分别针对库房内不同区域加以说明。

1. 库房内不同区域设置

(1) 收发料区。收发料区是供收料、发料时临时存放物料的区域，可划分为收料区和发料区,也可以划定一个收发料区(收料与发料共用)。收发料区的位置应靠近库门和运输通道,可设在库房的两端或适中的位置,并确保收料、发料互不干扰。对靠近专用线的仓库,收料区应设在专用线的一侧,发料区应设在靠近通道的一侧。如果专用线进入库房,则收料区应设在专用线的两侧。收发料区面积的大小应根据不同情况而定,如表1-6所示。

表1-6 收发料区的面积安排

不同情况	收发料区的面积安排
一次收发批量的大小	收发料区应能够容纳一次最大批量的物料,如专用线进入库内的金属库,其收料区应能容纳至少12个车皮的钢材
产品品种的多少	为避免收料、发料时发生混淆,不同规格品种的物料应分开摆放。因此,规格品种越多,所占用面积越大
供货和用料单位数量的多少	对于不同单位的供货和不同用料单位的发料,都应单独存放,避免收发错误。因此,供货和用料单位越多,所占用的收发面积越大
收发作业效率的高低	如收发作业效率高,能加速货位的周转,收发料区的面积可被压缩
仓库设备使用效率的高低	包括保管、装卸、验收等设备的情况。在收发料区,如大量使用料架,可节省占地面积;库内如设有桥式起重机,则能节省装卸机械作业所占的面积;如采用自动电子秤配合桥式起重机作业,就可边卸车、边码垛,或边下垛、边装车,收发料区的面积占用将大大减少
收发料均衡性的大小	当收发料的时间分布比较均衡时,收发料区的面积可以得到充分的利用
发料制度的影响	送料制和领料制对发料区的要求有很大的不同。当采取送料制时,送料前需将各个用料单位的物料备齐,要占用很大面积,而采取领料制,则可大大缩小发料区面积

(2) 通道。库房内的通道分为运输通道(主通道)、作业通道(副通道)和检查通道。

① 运输通道主要供装卸搬运设备在仓库内通行,其宽度取决于装卸搬运设备的外形尺寸和单元装载的大小。运输通道的宽度一般为1.5~3m。如果库内设有桥式起重机,运输通道的宽度可设计为1.5m,甚至更窄;如果使用叉车作业,其通道宽度可通过计算求得。当单元装载的宽度不大时,可利用以下公式计算:

$$A = R + D + L + C$$

式中,A 为通道宽度,R 为外侧转向半径,D 为物料表面至驱动轴中心线的距离,L 为物料长度,C 为转向轮滑行的操作余量。

② 作业通道是供作业人员存、取、搬运物料时的通道。其宽度取决于作业方式和物料大小。当通道内只有1人作业时,其宽度可按以下公式计算:

$$a = b + I + 2c$$

式中,a 为作业通道的宽度,b 为作业人员身体的厚度,I 为物料的最大长度,c 为作业人员的活动余量。如果使用手推车进入作业通道作业,则通道宽度的设计可视手推车的宽度而定。一般情况下,作业通道的宽度为1m左右。

③ 检查通道。检查通道是供仓储管理人员检查库存物料的数量及质量时的通道,其宽度只要能使检查人员自由通过即可,一般为0.5m左右。

(3) 墙间距。为了减少库外温湿度对库存物料的影响,料垛和料架应与库墙保持一定的距离,不允许料垛、料架直接靠墙堆码和摆放。

墙间距的设置,既可以使料垛和料架与库墙保持一定的距离,避免物料受潮,同时也可作为检查通道或作业通道。墙间距一般宽度为0.5m左右,当兼作作业通道时,其宽度设置需增加1倍。墙间距兼作作业通道时,可以使库内通道形成网络,作业进出较为方便。

(4) 仓储管理人员办公地点。仓储管理人员的办公地点,既可设在库内,也可设在库外。总体来看,仓储管理人员的办公室设在库内,特别是单独隔成房间是不合理的,既不经济又不安全。所以,最好在库外另建办公室,使仓库内能存放更多的物料。

2. 仓库功能区划分

根据作业需要,仓库通常划分为多个功能分区,最常见的有收货区、储存区、拣货区、出库区、退换货处理区等。

(1) 收货区。收货区用于入库商品的清点核对(数量检验)、外观检验(质量检验)、入库交接、入库暂存等操作。

(2) 储存区。储存区用于在库商品的储存和保管,根据需要,有些仓库又将储存区划分为平面储存区(地面堆码存放)和货架储存区(使用货架存放)。

(3) 拣货区。拣货区用于出库拣货操作。有些仓库采用存拣合一模式,即直接从储存区拣货,有些是另设拣货区。

(4) 出库区。出库区用于出库商品的暂存、扫描复核、包装、称重、贴标签等操作。

(5) 退换货处理区。退换货处理区用于退换货的登记、质检、包装,退货上架前和次品退仓前的暂存操作。

除了上述功能区域之外,有些仓库还设有拆零区、流通加工区、分货区、集货区、包装区等。

3. 仓库功能区域布局

布置仓库的功能区域时,需要分析各区域业务流程的关联度,根据关联程度确定哪个功能区和哪个功能区相邻,形成合理的平面布局。下面是几种常见的仓库动线布局。

(1) I形动线布局

I形动线布局如图1-55所示。根据作业顺序,自入仓到出仓物料流动的路线为I形。

I形动线布局的特点:可以应对进出货高峰同时发生的情况,适用收发货频率高、存储时间短、使用不同类型车辆来出货和发货的配送中心。

(2) U形动线布局。U形动线布局如图1-56所示。根据作业顺序,自入仓到出仓物料流动的路线为U形。

图1-55 I形动线布局　　　　图1-56 U形动线布局

U形动线布局适用于存储库存品流动具有强烈的ABC(分类库存控制法)特征,即少量的库存量单位(stock keeping unit,SKU)具有高频率出入库活动的仓库,可以应对进出货高峰时发生的各种情况。

(3) L形动线布局。L形动线布局如图1-57所示。根据作业顺序,自入仓到出仓物料流动的路线为L形。该布局适合于进货、出货数量相当庞大的物流中心,适合越库作业的进行,便于装卸货月台的利用。

(4) 上下U形动线布局。上下U形动线布局如图1-58所示。根据作业顺序,自入仓到出仓物料流动的路线为上下U形。该布局适合于两层以上物流中心,该动线规划着重于进货、出货区域分离,同时考虑进货、验收、储存、流通加工、拣货、分货、退货区功能设计。

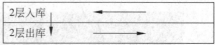

图1-57　L形动线布局　　　　　　　图1-58　上下U形动线布局

速达运企业视角

速达运的可乐仓库,主要有成品区、配货区和空托盘区,如图1-59所示,在成品区采用多层货架保管储存,一托盘货占用一个仓位;在配货区,有的货物采用就地堆码的方式,有的货物采用低层货架储存,便于拣选配货;空托盘区,主要堆码的是木制托盘。

(a) 成品区　　　　　　　(b) 配货区　　　　　　　(c) 空托盘区

图1-59　速达运的可乐仓库

三、储货区货位布置形式

储货区货位布置是指货垛、货架的排列形式。合理的货位布置,一方面要满足物品的保管要求,方便进出库作业,另一方面要尽可能提高仓库平面和空间利用率。库内货垛、货架的排列形式有垂直式布置和倾斜式布置两种。

(1) 垂直式布置。垂直式布置是指料架或料垛的排列与库墙和通道互相垂直。这种布置又可分为横列式布置、纵列式布置、纵横式布置3种布置形式。

① 横列式布置。横列式布置是指料架或料垛的长度方向与库房的长度方向互相垂直(与库房的宽度方向平行),如图1-60所示。

横列式布置的优点是主通道长且宽,辅通道短,整齐美观,便于存取查点,通风和自然采光良好,便于机械化作业;其缺点是主通道占用面积多,仓库面积利用率受到影响。

②纵列式布置。纵列式布置是指料架或料垛的长度与库房的长度方向平行(与库房的宽度方向垂直),如图1-61所示。这种布局的优点主要是可以根据库存物品在库时间的不同和进出频率程度安排货位。

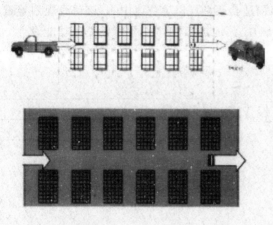

图1-60 横列式布置

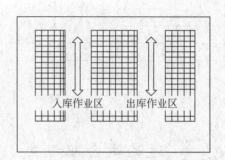

图1-61 纵列式布置

③纵横式布置。纵横式布置是指在同一保管场所里,横列式布置和纵列式布置兼而有之。这种布置形式是横列式布置和纵列式布置的结合,因而两种方式的优点兼而有之。

(2)倾斜式布置。倾斜式布置是指料架或料垛与仓库侧墙或主通道成60°、45°或30°夹角。这种布置方式又分为料垛倾斜式布置和通道倾斜式布置两种形式。

①料垛倾斜式布置。料垛倾斜式布置是指料垛的布置与库墙和通道之间成锐角,如图1-62所示。

料垛倾斜式布置的最大优点是叉车与托盘能配合作业,能缩小叉车的回转角度,提高装卸搬运效率,其最大的缺点是造成了不少死角,仓库空间不能被充分利用。

②通道倾斜式布置。通道倾斜式布置是指料垛与库墙呈垂直布置,而通道与料垛和库墙之间成锐角,如图1-63所示。

通道倾斜式布置的优点是避免了死角,能充分利用仓库空间,而且同样有利于物料搬运,提高了作业效率。

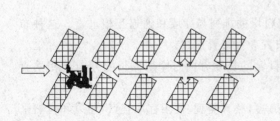

图1-62 料垛倾斜式布置

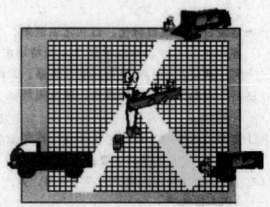

图1-63 通道倾斜式布置

综上所述,倾斜式布置方式只有在一定的条件下方可采用,有很大的局限性。它只适用于品种单一、批量大、用托盘单元装载、就地码垛、使用叉车搬运的物料,而不宜用在一般的综合仓库中。而从某些材料厂、库来看,主要采用垂直式布置,且以横列式布置为主。

在进行平面布置时,要综合考虑库房面积的大小、库房的长宽比、料架的规格尺寸、物料的堆码方式、收发作业的方式和机械化程度等因素,设计最佳的平面布置方案。

四、保管场所空间布置

空间布置是指库存货物在仓库立体空间上的布置,其目的在于充分有效地利用仓库空间。进行空间布置时,首先要考虑的是储存货物的存储形式,包括存储货物的位置、尺寸与数量;其次要合理地放置柱、梁、通道,以增加空间使用率;最后要注意保管空间的有效利用,即向上发展、有效利用平面、采用自动仓库等。空间布置的主要形式有就地堆码、上货架存放、架上平台存放、空中悬挂等。

第二节　分区分类作业

仓库对储存商品进行科学管理的一种重要方法就是实行分区、分类保管。它是指根据物料的不同性质,结合仓库容量与设备条件等,进行存储区域的划分。所谓分区,就是根据仓库的建筑、设备条件,将库房、货棚、货场划分为若干保管商品的区域以适应商品储存的需要。所谓分类,就是根据商品的自然属性及其消费上的连带性,划分为若干类别,以便于分类集中管理。

步骤一　了解分区分类的作业原则

1. 符合作业流程

仓储管理的一个重要职能是为企业的生产与销售活动提供支持,这就需要物流在仓库与外界之间保持流动状态。因此,仓储作业全过程必须包括物料进仓、搬运、储放、储藏等作业流程。

只有适应了仓储作业的流程要求,仓储作业才能得以顺利进行。而存储区分区分类作业的目标正是通过科学设计,规划符合仓储作业流程的存储区域,以此保障企业作业的顺畅进行。

以搬运为例,对于质量较大的物料,叉车是一种最常使用的搬运工具。如果物料搬运过程须安排叉车,而为了追求仓库的高利用率又把过道设计得太窄,那么便会极大地影响仓储作业效率,最终得不偿失。因此,为确保叉车的顺利通行,过道的设计就必须达到一定的要求。

2. 减少搬运距离

仓库里的物料流动离不开搬运作业。在进行分区分类规划时,必须合理设计装卸搬运行驶路径。通常情况下,装卸搬运距离越短越好,这样可以节省劳动消耗,缩短搬运时间,减少搬运损耗。其中,影响搬运距离的主要因素包括以下三个方面。

(1) 平面布局情况,即分区分类规划。如果库房、料场、铁路专用线、主要通路的位置和相互关系处理得较好,物流顺畅、便捷,就会大大缩短总的搬运距离。

(2) 作业组织管理水平。在平面布局既定的情况下,组织管理水平的高低成为影响搬运距离的主要因素。例如,对库房、料场的合理分配,对物料在库房内、料场内的合理布置,对收货、发货时专用线轨道及货位的合理设计等,都能缩短搬运距离。

(3)物料使用频率。将使用频率较高的物料规划在合理的区域,可以简化搬运工作的繁复性。例如,将使用频率高的物料存储在仓库出口附近或通道边缘,这样可以有效地减少搬运距离。

以上三个主要因素都会影响搬运距离。因此,必须考虑以上三方面,缩短物料的搬运距离,做好存储区域规划。

3. 减少无效工作

分区分类作业的一个重要目标就是减少无效工作。这可以防止无效的挑拣、搬运、装卸、检验核对,以及减少机械设备能耗等。下面以装卸为例,说明如何通过科学合理的分区规划减少无效工作。

(1)防止无效装卸。无效装卸是指用于物料必要装卸劳动以外的多余装卸劳动。由于生产所需物料有很多种类,如能进行合理的规划,将需要同时装卸的物料设置在临近的区域里,从而减少装卸次数和装卸作业量,降低装卸劳动消耗,并节省装卸费用。

(2)充分利用机械,实现"规模装卸"。物料装卸时也存在规模效益问题。追求规模效益的方法,主要是通过各种集装化来实现。而要想实现集装化,在分区规划时,就必须预留出装卸设备的安装区域,同时把设备周围的区域都划分为一种物料存储区,至少确保该存储区存放的物料都可以借助装卸搬运设备来装卸。

4. 合理利用空间

分区分类作业规划的最终目的就是提高空间利用率。要想提高空间利用率,建议参照以下方法来操作(见图1-64)。

(1)分区时,体积大的物料与体积小的物料分开存放。如果对其采取混合存放方式,会造成部分空间无法利用。

图1-64 某企业仓储空间布局示意图

(2) 分区时,在房屋高度大的区域放置高层货架,这样可以提高空间利用率。

(3) 在划分出高层货架区后,要保证过道宽度适宜。因为高层货架的取放作业一定会用到机械设备,必须留有足够空间。

5. 保障物料存放安全

一些物料的性能会相互影响,而且存储条件有所不同,因此不宜混合存放。物料仓储管理的重点就是保障物料的安全和可用,这是进行分区分类作业必须考虑的因素。

例如,物料所需的存储条件不同,就不能在同一区域或临近地存放。如果在同一区域为之分别设置存储条件,则是极不经济的。

步骤二 掌握分区分类的方法

分区分类的方法有很多。针对不同的企业、不同的仓储目标以及不同的仓储物料组合,可以选用不同的分区分类方法。下面介绍几种常用的分区分类的方法。

1. 按物料种类和性质进行分区分类

对于不同性质的物料,其所需的存储条件也是不同的,因此必须根据物料的性质,为物料设定存放环境。其具体可采取以下措施。

(1) 对于怕潮、怕灰尘的物料,应在封闭式库房内保管。

(2) 对于怕热物料,应在通风、阴凉、温度较低的库房内保管。

(3) 对于怕冻物料,应在保温库房内保管。

(4) 对于危险品,应按其危险程度分类存放,专库专用。

对于同一种类、性质相似或者供应关联的物料,应该尽量安排在一起存放。但是,对于不同性质的物料,则需分开存放。例如,容易受到污染的电子类零件不能与易散发灰尘的物料物品存放在一起;当物料保存条件(如温度、湿度等)不同时,不宜将其存放在一起,因为要想让同一个存储空间同时满足两个或两个以上存储条件,是极不经济的,有时甚至是不可能的。

2. 按物料发放方式与发放方向进行分区分类

将发放方向相同的物料,即同一供应商或同一客户的物料,予以集中存放。这种分区分类方法便于进行分配挑拣作业,适用于存储期长,并且进出量较大的中转仓库或待运仓库。

(1) 按照物料发放方式进行规划。其具体做法是,按发货方式,将物料划分为自提、公路、铁路、水路发放物料,再按到达站、港的线路来进行物料分区规划。例如,铁路材料厂需要修车用料、建筑工程用料、通信信号用料等多类物料,因用量大,此时就需选用铁路运输。同一供应商可以把以上物料存放在一起,划定在特定的保管区,这样既配合了铁路材料厂的需求,又减少了挑拣作业的工作量。

可见,这种分区方法非常便于用料单位的配送料作业和用料单位的领料作业。而不足的是,用于同一方向的物料品种繁多、性质各异、保管条件也存在差异,这便给物料存放工作带来了一定的难度。

(2) 按照物料发放方向进行规划。在存放区域,同一类物料分属于不同的客户。此时如果依照物料的性质进行分区规划,那么串发的可能性非常大。所以需要根据物料的所有权来进行分区分类管理,这便于仓库发货或客户提货。但是,这种方式也存在明显的缺点,即非常容易造成货位交叉使用,以及物料间相互影响。

需要注意的是,虽然这种分区分类方法不再要求按物料种类明确划分开,但是对于危险品、性能互相抵触以及运价不同的物料,仍然需要分别存放。

3. 按物料对设备需求情况进行规划

仓储设备是完成物料进库、出库和存放作业时需要使用的工具。这些仓储设备从外形到功能的差异很大。例如,在存放大型、笨重物料的区域,需要有装卸搬运机械,所以在进行规划时,至少要确保装卸搬运机器设备能够进入货区操作;在存放小件物料的库房中,不需要大型搬运设备通过,因而不需要留有很大的过道空间,但是必须有货架以供存放物料。总而言之,不同物料对设备的需求是不同的,在进行区域规划时的要求也随之不同。

4. 按仓储定额进行分区分类

仓储定额是指在一定的条件下(作业的机械化程度、仓储管理水平等),单位面积允许合理存放物料的最高数量。

在不同的区、段和储位上可以存放的物料数量都不相同。因而,在进行分区分类仓储规划时,还应确定各个区位的仓储定额,将物料存放在适宜的区域上,避免造成仓储空间的浪费或不足,从而最大限度地发挥仓库的整体利用率。

通常情况下,仓储定额与存放物料的性质特点(形状、质量)、仓库结构(面积、空间大小)、物料堆码方式以及机械化程度之间都有很大的关系。分区分类的规划必然会影响仓储定额,即仓库容量。依据仓库定额进行分区分类的做法如表1-7所示。

表1-7 依据仓储定额进行分区分类的做法

因 素	对仓储定额的影响	分区分类的做法
物料的性质特点(形状、质量)	物料形状会直接影响仓库容量,如圆形物料存放时,物料与物料之间会留有较大的空隙。质量也是直接影响因素,受地面或楼板承重能力的限制,质量过大的物料不能堆垛过高	根据各类物料的形状,采用面积互补的方法划分存放区域。质量较大的物料不能与质量较小的物料混合存放
仓库的结构(面积、空间大小)	仓库的屋顶有时会比较细长或是不规则图形,有时可能是倾斜的或屋顶安装机械设备占用了一部分空间,分区分类时要将这些因素全部考虑在内	根据仓库的实际形状与空间高度,把体积较大的物料存放在较规整区域,在这样的区域屋顶要避开设施设备和狭长地带,之后再视情况将体积小的物料安排在其他位置
物料堆码方式	物料堆码时要考虑多种因素,如堆放方式稳固,便于计算、便于收发等,不同的堆放方式会占用不同的面积,进而影响仓库容量	具体问题具体分析,对于稳定性要求高的物料,必须留出足够的空间供其堆放,以防滑落损失;若物料流通频繁,分区时则必须靠近通道
仓库机械化程度	如设备所需机械化程度高,要为机器设备留有通行空间,就必然会占用一定的空间,导致仓库容量减少	机械化程度不同的物料应分开存储,以有效利用设施设备;对于所需机械设备不同的物料,也要分别划分存放区

5. 按物料危险性质进行规划

这种方法主要根据危险品本身所具有的特性,如易燃、易爆、毒害等进行分区分类存放,以避免互相接触而发生燃烧、爆炸等破坏性反应。

在仓储管理中,火灾是仓库的灾难性事件,也是应防范的主要风险。火灾的发生主要源于三个因素的作用,即可燃物、助燃物、火源,如表 1-8 所示。

表 1-8　火灾发生的三要素

要素	来　　源
可燃物	植物性物料、油脂、煤炭、蜡、硫黄、大多数的有机合成物等
助燃物	空气、释放阳离子的氧化剂等
火源	明火和明火星、电火、自然、化学火、聚光等

在划分存放区域时要充分考虑以上三个要素,具体做法包括以下几个方面。

(1) 不在靠近电气设备的区域存放可燃物料,防止因电火花而引起火灾。

(2) 对于易爆炸的物料,其存放区域或货架必须具有较好的稳定性,防止因冲击、撞击引起爆炸。

(3) 活跃的轻金属类应放在干燥的存放场所,防止遇水发生反应。

(4) 对于容易自燃的物料,如化纤类物料,要存放在通风良好的区域。

此外,对于灭火措施不同的物料,绝不可以混合存放,以免增加安全隐患以及灭火控制和补救的难度。总之,在分区分类存放时,注意:①存放在同一货区的物品必须具有互容性;②保管条件不同的物品不应混存;③作业手段不同的物品不应混存;④灭火措施不同的物品不能混存。

另外,还需要注意的是,分区分类不可过粗或过细,而要力求粗细适度。

如果分区分类过细,将会给每种物料留出货位,这样往往会造成资源空间的浪费;如果某种物料数量突然增加,在原预留货位存放不下时,便易发生"见空就塞"的弊病,结果反而体现不出分区分类的优势。但是,如果存放物料分区分类过粗,又会出现一个货区内混存多种物料的管理混乱的情况。

温故知新

不定项选择题

1. 按保管条件的不同对仓库做分类,一般可分为(　　)几种。
   A. 普通仓库　　　　B. 冷藏仓库　　　　C. 恒温仓库
   D. 特种危险品仓库　E. 简易仓库

2. 专门长期存放各种储备物资,以保证完成各项储备任务的仓库称为(　　)。
   A. 储备仓库　　　　　　　　B. 集配型仓库
   C. 流通仓库　　　　　　　　D. 中转分货型仓库

3. 根据有关法律和进出口贸易的规定取得许可,专门保管国外进口而暂未缴税的进出口货物的仓库称为(　　)。
   A. 港口仓库　　B. 公共仓库　　C. 保税仓库　　D. 营业仓库

4. 按建筑结构分类,可以把仓库分为平房仓库、(　　)、罐式仓库等。
   A. 楼房仓库　　　　　　　　B. 钢筋混凝土仓库
   C. 高层货架仓库　　　　　　D. 简易仓库

5. 在储备型仓库中,为了满足对商品出库时进行备货作业需要设置的区域为(　　)。
   　A. 收货区　　　　B. 检验区　　　　C. 集结区　　　　D. 作业区
6. 对短期中转存储的货物采用的分区分类方法是(　　)。
   　A. 按货物的种类和性质分类　　　　B. 按不同货主来分区分类
   　C. 按货物流向分类　　　　　　　　D. 按货物危险品性质分区分类
7. 流通型仓库与储备型仓库相比较,主要区别是缩小了(　　)。
   　A. 储存区　　　　B. 拣选区　　　　C. 发货区　　　　D. 待检区
8. 下列选项属于仓库的储存作业区的是(　　)。
   　A. 装卸台　　　　B. 车库　　　　　C. 油库　　　　　D. 变电室
9. 对化学品的储存,应依据(　　)分区分类储存。
   　A. 不同货主　　　　　　　　　　　B. 商品的流向
   　C. 商品的危险性　　　　　　　　　D. 货物的种类和性质
10. 仓库货区布置中通风和采光最好的是(　　)。
    　A. 纵横式　　　　B. 横列式　　　　C. 纵列式　　　　D. 倾斜式

  职场训练

随着市场需求的扩大与经营管理水平的提升,速达运公司可口可乐项目得到客户认可,现中标嘉兴区可口可乐仓储配送项目,根据嘉兴可口可乐项目操作流程及嘉兴区的仓库现状,现要求对嘉兴仓库(总建筑面积为 3 000m²,长 60m,宽 50m)进行平面布局,并设计平面布局图。你应如何完成此项任务?

任务四　仓储管理岗位人员的配备

  任务描述

生产力包括生产资料和劳动者。要保证仓储作业的顺利进行,除准备上述各项生产资料外,还要根据仓储企业工作的需要,给不同的工作配备相应的工作人员。

  任务引导

(1) 从企业招聘的角度,在 www.51job.com 网站查看有关仓储企业提供哪些职位?
(2) 仓储工作一般社会认可度不高?作为刚入职的新员工,你怎么看待这个问题?员工如何在基层的岗位上崭露头角?

步骤一　仓储企业人员的选拔

一、熟悉仓储作业人员组成

仓储作业人员按工作性质分为三类。
(1) 同货物收、存、发直接相关的仓储作业人员,主要有理货员、分拣员和搬运员等。理货员和分拣员主要负责仓库日常业务管理,如接货、验货、入库、分拣、储存、出库等工作。搬运员负责货物搬运方案的选择与实施。

(2) 协调工作顺利进行的管理人员,主要有仓储主管、业务员(制单员、营销员)、财会人员等。仓储主管是仓库的主要负责人,负责仓库全面工作。业务员负责业务推广、咨询洽谈、客户服务和业务办理。财会人员负责业务结算、经济活动分析,为企业管理者的业务决策提供财务信息支持。

(3) 服务人员,主要有设备操作、维修、后勤服务人员等。工作人员的配备,力求做到人尽其才,才尽其用。

二、明确仓储管理人员的选拔要求

1. 仓储管理人员基本素质要求

(1) 业务素质。要有一定的文化知识基础,较好地掌握仓储管理的专业知识;熟悉仓储企业的作业流程、理货与装卸搬运的技术特点;了解常见货物的化学、物理特性、体积、外观以及检验、保管、养护、包装、运输等要求;具有现代仓储管理技能和管理意识,掌握一些实用的现代化管理方法。

(2) 能力素质。要有分析判断能力、市场预测能力;要有交际沟通能力、灵活应变能力;善于思考,勇于创新工作方式方法。

(3) 身体素质。仓储管理工作有时要求仓管人员昼夜轮班,工作比较辛苦,所以要求仓管人员身体健康,能吃苦耐劳,精力充沛。

2. 仓储主管的素质要求

(1) 有较强的组织管理能力,熟悉仓储业务,能组织仓库的各项作业。

(2) 具有前瞻性,有一定经营管理经验,不受现有的机构、制度和一些做法的约束,掌握现代仓库经营管理方法,能够创造合理化的物流条件。

(3) 善于沟通,协调能力强,具有系统的思考能力。

(4) 了解现代人力资源管理知识,能激发员工的工作热情和团队精神。

(5) 熟悉计算机操作,能运用现代化管理手段进行作业管理。

(6) 具有一定的财务管理能力。能查阅财务报表,进行经济核算、成本分析,正确掌握仓储经济信息,进行成本管理。

(7) 良好的身体和心理素质,能胜任繁重的脑力劳动和竞争压力。

3. 理货员的素质要求

(1) 熟悉现代仓储管理基础知识,熟练掌握仓库管理作业程序及各项管理规定。

(2) 具有丰富的商品知识。对于所经营的商品要充分熟悉,掌握其理化性质和保管要求,能针对性地采取管理措施。

(3) 掌握现代仓储管理的技术和手段,能熟练运用现代信息技术进行作业。

(4) 熟悉仓储设备,能合理和高效地安排使用仓储设备。

(5) 良好的协调沟通能力,善于协调各种工作关系,发挥团队协作的作用。

4. 仓储管理人员职业道德

(1) 以客户服务为中心。对客户有礼貌,要以各种方式维系好客户,如回访、交际和公关活动。

(2) 高度诚信。要严格按照物流法律法规执行作业,忠诚客户利益。

(3) 良好的行为规范。包括语言规范及各项文件的规范。

(4) 高效率的团队精神。员工之间要理解、包容,讲求合作精神。

(5) 持续的竞争力。要有良好的管理技能、物流技能、商业技能。

5. 仓储管理人员的职责

(1) 认真贯彻仓库保管工作的方针、政策和法律法规,树立高度的责任感,具有敬业精神。

(2) 严格遵守仓库管理的规章制度和工作规范,严格履行岗位职责。

(3) 熟悉仓库的结构、布局、技术定额,熟悉仓库管理相关业务操作。

(4) 熟悉仓储物资的特性、保管要求,能针对性地开展保管保养,保证货物安全,完整地履行合同义务。

(5) 重视仓储成本管理,不断降低仓储成本。

(6) 加强业务学习和训练。

步骤二 仓储管理人员的培训

1. 明确培训的目的

企业招聘到各类人员后,为了使他们能更好地胜任各自岗位的工作,还要对他们进行培训。培训的目的:一是使员工掌握目前工作所必需的操作技能以及解决问题的能力;二是利用培训来强化员工的沟通能力、团队协作和奉献精神。

2. 建立培训体系

(1) 把握培训的基本过程。

① 确定培训需求,即需要培训什么。

② 建立培训目标,即目标的明确性和可度量性。

③ 制订培训计划,即实施培训前,要选择培训技术,制订教学计划。

④ 效果评价,即对受训者接受培训前后的工作绩效进行比较,对培训计划的效益进行评价。

(2) 采用合理的方式方法。仓储管理人员的培训体系应包括长期的不同职务人员的职务培训、短期的业务技术培训、脱产培训和自学等方式。可采用直接面授法、技能实践法等多种方法。

温故知新

不定项选择题

1. 仓储作业人员按照工作性质分有( )。

  A. 仓储管理人员 B. 理货员 C. 拣货员
  D. 后勤服务人员 E. 业务员

2. 仓储管理人员培训的整体素质要求有( )。

  A. 基本品质
  B. 具备良好的书面和口语表达能力
  C. 掌握经济、管理学科重点理论
  D. 能够对仓储管理中的进出环节进行简单设计

E. 熟练地读写各种物流作业单据

3. 负责仓储物资的接货、验收、入库、分拣、储存、保管和商品养护、货物的出库等仓储作业人员称为（　　）。

  A. 营销管理人员 B. 业务管理人员 C. 仓储管理人员 D. 搬运管理人员

4. 对仓储管理人员进行培训时，应针对不同类型的仓储企业（　　）。

  A. 进行不同内容与方式的培训 B. 培训内容应有所侧重

  C. 进行不同的培训 D. 培训的要求应有所不同

5. 以下不属于仓储管理人员的基本素质是（　　）。

  A. 具有丰富的商品知识 B. 熟悉仓储设备

  C. 具有一般管理素质 D. 良好的市场营销能力

职场训练

速达运物流公司嘉兴区项目运行在即，公司人事处公开招聘项目经理1人，调度1人，仓管员4名，叉车工1名，会计1名，订单处理员1名。假如你是刚从某职业学院物流管理专业毕业的学生，想应聘仓管员一职。请详细了解公司岗位设置情况，企业对仓管员的素质要求是什么？将来的职业晋升空间有多大？

PROJECT

项目二

仓储商务作业

【知识与技能目标】

(1) 掌握仓储合同的基本格式、主要内容、合同双方的权利和义务,具有熟练拟定仓储合同的技能。

(2) 能依据合同法规定判断仓储合同的有效性,具有处理仓储合同纠纷的能力。

(3) 熟悉仓单内容,掌握仓单的相关业务操作技能,如仓单的制作、分割、转让、凭单提货等。

任务一 订立仓储合同

订立仓储合同是仓储企业对外基于仓储经营业务进行的经济活动,是一种商业行为;通过实施有效的仓储合同管理,可以帮助企业更好地处理合同履行中的问题,规避风险,最大限度地获得经济效益。

(1) 仓储合同是不是保管合同?区别在哪里?
(2) 仓储合同订立的双方是谁?
(3) 仓储物不同、仓储业务不同,仓储合同格式是不是一样呢?仓储合同应该包括哪些内容呢?

步骤一 了解仓储合同及订立的原则和要求

《中华人民共和国合同法》(简称《合同法》)第三百八十一条将仓储合同规定为:"仓储合同是保管人储存存货人交付的仓储物,存货人支付仓储费的合同。"仓储合同是我国合同法分则的有名合同,仓储合同与保管合同是不同的概念,适用的《合同法》分则不同。

1. 仓储合同与保管合同的区别和联系
1) 联系

两者基本性质都是保管人保管寄存人交付的保管物,并返还该物的合同。仓储合同是保管合同的一种。

2) 区别

(1) 保管合同可以是有偿的,也可以是无偿的,原则上是无偿的,除非另有约定;仓储合同是双务有偿合同。

(2) 保管合同自保管物交付时成立,因此是实践合同;仓储合同自合同成立时生效,因此是诺成合同,这一区别经常用于解决相关法律问题。

(3) 保管合同对保管人的资格无特别的要求;而仓储合同必须是经过仓储营业登记专营或兼营仓储保管业务的人。

(4) 仓储合同标的物必须是动产;而对保管合同没有作规定。

2. 签订仓储合同的基本原则

公平交易的基础是建立在遵守合理签订合同的基本原则上的,这些原则是双方权利得到保障的基础。

(1) 平等的原则。《合同法》规定当事人双方法律地位平等,这是任何合同行为都需要遵循的原则。订立仓储合同的双方应按照平等的法律地位进行平等协商,订立公平的合同。任何一方恃强凌弱,或者以行政命令的方式订立的合同都是无效的合同。平等的原则还包括订立合同机会平等的原则,不能采取歧视性选择的方式订立合同。

(2) 自愿与协商一致的原则。当事人在订立合同时完全根据自身的需要和条件,利用各自的知识和能力,通过广泛的协商,双方在整体上接受合同的约定,是合同生效的条件。任何采取胁迫、欺诈的手段订立的合同都是无效的合同。

(3) 信息对称的原则。交易双方对货物仓储及其服务一般要实现信息对称,不得隐瞒有损仓储业务进行的相关知识、信息、技术、货物真实性、合法性、危险性、防护保管要点和自身服务条件的不足缺陷与经营限制。

(4) 等价有偿的原则。仓储合同是双务合同,合同当事人双方都要承担相应的合同义务,享受相应的合同利益,保管人的利益体现在收取仓储费和劳务费上。

(5) 合法和不损害社会公共利益的原则。当事人在订立合同时要严格遵守国家法律及相关法规制度的规定,不得进行违反任何法律法规的行为,包括不能发生侵害所有权、超越经营权、侵犯国家主权、危害环境等违法行为,也不能违反社会公德侵犯他人的合法权益。不仅经营的过程要合法,对于仓储的货物也要控制在合法范围之内,对于违禁毒品、未报批的危险有害物品、淫秽反动物品、侵犯知识产权物品、违禁枪支刀具等不得进行私下仓储和交易,更不能出具仓单进行转让和交割。

步骤二 熟悉仓储合同的主要条款

仓储合同是检验合同合法性和有效性的重要依据,其为不要式合同,没有严格的条款规定。当事人根据需要商定合同事项,且由双方协议采用合同的形式。仓储合同的条款主要有以下内容。

(1) 存货人、保管人的名称、地址。合同当事人需要采用完整的企业注册名称和登记地址,或者主办单位地址。主体为个人的须明示个人的姓名和户籍地或常驻地。必要时可在合同中增加通知人,但通知人不是合同当事人,仅仅履行通知当事人的义务。

(2) 仓储物的品种、数量、质量、适用标准、包装、件数和标记标志。在订立仓储合同时,必须清晰明确地规定仓储物的全名或品类,如果有代号,应标明代号的全名。数量是指所存仓储物的多少,采用公用的计量方法确定并达到最高的精度,用最小的独立封装单元确定件数。质量是指所存仓储物的优、好坏,在确定质量时,要采取标准化的手段,如果是国际仓储业务则应尽量使用国际标准。目前,我国实行的标准有国家标准、专业(部颁)标准、企业标准和协商标准。有国家标准的应使用国家标准,没有国家标准而有专业(部颁)标准的使用专业(部颁)标准,没有国家标准、专业(部颁)标准而有企业标准的,按企业标准执行;前三种都没有的,当事人可以协商制定标准。在确定质量时,要写明质量标准的全名。在适用协商标准时,当事人对质量的要求要清楚、明确、详细、具体地写入合同中。仓储物的包装是指对仓储物表面上的包装,包装的目的是保护仓储物不受损害。仓储物的包装有国家标准或专业标准的,应按国家标准或专业标准确定,没有国家或专业标准的,当事人在保证储存安全的前提下,可以协商议定,标记、标志应该齐全并符合规定要求。

(3) 交接时间和地点、验收方法。交接时间确定了仓储物入库时间,保管人须在此时准备好货位并进行交接。交接地点表明了运送货物入库、卸车的责任承担人所在地。合同中还需要明确交接理货方法、验收的内容、标准、时间和方式。如约定了验收标准的,保管人仅对约定验收事项负责。

(4) 仓储物的损耗标准。商品损耗标准可以采用国家标准或者行业标准,也可以另由双方合理约定。仓储物在经过长期存放和多次装卸、搬运、消毒打扫、冷冻等作业后,由于不同原因或造成耗损减量,对于这类减量保管人是很难承担责任的,所以在合同中订立合理耗损条款是很有必要的。

(5) 储存条件及场所。仓储物在仓库储存期间,由于仓储物的自然性质不同,对仓库的外界条件和温度、湿度等都有特定的要求。比如,肉类食品要求在冷藏条件下储存;纸张、木材、水泥要求在干燥条件下储存;精密仪器要求在恒温、防潮、防尘条件下储存。因此,合同双方当事人应根据仓储物的性质选择不同的储存条件,并在合同中明确约定。保管人如因仓库条件所限,达不到存货人的要求,则不能勉强接受。对某些较特殊的仓储物,如易燃、易爆、易渗漏、有毒等危险仓储物,在储存时,需要有专门的仓库、设备以及专门的技术要求,这些都应在合同中一一注明。必要时,存货人应向保管人提供仓储物储存、保管、运输等方面的技术资料,以防发生仓储物毁损、仓库毁损或人身伤亡。如挥发性易燃液体在入库、出库时,保管人如不了解该液体的特性,采用一般仓储物的装卸方法,可能造成大量挥发外溢,酿成火灾。特殊仓储物需特殊储存条件、储存要求的,应事先交代清楚。

(6) 储存期间。双方约定的仓储物的储存时间,可以采用期限表示,如储存3个月,自货物入库起算;或者以日期的方式表示,如3月30日至6月30日;或者不约定具体的存放期间,但约定到期方式的确定方法。储存期间是保管人计收仓储费的基础,也是承担责任的期间,也是保管人安排库容运作和使用计划安排的依据,存货人不能遵守储存期间条款,保管人有权要求承担违约责任。

(7) 仓储费。确定仓储费的费率、计算方法、支付方法等条款。合同法规定当事人没有约定支付时间的,则在交付仓储物时支付。

(8) 仓储物的保险约定。仓储过程有一定风险,仓储物必须投保。若存货人已对仓储物投保,必须告知保管人所投保的保险内容。未保险的可以委托保管人进行投保,但需由存货人承担保险费。

(9) 违约责任。违约金是违约责任的主要承担方式,但必须在合同中明确违约金数额标准或者计算方法、支付条件等。一般合同中都要注明违约事项及其处理方式。比如,可能的违约事项有:存货人未在约定时间交付货物、保管人不能在约定时间接受仓储物、仓储物在仓储期间造成毁损等。

(10) 合同变更解除的条件。因为客观原因发生重大变化或者双方利益的需要,原合同的继续履行可能对双方都不利,可以采用合同变更或解除的方法防止不利局面发生。当事人在订立合同时就可以确定发生不利于履行合同时的具体条件和变更或者解除合同的处理方法。

(11) 争议处理。有关合同争议的诉讼或者仲裁的约定。包括仲裁地点、仲裁机构,或者合同中选择的诉讼地点。

(12) 合同签署。合同签署是合同当事人对合同协商一致的表示。作为诺成合同,也就意味着合同开始生效。签署合同由企业法人代表签名,注明签署时间,法人或者组织还需要盖合同专用章。个人签订合同时只需签署个人完整姓名。

步骤三　仓储合同范例展示

仓储合同(范例)

合同编号：＿＿＿＿＿＿＿＿＿＿＿＿＿＿
订立合同双方：＿＿＿＿＿＿＿＿＿＿＿＿＿＿＿＿＿＿＿＿＿＿＿＿＿＿＿＿＿＿＿＿＿＿＿
　保管方：＿＿＿＿＿＿＿＿＿＿＿＿＿＿＿＿＿＿＿＿＿＿＿＿＿＿＿＿＿＿＿＿＿＿＿＿＿
　存货方：＿＿＿＿＿＿＿＿＿＿＿＿＿＿＿＿＿＿＿＿＿＿＿＿＿＿＿＿＿＿＿＿＿＿＿＿＿
保管方和存货方根据委托储存计划和仓储能力的情况,双方协商一致,签订本合同,共同信守。

　第一条　储存货物的名称、规格、数量、质量
　1. 货物名称：＿＿＿＿＿＿＿＿＿＿＿＿＿＿＿＿＿＿＿＿＿＿＿＿＿＿＿＿＿＿＿＿＿。
　2. 品种规格：＿＿＿＿＿＿＿＿＿＿＿＿＿＿＿＿＿＿＿＿＿＿＿＿＿＿＿＿＿＿＿＿＿。
　3. 数量：＿＿＿＿＿＿＿＿＿＿＿＿＿＿＿＿＿＿＿＿＿＿＿＿＿＿＿＿＿＿＿＿＿＿＿。
　4. 质量：＿＿＿＿＿＿＿＿＿＿＿＿＿＿＿＿＿＿＿＿＿＿＿＿＿＿＿＿＿＿＿＿＿＿＿。
　5. 货物包装：＿＿＿＿＿＿＿＿＿＿＿＿＿＿＿＿＿＿＿＿＿＿＿＿＿＿＿＿＿＿＿＿＿。
　6. 备注：
或者采用如下表格：

编号	包装	货物名称	品种规格	数量	质量	备注

第二条 货物包装

1. 存货方负责货物的包装,包装标准按国家或专业标准规定执行,没有以上标准的,在保证运输和储存安全的前提下,由合同当事人议定。

2. 包装不符合国家或合同规定,造成货物损坏、变质的,由存货方负责。

第三条 保管方法

根据有关规定进行保管,或者根据双方协商方法进行保管。

第四条 保管期限从_____年_____月_____日至_____年_____月_____日止。

第五条 验收项目和验收方法

1. 存货方应当向保管方提供必要的货物验收资料,如未提供必要的货物验收资料或提供的资料不齐全、不及时,所造成的验收差错及贻误索赔期或者发生货物品种、数量、质量不符合合同规定时,保管方不承担赔偿责任。

2. 保管方应按照合同规定的包装外观、货物品种、数量和质量,对入库物进行验收,如果发现入库货物与合同规定不符,应及时通知存货方。保管方未按规定的项目、方法和期限验收,或验收不准确而造成的实际经济损失,由保管方负责。

3. 验收期限:国内货物不超过 10 天,国外货物不超过 20 天。超过验收期限所造成的损失由保管方负责。货物验收期限,是指货物和验收资料全部送达保管方之日起,至验收报告送出之日止。日期均以运输或邮电部门的戳记或直接送达的签收日期为准。

第六条 入库和出库的手续

按照有关入库、出库的规定办理,如无规定,按双方协议办理。入库和出库时,双方代表或经办人都应在场,检验后的记录要由双方代表或经办人签字。该记录应视为合同的有效组成部分,当事人双方各保存一份。

第七条 损耗标准和损耗处理

按照有关损耗标准和损耗处理的规定办理,如无规定,按双方协议办理。

第八条 费用负担、结算办法

保管费率为_____元/天·t,不足 12h 按半天计算,总保管费为_____元。费用在货物交存保管的_____天内交付给保管人或保管到期前_____天交付。结算方法:_____。

第九条 违约责任

1. 保管方的责任

(1) 由于保管方的责任,造成退仓或不能入库时,应按合同规定赔偿存货方运费和支付违约金。

(2) 对危险物品和易腐货物,不按规程操作或妥善保管,造成毁损的,负责赔偿损失。

(3) 货物在储存期间,由于保管不善而发生货物灭失、短少、变质、污染、损坏的,负责赔偿损失。如属包装不符合合同规定或超过有效储存期而造成货物损坏、变质的,不负赔偿责任。

(4) 由保管方负责发运的货物,不能按期发货,赔偿存货方逾期交货的损失;错发到货地点,除按合同规定无偿运到规定的到货地点外,并赔偿存货方因此而造成的实际损失。

2. 存货方的责任

(1) 易燃、易爆、有毒等危险物品和易腐物品,必须在合同中注明,并提供必要的资料,否则造成货物毁损或人身伤亡,由存货方承担赔偿责任直至由司法机关追究刑事责任。

(2) 存货方不能按期存货,应偿付保管方的损失。

(3) 超议定储存量储存或逾期不提时,除交纳保管费外,还应偿付违约金。

3. 违约金和赔偿方法

(1) 违反货物入库计划的执行和货物出库的规定时,当事人必须向对方交付违约金。违约金的数额,为违约所涉及的那一部分货物的3个月保管费(或租金)或3倍的劳务费。

(2) 因违约使对方遭受经济损失时,如违约金不足抵偿实际损失,还应以赔偿金的形式补偿其差额部分。

(3) 前述违约行为,给对方造成损失的,一律赔偿实际损失。

(4) 赔偿货物的损失,一律按照进货价或国家批准调整后的价格计算;有残值的,应扣除其残值部分或残件归赔偿方,不负责赔偿实物。

第十条 由于不能预见并且对其发生和后果不能防止或避免的不可抗力事故,致使直接影响合同的履行或者不能按约定的条件履行时,遇有不可抗力事故的一方,应立即将事故情况电报通知对方,并应在数天内,提供事故详情及合同不能履行,或者部分不能履行,或者需要延期履行的理由的有效证明文件,此项证明文件应由事故发生地区的公证机构出具。按照事故对履行合同影响的程度,由双方协商决定是否解除合同,或者部分免除履行合同的责任,或者延期履行合同。

第十一条 其他_____。

保管方:_____(公章)

法定代表人:_____(签章)

地址:_____   联系方式:_____

开户银行:_____

账号:_____

签订日期:____年____月____日

存货方:_____(公章)

法定代表人:_____(签章)

地址:_____   联系方式:_____

开户银行:_____

账号:_____

签订日期:____年____月____日

速达运公司合同模板

仓储服务合同

甲方:衡大农牧集团

乙方:速达运物流有限公司

经甲、乙双方协商一致,乙方现将位于_____的仓库(下称"该仓库")出租给甲方作为仓库使用,该仓库用于存放甲方产品、配套销售产品及相关物料(下称"产品"或"货物"),乙方向甲方提供仓储、管理及货物装卸服务事宜,为明确双方的权利义务,签订如下协议:

第一条　仓库的基本情况

地址:＿＿＿＿＿＿＿＿＿＿＿＿＿＿＿＿＿＿＿＿＿＿＿＿＿＿＿＿＿＿＿＿＿＿;

房地产权证编号:＿＿＿＿＿＿＿＿＿＿＿＿＿＿＿＿＿＿＿＿＿＿＿＿＿＿＿＿;

仓库其他情况:(指毛坯或有否配备其他设备、水电情况等):＿＿＿。

第二条　租赁期限与结算形式

1. 该仓库租期由＿＿＿＿年＿＿＿＿月＿＿＿＿日至＿＿＿＿年＿＿＿＿月＿＿＿＿日止(实际租赁期限应从乙方交付符合本合同要求的仓库予甲方使用之日起计算。),其中:

(1) 恒温仓每平方米每月租金为人民币＿＿＿＿元(￥＿＿＿＿)(含税),租赁仓库面积:＿＿＿＿m^2,合计月租金为＿＿＿＿元整(￥＿＿＿＿)(含税);

(2) 暖库每平方米每月租金为人民币＿＿＿＿元(租期内每年＿＿＿＿月＿＿＿＿日至次年＿＿＿＿月＿＿＿＿日)(￥＿＿＿＿)(含税),租赁仓库面积:＿＿＿＿m^2,合计月租金为＿＿＿＿元整(￥＿＿＿＿)(含税);

(3) 普通仓库每平方米每月租金为人民币＿＿＿＿元(租期内每年＿＿＿＿月＿＿＿＿日至次年＿＿＿＿月＿＿＿＿日)(￥＿＿＿＿)(含税),租赁仓库面积:＿＿＿＿m^2,合计月租金为＿＿＿＿元整(￥＿＿＿＿)(含税);

(4) 以上租赁面积随甲方后续需求增大或减少,由甲、乙双方以补充协议的形式重新约定。

2. 在合同生效后,甲方应向乙方支付金额为一个月租金的保证金,即＿＿＿＿元(￥＿＿＿＿)。乙方应为甲方开具已收到保证金的收据。合同期满后,如甲方续租,已支付的保证金作为续签合同的保证金。甲方如不续租,保证金根据多退少补的原则与最后一个月租金折抵。

3. 甲方必须在每月初与乙方核对上月产生的仓储费,并于收到合法有效的增值税专用发票以及核对正确的账单后60天内交清上月租金。仓库租赁费用以自然月为结算单位,如当月租赁天数不满一个月,则以实际租赁天数/自然月天数×月租金结算。

4. 甲、乙双方合同期满或提前终止合同后,乙方应在10个工作日内把保证金退还甲方,甲方在确认收到后开具退还保证金收据交付乙方。

第三条　储存质量及安全要求

1. 乙方保证库内环境能满足食品储存要求,严格执行甲方各项产品的相关管理规定;租金已包含管理费、水电费,乙方有仓库管理的义务,不再另行收费。

2. 乙方保持库内整洁卫生,做到通风防潮,并铺设环氧树脂地皮。如库内容易积尘或霉变,乙方应做好防尘工作或采取相关措施配合甲方工作。同时,乙方库内环境必须满足甲方产品的储存需求环境。

3. 乙方应配备监控设备,监控设备须全天24h运行,并且监控录像保存时间为一个月以上。如仓库发生突发事件或异常情况,甲方可申请调出监控视频。未经甲、乙双方允许,任何人不得私自移动设备,不得擅自删减监控信息。

4. 乙方应保证门、窗、墙体、设施完好,无破损、漏雨、无雨水倒灌,避免阳光直射,发现破损、渗漏、霉斑问题要及时修补和清除,暴雨天气要检查有无漏雨、雨水倒灌,并及时采取相应措施予以预防和改进。

5. 乙方应按照甲方的要求做好安装防盗门、防盗窗等相关保安设施,并按照甲方要求将库区隔离成独立库区,确保甲方产品入库时通水通电、消防设施符合消防要求,保证甲方的正常业务运作。上述的所有费用由乙方负责。

6. 租赁场所外围的防火与治安防盗工作由乙方负责。乙方负责提供消防安全、治安防范的相关设施(防火、防盗、防鼠、防蝇、防虫、防潮、防暑、防雨、防洪、防疫、社会治安等)。乙方应采用库房四周墙角安装粘鼠板,安装灭蝇灯,悬挂粘蝇条,装门帘以及风幕机等机械进行物理式的防鼠、防蝇与防虫,严禁使用鼠药或杀虫剂等毒饵。

7. 恒温库温湿度控制设施:控制温度25℃以下,相对湿度65%以内。附加使用固体吸湿剂配合除湿。门内外各安装1支温湿度计,每1 000 m^2 仓库新增2支。乙方设置专人每天对甲方所有库内的温度和湿度进行统计。

8. 虫害防治设施:每个门内侧各安装1台灭蝇灯(普通),安装位置距门口1m,高度1.8m;鼠笼:每个出入门内外两侧必须各放1个,内部墙壁紧贴墙根部每间隔10m放1个,总数以仓库实际情况计算;出入门加设挡鼠板(60cm高)等。

第四条 装卸的数量、计量单位和计价方法

1. 装卸的数量:以装卸完毕时甲、乙双方签字共同确认的数字为准。
2. 计量单位:货物以吨为单位,本合同第六条第1款第4点另有约定除外。
3. 装卸费按货物重量计价,根据货物实际吨位计算。

第五条 装卸质量及安全要求

1. 甲方需在货物到达仓库前5h告知乙方,便于乙方安排运作资源,由乙方安排装卸人员于约定时间前到场。甲方货物到达装卸现场后,乙方应根据甲方装卸工作的安排及时装卸货物,其装卸货过程由甲方现场人员全权监控。若卸货不及时情节严重,在经甲方书面提出三次后仍不能得到有效整改,甲方有权单方面解除本合同,**同时乙方应返还甲方保证金并按仓库月租金的2倍向甲方承担违约责任。**

2. 乙方对甲方产品的装卸能力(装、卸合计)应保证每天最少能达到1 000t,并能配合甲方业务量增加而提高。如乙方装卸能力低于约定吨位导致卸货不及时,出现第一次,甲方向乙方提出书面警告并对乙方进行500元的罚款;出现第二次起,甲方向乙方提出书面警告并对乙方进行1 000元/次的罚款。在经甲方书面提出三次警告后仍不能得到整改,甲方有权单方面解除本合同,**同时乙方应返还甲方保证金并按仓库月租金的2倍向甲方承担违约责任。**

3. 乙方运作时间满足周一至周日8:00~22:00期间到达的车辆装卸货的正常运作,作业能力以内的货物要在当天完成。任何到场的装卸车辆,乙方及时卸货,每车货物装卸时间不得超过3h。因停电、机械突发故障等非人为因素免于考核。否则,乙方负责赔偿甲方因此而造成的车辆滞留费用。因装卸时间超时导致甲方合作伙伴投诉的,甲方每次处以乙方罚款500元,罚款在当月装卸费用中扣除;如甲方合作伙伴要求赔偿的,由乙方承担一切赔偿责任。

4. 乙方有能力为甲方提供增值服务,纸箱更换费(含打码)为_____元/个(含税),纸

箱更换费(含打码)含封箱材料(热熔胶)、设备(溶胶枪、打码设备)、人工等费用,不含包装材料(纸箱),换箱费用根据实际更换个数结算。乙方在货物入库时应分批次分拣堆码,不额外收费。如对库存产品进行分拣,分拣费用为_____元/t。

5. 乙方装卸工人应全力配合甲方现场人员做好装卸工作,装卸过程中听从甲方安排,不得随意违规操作。对于不按甲方现场人员要求装卸而造成的产品变形、损坏等货物及包装损失,一律由乙方负责赔偿,赔偿标准按照乙方破损管理规范执行。

6. 严禁乙方装卸工人野蛮装卸,不得任意摔、丢、踩或乱放货物。否则,因此而造成的货物及包装损失由乙方负责赔偿,赔偿标准按照乙方破损管理规范执行。

7. 乙方装卸工人必须礼貌对待甲方相关人员,不得有有损甲方形象的行为,并且不允许在仓库内吸烟。否则,甲方每发现一次,将对乙方罚款100元,罚款在当月装卸费用中扣除。因乙方工作人员与甲方合作伙伴发生冲突而造成甲方合作伙伴及甲方的全部损失由乙方负责赔偿。

8. 货物入库前乙方根据仓库区域规划和甲方相关人员的安排,整理好库内的货物,并按指定货位进行码放。所有的装卸堆码必须严格按甲方《产品堆码要求》(附件1)执行。

9. 装卸作业时,乙方必须使用电动叉车作业,乙方须配备足量电池,保证叉车在运作时间8:00~22:00内可持续作业,不另外收取费用(费用已包含在装卸费中)。甲方租赁面积1000m² 以内,乙方应提供至少2辆叉车专门负责甲方货物的作业;甲方每增加租赁面积1000m²,乙方应至少额外提供1辆叉车专门负责甲方货物的作业。乙方叉车操作人员必须遵循叉车安全使用规则,如因操作不当造成人员伤害或货物损失,由乙方承担一切责任。

10. 乙方有责任配合甲方检查甲方出入库产品的型号、数量及产品的外观质量状况。

11. 乙方必须严格按照甲方指令要求对产品型号、数量、批次、完好程度进行区分收发作业。如因乙方不按甲方指令操作而导致产品装卸、进出货出现差异,乙方将承担因此而造成的损失。

12. 乙方应在装卸工作结束后及时对装卸场地及库内进行清洁和打扫,保持现场及甲方货品的整洁、美观。

13. 乙方在装卸作业过程中,因一切人为因素导致甲方固定资产(托盘等)损坏、丢失,由乙方承担因此造成的固定资产损失。

14. 乙方为满足甲方仓储需求另行购置的设备,属于乙方固定资产,甲方不承担任何相应购置费用。

15. 每次办理货物出入库后,甲、乙双方现场管理人员必须在出入库单上签名确认。

16. 乙方现场管理人员必须参与甲方每半个月一次的盘点,如有货物盘亏,由乙方承担一切责任,赔偿标准按照乙方破损管理规范执行。

17. 乙方为甲方提供捆绑固定服务,确保甲方产品码放的稳定整齐,捆绑固定费为_____元/托盘(含人工费、材料费等)。

第六条 装卸费用与结算

1. 结算价格:装卸费包括装、卸车费、堆码费,上述价格已含利润及税金等费用。实际租赁面积不含公摊面积。

(1)卸货价格:乙方根据甲方的衡大农牧集团入库单,将相关货物从车辆上卸运到甲方指定库位上,卸货价格_____元/t。

(2) 装货价格：乙方根据甲方的衡大农牧集团出库单，从甲方指定的库位上将货物装运到车辆上，价格_____元/t。

(3) 托盘租赁费用（可选服务）：甲方使用乙方托盘200个以内（含200）免费，超出200个后，超出部分_____元/个/天。乙方托盘质量合格，能严格按照甲方码放标准码放。托盘租赁费以当月托盘租赁量作为结算依据，乙方须向甲方提供经甲方人员确认的托盘租赁量明细表或相关说明。乙方需提供与甲方租赁仓库面积相匹配的托盘数量，若乙方无法满足甲方托盘数量的需求，在经甲方书面提出三次后仍不能得到有效整改，甲方有权解除本合同，同时乙方应返还甲方保证金并按仓库月租金的2倍向甲方承担违约责任。

(4) 乙方为甲方提供物料类装卸服务，装卸费用计算方式如下：

如果该物料重量（T）＞体积（M），以重量结算，按照本合同中的装卸价格结算。

如果该物料体积（M）＞重量（T），以体积结算，单边轻货装卸费_____元/m³。

即1m³的物料，若其重量大于1t时按合同原装卸价格，若其重量小于1t时，按轻货装卸费计算。

物料的重量和体积以外包装箱标示为准，如外包装箱无标示，以甲方提供信息为准。

未尽事宜可重新议价，以补充协议约定。

(5) 以上价格，乙方已综合考虑装卸运距，因为乙方原因导致装卸距离增加的，价格不予调整。

(6) 结算吨数要按《产品堆码要求》（附件1）中产品毛重作为结算标准，结算吨数要求据实保留所有小数位数，结算金额要求四舍五入保留两位小数。

2. 结算方式：甲、乙双方于每月5日前完成对账工作，甲方指定对账人员为仓库负责人，在对账清单和相关明细表上签字盖章确认，乙方提供合法有效的增值税专用发票，在收到发票、对账清单、相关明细表和原始单据后，甲方于60天内以现金、转账或支票方式支付上月装卸费用给乙方。若乙方不按时提供相应发票和对账确认单，则甲方付款相应顺延。

3. 以上价格随甲方后续进出货量的增加以补充协议形式重新约定。

4. 乙方收款信息：

收款单位：_____；

开户银行：_____；

收款账号：_____。

第七条　双方责任

1. 若乙方出现严重影响甲方产品存储质量或者装卸的漏洞（如仓库回潮严重、进出仓库的车辆道路过窄影响进出库等状况），造成货物损坏或退仓、不能入库时，由乙方赔偿甲方货物损失费（含灭失、短少、变质、污染等）、逾期交货赔偿、相关运费等一切损失费用。在经甲方书面提出三次后仍不能得到有效整改，甲方有权解除本合同，同时乙方应返还甲方保证金并按仓库月租金的2倍向甲方承担违约责任。

2. 如遇火灾、偷盗、停电或其他保管不当等造成的损失，由乙方负责依据损失情况进行赔偿，财物的品名、规格、数量、价值等以甲方出具的出入库单、盘点表为准。如造成甲方需对第三人承担逾期交货赔偿责任的，甲方有权向乙方追偿。

3. 乙方保证仓库所在位置不存在长期交通限行，如出现临时交通限行，乙方应出面协调并沟通，如出现长期交通限行，乙方须自行解决限行问题，在经甲方书面提出三次后仍不能得到有效整改，甲方有权单方面解除本合同，同时乙方应返还甲方保证金。

4. 乙方应保证甲方所租赁仓库车辆进出道路的通畅（如市政施工因素造成甲方车辆无法正常进出，乙方提前以书面或电话形式通知甲方；甲方车辆有超载等违法行为，乙方不承担任何责任），且乙方不得以任何形式收取甲方及甲方合作伙伴仓库进出车辆费用，如因乙方原因造成甲方车辆无法正常进出的，双方应协商解决。协商不成的，甲方有权单方面解除合同，同时乙方应返还甲方保证金并按仓库月租金的2倍向甲方承担违约责任。

5. 租赁期间，该仓库房顶有漏雨或出现其他需维修的情况时，甲方通知乙方维修，乙方应在15min内采取应急保护措施，并在2h内维修，否则甲方有权自行维修，所有费用由乙方承担，维修费用可直接冲抵租金或其他费用。如出现此类情况，乙方承担由此造成的损失。出现第一次，甲方向乙方提出书面警告并对乙方进行500元的罚款；自第二次起，甲方向乙方提出书面警告并对乙方进行1 000元/次的罚款。在经甲方书面提出三次后仍不能得到有效整改，甲方有权解除本合同，同时乙方应返还甲方保证金并按仓库月租金的2倍向甲方承担违约责任。

6. 甲方将不定期地对乙方仓库进行突击检查，对不符合要求的仓库当场开出整改通知单。乙方应配合甲方人员对仓库管理工作的各项检查，根据甲方的整改通知单在甲方人员的监督下马上落实整改，整改完后由甲方人员签字确认，并传真给甲方总部存档，以便下一次验证。

7. 如乙方允许第三方在甲方租赁的仓库中存放非甲方货物，出现第一次，甲方向乙方提出书面警告并对甲方进行500元的罚款；自第二次起，甲方向乙方提出书面警告并对乙方进行1 000元/次的罚款。在经甲方书面提出三次后仍不能得到有效整改，甲方有权解除本合同，**同时乙方应返还甲方保证金并按仓库月租金的2倍向甲方承担违约责任。**

8. 乙方必须成立专门的衡大项目服务团队，团队成员包括：衡大业务主管领导、仓库管理人员、对账人员。所有团队成员必须是正式工，不得为临时工或实习期员工。乙方必须派仓库管理人员与甲方现场人员对接出入库、装卸、堆码、管理等事宜，配合甲方完成仓储管理工作。

9. **未经甲方许可，除乙方衡大项目服务团队外的其他人员不得随意进出甲方租赁仓库**，出现第一次，甲方向乙方提出书面警告并对甲方进行500元的罚款；自第二次起，甲方向乙方提出书面警告并对乙方进行1 000元/次的罚款。在经甲方书面提出三次后仍不能得到有效整改，甲方有权解除本合同，**同时乙方应返还甲方保证金并按仓库月租金的2倍向甲方承担违约责任。**

10. 如乙方装卸、理货等服务不能达到甲方服务要求，出现第一次，甲方向乙方提出书面警告并对甲方进行500元的罚款；自第二次起，甲方向乙方提出书面警告并对乙方进行1 000元/次的罚款。在经甲方书面提出三次后仍不能得到有效整改，甲方有权解除本合同，**同时乙方应返还甲方保证金并按仓库月租金的2倍向甲方承担违约责任。**

11. 乙方在装卸过程中发生的意外伤害事故与甲方无关。

12. 乙方可为甲方提供_____m^2可长期使用的独立办公室，若甲方使用，租金为_____元/月。若甲方仅需在乙方仓库临时办公，乙方可免费提供临时办公场所。须配备办公桌椅、空调等配套设施（不额外收费），确保办公室通电通网络，日常办公用品由甲方自理。

13. 乙方在任何情况下不得以任何理由封库以阻止甲方正常出入库作业,如出现此类情况,甲方有权单方解除合同,并不承担任何违约责任,乙方应返还甲方已支付的所有费用,由此造成甲方损失的由乙方承担赔偿责任。

14. 租赁期间甲方如需办理一切证照,乙方应提供协助,如因乙方原因造成证照不能办理的情况,双方应协商解决。协商不成的,甲方有权解除合同,同时乙方应返还甲方保证金。

15. 乙方提交的发票必须真实、合法、有效。若乙方提交虚假发票,乙方必须在甲方规定时限内更换发票。甲方尚未支付款项的,甲方停止支付并按虚假发票金额的20%扣除乙方违约金直至乙方发票符合约定;甲方已支付款项的,甲方有权从此笔款项或结算款中扣回已支付的款项并按虚假发票金额的20%扣除乙方违约金,乙方提供合法有效发票后甲方按约定付款;对已完成结算并支付完毕的款项,乙方拒不提供合法有效发票的,应按虚假发票金额的20%承担违约责任的,甲方将通过法律途径追究乙方相关责任。

16. 甲方必须遵守当地政府的规定,督促员工按规定办理相关证件。

17. 甲方不得破坏本区内的一切公共设施,不得在公用场地乱建、乱停、乱堆放货物,因甲方违反规定造成乙方损失的,乙方有权要求甲方赔偿损失。

18. 甲、乙双方是租赁关系,甲方所有债权均与乙方无关,甲方在经营中产生的所有费用由甲方负责。

19. 在租赁期间,如遇上不可抗拒的自然灾害造成的一切损失双方互不追究责任。甲方在使用仓库时如需装修、拆改室内物体的一定要经过乙方同意方可施工。

20. 甲方保证产品不会对作业人员造成直接的人身伤害,任何有害身体健康的货品,乙方可以拒绝执行装卸工作。

21. 未经甲方同意,乙方擅自终止合同,乙方应返还甲方保证金并按仓库月租金的2倍向甲方承担违约责任,并承担由此给甲方带来的其他损失。

22. 按本合同规定应该赔偿的违约金、赔偿金和各种经济损失,应当在明确责任后10天内付清或在当月仓储装卸费用中扣除,否则按逾期付款处理。

23. 乙方在任何情况下不得以任何理由留置或以其他任何方式扣押甲方货物,否则乙方应按照其扣留货物的赔偿价格向甲方支付违约金,赔偿标准按照乙方破损管理规范执行。

第八条 保密

在签订、履行本合同过程中,甲、乙双方向另一方提供相关操作信息、产品信息和其他营业信息的,被提供的信息将被视为商业秘密,所有权只属于提供信息方。接收信息方只能把另一方提供的信息用于本合同义务和责任的执行中。除本合同允许外,甲、乙双方都无权在未得到另一方的书面许可前,以任何一种方式或为任何目的使用得到的秘密信息。除了国家执法机关要求或已征得另一方的书面许可外,任何一方不应向其他第三方公开秘密信息。不论合同是否有效、履行中或者已经终止,双方均应继续履行保密义务,任何一方泄露信息,应承担赔偿对方损失,并负全部法律责任。

第九条 其他约定

1. 双方必须严格执行合同条款,甲方如需中途终止合同应提前一个月通知乙方,并交清甲方应付的费用,乙方应向甲方退回保证金。甲方若未提前一个月通知乙方,甲方按1个月的仓库租金向乙方承担违约责任。

2. 合约期内,遇上仓库所在地纳入国家或其他规划的,乙方应自知悉或应当知悉该规划之日起书面告知甲方,甲方无条件服从,乙方应退回保证金和剩余租金给甲方,双方互不追究经济损失和责任。

3. 乙方应保证该仓库手续合法完备且有完整的无争议的出租权,保证该仓库质量安全并有水有电,该仓库的法定用途符合甲方的使用要求,否则甲方有权解除合同,**同时乙方应返还甲方保证金并按仓库月租金的2倍向甲方承担违约责任。**

4. 对于本合同约定的甲方有权暂缓支付租金的情况,甲方无须承担逾期付款的违约责任。

5. 本合同中所有甲方对乙方的罚款,甲方须提前通过函件通知乙方(邮箱地址:_____)。

6. 甲、乙双方的任何事宜均应以书面确认为准。

第十条　争议解决

双方如发生争议,应协商解决,协商不成,双方均可向甲方所在地人民法院提起诉讼。

第十一条　合同生效及终止

合同自双方签字并盖章后生效,本合同一式四份,甲、乙双方各两份,具有同等法律效力。

第十二条　本合同附件

附件1:《产品堆码要求》
附件2:《仓库结构图》
附件3:《仓库含有的设施清单》

甲方:　　　　　　　　　　　　　　乙方:
签约代表:　　　　　　　　　　　　签约代表:
日期:　　　　　　　　　　　　　　日期:

速达运企业视角

在业务洽谈环节,业务员应熟悉仓储业务知识及国家相关的法规、条例等,业务员在业务洽谈前必须了解并掌握本单位货物存储信息。应掌握顾客的货物存放的数量及储存要求、时间等相关信息,向顾客介绍单位情况时要做到清楚明了。对有意向合作或未能合作的原因要及时向公司领导进行汇报。洽谈合作意向时,应向顾客解释合同内容。合同应包含的主要内容为:所存货物必须满足对职业健康及安全、环境保护的要求,顾客名称,经办人或联系人,联系方式及地址,所存货物的名称、数量、包装、特性、保管要求、堆放要求、进出货单据样单、遇突发事件的处理方式(以上内容可采取合同附件的形式)、合作时间、仓储费价格、装卸费价格、运输费、配送费、其他费用、付费方式、结算时间。出货前必须结清全部费用等。合同必须送集团公司评审组评审合格后方可正式签订,同时将顾客信息录入计算机,将顾客送、提货样单加入样册。

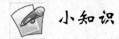

仓储经营方法

（1）保管仓储经营。保管仓储是指保管人储存存货人交付的仓储物，存货人支付仓储费的一种仓储经营方法。

（2）混藏仓储经营。混藏仓储是指存货人将一定品质、数量的种类物交付保管人储藏，而在储存保管期限届满时，保管人只需以相同种类、相同品质、相同数量的替代物返还的一种仓储经营方法。

（3）消费仓储经营。消费仓储是指存货人不仅将一定数量品质的种类物交付仓储保管人储存保管，而且与保管人通过签订专门的消费式仓储合同，将储存物的所有权转移到保管人处，在合同期届满时，保管人以相同种类、相同品质、相同数量的货物返还的一种仓储经营方法。

（4）仓库租赁经营。仓库租赁经营是仓库所有人将企业拥有的仓库、场地、设备出租给承租人，由承租人进行仓库经营，仓库所有人（出租人）收取出租费的经营方式。

不定项选择题

1. 仓储合同以（　　）形式较为合适。
   A. 口头　　　　　　B. 行为　　　　　　C. 书面　　　　　　D. 格式合同
2. 仓储合同的当事人双方分别为（　　）。
   A. 货主和保管人　　　　　　　　　　B. 存货人和仓库
   C. 存货人和保管人　　　　　　　　　D. 货主企业法人和保管企业法人
3. 仓储合同在合同成立时就生效，因而属于（　　）合同。
   A. 诺成性　　　　　B. 不要式　　　　　C. 格式　　　　　　D. 保管
4. 无论无效合同在什么时候被认定，都是（　　）无效。
   A. 最终　　　　　　B. 中间　　　　　　C. 认定无效起　　　D. 自合同开始
5. 由一方事先拟定，并在工商管理部门备案的单方确定合同称为（　　）。
   A. 合同书　　　　　B. 确认书　　　　　C. 计划表　　　　　D. 格式合同
6. 合同书由（　　）部分构成。
   A. 合同名称　　　　B. 合同编号　　　　C. 合同条款　　　　D. 当事人签署
7. 仓储合同订立的原则是（　　）。
   A. 平等原则、公平及等价有偿原则和自愿与协商一致原则
   B. 平等原则、公开及等价有偿原则和自愿与协商一致原则
   C. 平等原则、公平及等价有偿原则和互助与协商一致原则
   D. 平等原则、公开及等价有偿原则和互助与协商一致原则
8. 存货人在存放商品期间，将仓储物的所有权转移给保管人，保管期满时，保管人只需将相同种类、品质、数量的替代物归还给存货人的仓储合同属于（　　）。
   A. 消费式仓储合同　　　　　　　　　B. 混藏式仓储合同

C. 一般保管仓储合同 D. 仓库租赁合同

9. 混藏仓储的特点是(　　)。
   A. 保管对象是种类物 B. 保管对象是特定物
   C. 原物返还,所有权不转移 D. 替代物返还,所有权不转移
10. 仓库租赁经营的收益主要来自(　　)。
    A. 租金 B. 仓储费 C. 消费收入 D. 流通加工收入

 职场训练

速达运公司与上海申美饮料有限公司协商一致,双方约定:由速达运公司为上海申美饮料有限公司储存保管、配送可口可乐饮料,合同有效期限为一年,仓库租金是每平方米每天 0.6 元,共租用 3 000 m²,每月月末通过银行转账结清。任何一方违约,均需支付违约金 3 万元,如无异议,1 周后正式签订合同。现作为业务部的骨干,请起草一份有效的仓储合同?

任务二　仓储合同纠纷处理

 **任务描述**

作为仓储合同主体,在合同签订及履行过程中,难免会发生纠纷,所以,如何避免纠纷的发生?如何正确处理纠纷?这就显得至关重要。

 任务引导

甲为农副产品进出口公司,乙为综合物流服务商。2018 年 7 月,甲有黄麻出口至印度。甲将包装完好的货物交付乙,乙为甲提供仓储、运输等服务。黄麻为易燃物,储存和运输的处所都不得超过常温。甲因听说乙已多次承运过黄麻,即未就此情况通知乙,也未在货物外包装上做有警示标志。2018 年 8 月 9 日,乙将货物运至其仓储中心,准备联运,因仓库储物拥挤,室温高达 15 ℃,8 月 11 日货物突然起火,因救助不及,致使货物损失严重。据查,起火原因为仓库温度导致货物自燃。双方就损失的承担各执一词。

(1) 此事件中,损失主要是由谁造成的?
(2) 违约责任应如何来承担?

 **任务实施**

步骤一　了解存货人与保管人

存货人是指将仓储物交付保管的一方,其既可以是仓储物的所有人,也可以是只有仓储责任的占有人,如货物承运人,或者是受让仓储物但未实际占有仓储物的准所有人,或者有权处分人,如法院、海关、公安等行政机关,可以是法人单位、非法人单位、个人等。

保管人为仓储货物的提供保管服务的一方。其必须拥有仓储保管设备和设施,具有仓

库、场地、货架、装卸搬运设施、安全、消防、环境保护等基本条件，取得相应的环保、安全生产监督、公安、消防部门的许可，并且必须具有仓储运作设备和设施有效的经营使用权，同时必须具有经营资格，进行工商登记，获得工商营业执照，按章纳税。

步骤二 熟悉存货人的权利与义务

（1）妥善处理和交存货物。存货人应在合同约定的时间向保管人交存仓储物，并提供验收单证。存货人未按照约定交存仓储物就构成违约。存货人应对仓储物进行妥善处理，根据性质进行分类、分储，根据合同约定妥善包装，使仓储物适合仓储作业和保管。交存仓储物不是仓储合同生效的条件，而是存货人履行合同的义务。

（2）告知义务。存货人的告知义务包括两个方面：对仓储物的完整明确的告知和瑕疵告知。

所谓完整明确的告知，是指在订立合同时存货人要完整细致地告知保管人仓储物的准确名称、数量、包装方式、性质、作业保管要求等涉及验收、作业、仓储保管、交付的相关资料，特别是危险货物，存货人还要提供详细的说明资料。存货人寄存货币、有价证券或者其他贵重物品的，应向保管人声明，由保管人验收或者封存，存货人未声明的，该物品毁损、灭失后，保管人可以按照一般物品予以赔偿。存货人未明确告知的仓储物属于夹带品，保管人可以拒绝接受。

所谓瑕疵告知，包括仓储物及其包装的不良状态、潜在缺陷、不稳定状态等已存在的缺陷或将会发生损害的缺陷。保管人掌握仓储物所具有的瑕疵可以采取针对性的操作和管理，以避免发生损害和危害。注意这里是包括显性的瑕疵和潜在的瑕疵危险。因存货人未告知的仓储物的性质、状态造成保管人错误、损害仍然由存货人承担赔偿责任。在订立合同时，必须预先告知保管人。

（3）支付仓储费和偿付有关费用。存货人应根据合同约定按时、按量地支付仓储费，否则构成违约。对于固定储存期的仓储，如果存货人提前提取仓储物，保管人不减收仓储费。如果存货人逾期提取，应加收仓储费。由于未支付仓储费，保管人有对仓储物行使留置权的权利，并可通过拍卖留置的仓储物等方式获得款项。

此外，仓储物在仓储期间发生的应由存货人承担责任的费用支出或垫费，如保险费、货物自然特性的损害处理、有关货损处理、运输搬运费、转仓费等，存货人应及时支付。

（4）及时提货。存货人必须及时提取仓储物，如未在约定的时间提离仓储物，保管人可以向提存机关要求提存该仓储物。

（5）查验、取样查验。在仓储保管期间存货人有对仓储物进行查验、取样查验的权利，能提取合理数量的样品进行查验。但作为保管方，不得以影响工作、造成仓储物减量等任何理由来拒绝存货人的要求。

（6）保管物的领取。当事人对保管期间没有约定或约定不明确的，保管人可以随时要求寄存人领取保管物；约定明确的，保管人无特别事由，不得要求寄存人提前领取保管物，但存货人可以随时领取保管物。

（7）获取仓储物孳息的权利。《合同法》第三百七十七条规定："保管期间届满或者寄存人提前领取保管物的，保管人应当将原物及其孳息归还寄存人。"可见，如果仓储物在保管期间产生了孳息，存货人有权获取该孳息。

步骤三 熟悉保管人的权利和义务

（1）提供合适的仓储条件。仓储人经营仓储保管的先决条件就是具有合适的仓储保管条件，包括适合的场地、容器、仓库、货架、作业搬运设备、计量设备、保管设备、安全保卫设施等条件。同时应配备相应的保管人员、商品养护人员，制定有效的管理制度和操作规程等。

（2）验收货物。验收货物不仅是保管人的义务，也是其权利。保管人在验收过程中如发现货物溢短，对溢出部分可以拒收，对于短少的部分有权向存货人主张违约责任。对于货物存在的与合同货物质量标准不符或未提及的不良状况，有权要求存货人更换、修理，或拒绝接受。

（3）签发仓单。保管人根据实际收取的货物情况及时向存货人签发仓单，并根据合同的约定详细准确填写仓单的责任事项和相关信息，以利于仓单交易。

（4）合理化仓储。保管人应在合同约定的仓储地点存放仓储物，并使用适合于仓储物保管的仓储设施和设备，从谨慎妥善操作、科学保管维护等各方面做到合理化仓储。保管人对于其因保管不善所造成的仓储物在仓储期间发生损害、灭失，除非保管人能证明损害是由于货物性质、包装不当、超期等以及其他免责原因造成的，否则保管人必须承担赔偿责任。

（5）按仓单返还仓储物。保管人应在合同约定的时间和地点向仓单持有人交还约定的仓储物。仓储合同没有明确存期和交还地点的，存货人或仓单持有人可以提前要求随时提取，保管人应在合理的时间内交还存储物；同样，保管人也可以随时要求存货人提取仓储物。作为一般仓储合同，保管人在交返仓储物时，应将原物及其孳息、残余物一同交还。

（6）货物危险通知义务。仓储过程中出现危险时，保管人应及时通知存货人或者仓单持有人。存货人应及时掌握危险情况并采取措施积极处理，在突发危险时，保管人也有义务采取紧急措施处置以防止危害扩大。

（7）收取仓储费的权利。收取仓储费是保管人的合同权利，作为保管人有权按照合同约定收取仓储费或在存货人提货时收取仓储费。

（8）保管人的提存权。储存期间届满，存货人或者仓单持有人不提取货物的，保管人可以催告其在合理期限内提取，逾期不提取的，保管人可以提存仓储物。提存程序一般来说，首先应由保管人向提存机关呈交提存申请书。在提存书上载明提存的理由、标的物的名称、种类、数量以及存货人或提单所有人的姓名、住所等内容。其次，仓管人应提交仓单副联、仓储合同副本等文件，以此证明保管人与存货人或提单持有人的债权债务关系。此外保管人还应当提供证据证明自己催告存货人或仓单持有人提货而对方没有提货，致使该批货物无法交付其所有人。

步骤四 了解当事人的违约责任和免责

1. 仓储合同违约行为的表现形式

（1）拒绝履行。拒绝履行是指仓储合同的一方当事人在没有法律或约定根据的前提下，不履行义务的行为。如存货人不支付仓储费、保管人在约定的期限内不返还仓储物或将仓储物挪作他用、单方毁约、没有履行义务的行为等。如果仓储合同的义务人拒绝履行义务，权利人有权解除合同；给权利人造成损失的，权利人有权要求义务人赔偿其损失。

（2）履行不能。履行不能是指应履行义务的一方无力按合同约定的内容履行义务。可能是由于客观原因不能履行,如仓储物因毁损、灭失而不能履行;也可能是由于主观过错而不能履行义务。履行不能的情况自仓储合同成立时就已经存在的,则为原始不能;如果是在合同关系成立以后才发生的,则为嗣后不能,比如仓储物于交付前灭失。如果仓储物只灭失部分,则为部分不能;如果全部灭失的,则为全部不能。由于自己的原因而不能履行义务的,为事实上的不能;由于法律上的原因而不能履行义务的,为法律上的不能。

(3) 履行迟延。未在履行期内履行义务的行为即为履行迟延。如保管人未在合同规定的期限内返还仓储物,存货人未按时将货物入库,未在约定的期限内支付仓储费用等行为均属于履行迟延。履行迟延具有以下特征:①义务人未在履行期限内履行义务;②义务人有履行能力,如果义务人无履行能力,则属于履行不能;③其行为具有违法性。义务人履行迟延,经催告后在合同期限内未履行的,权利人可以解除合同,请求义务人支付违约金和赔偿损失。

(4) 履行不适当。即未按法律规定、合同约定的要求履行的行为。在仓储合同中,在货物的入库、验收、保管、包装、货物的出库等任何一个环节未按法律规定或合同的约定去履行,即属不适当履行。由于履行不适当不属于真正的履行,因此一方当事人可以请求补正,要求义务人承担违约责任,支付违约金并赔偿损失,此外还可以根据实际情况要求解除合同。

2. 仓储合同的违约责任及其承担方式

仓储合同的违约责任是指仓储合同的当事人存在仓储违约行为时,应该依照法律或者双方的约定而必须承担的民事责任。违约责任往往以弥补对方的损失为原则,违约方需对对方的损失,包括直接造成的损失和合理预见的利益损失给予弥补。

违约责任的承担方式有支付违约金、赔偿损失、继续履行、采取补救措施等。

(1) 支付违约金。违约金是指一方违约应当向另一方支付一定数量的货币。从性质上而言,违约金是"损失赔偿额的预定",具有赔偿性,同时又是对违约行为的惩罚,具有惩罚性。在仓储合同中,赔偿性违约金是指存货人与保管人对违反仓储合同可能造成的损失而做出的预定的赔偿金额。当一方当事人违约给对方当事人造成某种程度的损失,而且这种数额超过违约金数额时,违约的一方当事人应当依照法律规定实行赔偿,以补足违约金不足部分。惩罚性违约金是指仓储合同的一方当事人违约后,不论其是否给对方造成经济损失,都必须支付的违约金。

违约金分为法定违约金和约定违约金两种。法定违约金是指法律或法规有明确规定的违约金。根据法律、法规对违约金的比例是否有明确规定,法定违约金又可分为两种。一是固定比率的违约金,即有关法规具体规定了违约金的交付比率;二是浮动比率的违约金,即有关法律只规定了违约金上下浮动界限的百分比,具体比例由当事人在此范围内约定。对于仓储合同,我国法律只规定了固定比率的违约金,而没有规定浮动比率的违约金。

约定违约金是指仓储合同当事人在签订合同时协商确定的违约金,是仓储合同当事人的自主意思表示,没有比例幅度,完全由存货人与保管人协商确定。当事人约定违约金既不能过高,也不能过低,过高会加重违约方的经济负担,过低又起不到其应有的督促当事人履行合同的作用。

法定违约金与约定违约金发生冲突时,应当优先使用约定违约金,但在充分尊重约定的前提下,依诚实信用及公平原则,国家对约定违约金进行适度干预也是完全必要的。

(2) 赔偿损失。赔偿损失是指除了违约金之外,采取其他补救措施后,还给对方造成了其他损失时,违约方承担赔偿损失的责任。如果违约金已能补偿经济损失,就不再支付赔偿金。但是如果合同没有约定违约金,只要造成了损失,就应向对方支付赔偿金。由此可见,赔偿金是对受害方实际损失的补偿,是以弥补损失为原则的。在违约行为发生时,受害一方当事人有及时采取防止损失扩大的义务,没有及时采取措施致使损失扩大的,无权就扩大的部分要求赔偿。

(3) 继续履行。继续履行是指一方当事人在不履行合同时,对方有权要求违约方按照合同规定的标的履行义务,或者向法院请求强制违约方按照合同规定的标的履行义务,而不得以支付违约金和赔偿金的办法代替履行。通常来说,继续履行有下列的构成要件:①仓储合同的一方当事人有违约行为;②违约一方的仓储合同当事人要求继续履行;③继续履行不违背合同本身的性质和法律;④违约方能够继续履行。在仓储合同中,要求继续履行作为非违约方的一项权利,是否需要继续履行,取决于仓储合同非违约一方的当事人,他可以请求支付违约金、赔偿金,也可以要求继续履行。

(4) 采取补救措施。所谓补救措施,是指在违约方给对方造成损失后,为了防止损失的进一步扩大,由违约方依照法律规定承担的违约责任形式,如仓储物的更换、补足数量等。从广义而言,各种违反合同的承担方式,如赔偿损失、违约金、继续履行等,都是违反合同后的补救措施,它们都是使一方当事人的合同利益在遭受损失的情况下能够得到有效的补偿与恢复。因此,这里所称的采取补救措施仅是从狭义上而言,是上述补救措施之外的其他措施。在仓储合同中,这种补救措施表现为当事人可以选择偿付额外支出的保管费、保养费、运杂费等方式,一般不采取实物赔偿方式。

3. 仓储合同违约责任的免责

(1) 不可抗力。不可抗力是指当事人不能预见、不能避免并且不能克服的客观情况。它包括自然灾害和某些社会现象。前者如火山爆发、地震、台风、冰雹和洪水侵袭等,后者如战争、罢工等。因不可抗力造成仓储保管合同不能履行或不能完全履行,违约方不承担民事责任。合同签订后因出现不可抗力的时间不同,会有几种不同的法律后果:当出现不可抗力以后,再要求义务人继续履行义务已无任何可能性时,可以全部免除当事人的履行义务;不可抗力的出现只对合同的部分履行带来影响,在此情况下只能免除不能履行部分的责任;如果不可抗力的出现只是对合同的履行暂时产生影响,等不可抗力的情势消失后,当事人应继续履行合同。

不可抗力的免责是有条件的,在不可抗力发生以后,作为义务方必须采取以下积极的措施才可以免除其违约责任。

① 发生不可抗力事件后,应当积极采取有效措施,尽最大努力避免和减少损失,如果当事人有能力避免损失的加剧,但未采取有效措施致使损失扩大,扩大的损失不属于不可抗力造成的损失。

② 发生不可抗力事件后,应当及时向对方通报不能履行或延期履行合同的理由。及时通报的目的是使对方当事人根据合同不能履行的具体情况,采取适当措施,尽量避免或减少由此造成的损失。如果遭受不可抗力的一方没有及时通报,由此而加重了对方的损失,则加重部分不在免责之列。

③发生不可抗力事件后,应当取得有关证明。即遭遇不可抗力的当事人要取得有关机关的书面材料,证明不可抗力发生以及影响当事人履行合同的情况,这样如果日后发生纠纷,也可以做到有据可查。

(2)仓储物自然特性。根据《合同法》及有关规定,由于储存货物本身的自然性质和合理损耗,造成货物损失的,当事人不承担责任。

(3)存货人的过失。由于存货人的原因造成仓储物的损害,如包装不符合约定、未提供准确的验收资料、隐瞒和夹带、存货人的错误指示和说明等,保管人不承担赔偿责任。

(4)合同约定的免责。基于当事人的利益,双方在合同中约定免责事项,对负责事项造成的损失,不承担互相赔偿责任。如约定货物入库时不验收重量,则保管人不承担重量短少的赔偿责任;约定不检验货物内容质量的,保管人不承担非作业保管不当的内容变质损坏。

温故知新

一、不定项选择题

1. 下列属于仓储保管人的权利的是(　　)。
   A. 验收货物　　　B. 费用请求权　　　C. 提存权　　　D. 转让权
2. 下列权利中不属于存货人的权利是(　　)。
   A. 提货权　　　B. 转让权　　　C. 提存权　　　D. 索偿权
3. 存货人的义务包括(　　)。
   A. 告知货物的状态　　　　　　　B. 处理好所要储存的货物
   C. 按约定时间交付货物　　　　　D. 任意时间提货
4. 以下(　　)是一般仓储保管人的义务。
   A. 具有合适的储存条件　　　　　B. 验收货物
   C. 使用仓储物　　　　　　　　　D. 发生危险时通知存货人
5. 甲乙双方签订一份仓储合同后,约定由甲方为乙方储存一批货物,乙方的该批货物属易燃品,乙方未在合同中注明,货物入库后,因温度过高,发生自燃,造成甲方库房烧毁,经济损失达50多万元,并造成甲方死亡一人重伤二人,根据法律规定,下列表述正确的是(　　)。
   A. 乙方应赔偿甲方的经济损失　　　B. 乙方向甲方只支付违约金
   C. 乙方负责人应承担刑事责任　　　D. 乙方和甲方共同承担经济损失
6. 违约责任的承担方式主要有(　　)。
   A. 支付违约金　　　B. 赔偿损失　　　C. 定金惩罚
   D. 采取补救措施　　　E. 继续履行
7. 在违约方给对方造成损失后,为了弥补对方遭受的损失,依照法律规定由违约方承担的违约责任方式称为(　　)。
   A. 补救措施　　　B. 继续履行　　　C. 损害赔偿　　　D. 支付违约金
8. 如果存货人提前提取仓储物,保管人可适当减少仓储费用,这句话正确吗?(　　)
   A. 正确　　　B. 错误

9. 在格式合同中,存货人有签署或不签署合同的权利,也有商定格式合同条款的权利。这句话正确吗?(   )

　　A. 正确　　　　　　B. 错误

10. 出现(   ),仓储合同可以免责。

　　A. 不可抗力影响　　　　　　B. 仓储物自然特性
　　C. 存货人的责任　　　　　　D. 合同约定的免责

二、案例分析题

1. 南京台商何先生问:最近,我想生产学生书包,向甲纺织厂发去传真,要求该厂能够在一个月内为我厂发一批布料。该传真载明了所要布料的品种、型号、价格、数量,以及交货时间、地点和交货方式等内容。传真发出后十天,乙纺织厂为我送来样品,该厂同类产品的价格比甲厂要低25%。于是我厂与乙厂签订了合同书,购买乙厂的布料。正在这时,我厂收到甲厂同意供货的传真。为避免重复购货,我厂赶紧给甲厂发去传真,声明我厂已经购货,不再向甲厂购货。但五天后,甲厂将货送至我厂。请问:如果按照新的《合同法》,我厂是否可以以未与甲厂签订合同为由拒收货物?

2. 某汽车装配厂从国外进口一批汽车零件,准备在国内组装、销售。2018年3月5日,与某仓储公司签订了一份仓储合同。合同约定,仓储公司提供仓库保管汽车配件,期限共为10个月,从2018年4月15日起到2019年2月15日止,保管仓储费为5万元。双方对储存物品的数量、种类、验收方式、入库、出库的时间和具体方式、手续等作了约定。还约定任何一方有违约行为,要承担违约责任,违约金为总金额的20%。

合同签订后,仓储公司开始为履行合同做准备,清理了合同约定的仓库,并且从此拒绝了其他人的仓储要求。2018年3月27日,仓储公司通知装配厂已经清理好仓库,可开始送货入库。但配装厂表示已找到更便宜的仓库,如果仓储公司能降低仓储费,就送货仓储。仓储公司不同意,配装厂明确表示不需要对方的仓库。4月2日仓储公司再次要求配装厂履行合同,配装厂再次拒绝。

4月5日,仓储公司向法院起诉,要求汽车配装厂承担违约责任,支付违约金,并且支付仓储费。汽车装配厂答辩合同未履行,因而不存在违约的问题。

问:该仓储合同是否生效?仓储公司的要求是否合理?能否在4月5日起诉,法院能否受理,可能会有怎样的判决?

职场训练

速达运物流有限公司和海霞服装公司在一周后合同正式签订,公司也开始为履行合同做准备,清理了合同约定的仓库,并且从此拒绝了其他人的仓储要求。2017年12月18日,公司即通知海霞服装公司已经清理好仓库,可开始送货入库。但海霞服装公司表示已找到更便宜的仓库,如果公司能降低仓储费,就送货仓储。但速达运公司不同意,而海霞服装公司明确表示不需要对方的仓库。12月22日速达运公司再次要求海霞服装公司履行合同,海霞服装公司再次拒绝。速达运公司要求海霞服装公司支付违约金,并赔偿损失。而海霞服装公司则称合同还没有生效,自然谈不上履行业务和承担违约责任的问题。作为速达运公司的业务部骨干,你应如何来解决这起合同纠纷事件?

任务三　签署仓单

某水果店与某仓储公司签订了一份仓储合同,合同约定仓储公司为水果店储存水果5t,仓储期间为1个月,仓储费为6 000元,自然耗损率为4%。水果由存货人分批提取。合同签订以后,水果店按照约定将水果交给仓储方储存,入库过磅为55 000kg。仓储公司在接收货物以后,向水果店签发了仓单。根据《合同法》第三百八十七条的规定,仓单是提取货物的凭证。合同到期以后,存货人持仓单向仓储公司提货,但提货时因仓单内容和仓储合同内容不符,货物减少,双方发生纠纷。因此,了解仓单业务,熟知签署仓单的注意事项对存货方和保管方均非常重要。

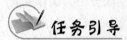

(1) 一份有效的仓单怎样才能生效?应该包括哪些内容?

(2) 金融仓储作为一种金融服务的创新模式,一问世便深受中小企业、金融机构的欢迎,是一项多方受益的金融服务。2008年,浙江涌金仓储股份有限公司(以下简称浙江金储)作为全国首家金融仓储公司在杭州正式成立,专心致力于金融仓储业务。金储仓单是浙江金储专门开发的标准仓单,是货主委托金储保管货物,经验收合格办妥入库手续后,由公司仓单管理系统签发给货主提取货物的唯一合法的权利凭证。浙江金储能够使拥有金储仓单客户的动产"动起来",即提供了仓单质押业务,你知道仓单质押的流程是怎样的吗?

步骤一　认知仓单

仓单是保管人在接受仓储物后签发的表明一定数量、品质的保管物已经交付仓储保管的法律文书。保管人签发仓单,表明已接受仓储物,并已承担对仓储物的有关保管责任以及确认仓单持有人对仓储物的所有权。签发仓单是仓储保管人的法律义务,根据我国《合同法》规定:"存货人交付仓储物时,保管人应当给付仓单。"

仓单联数应为三联:会计记账联、正本提货联(可印制底纹)、会计底卡联。

仓单类型包括通用仓储仓单和金融仓储仓单。①通用仓储仓单,即用于普通仓储业务中的仓单。仓储物的出库单、入库单都视为仓单。②金融仓储仓单,即用于企业融资货物质押、货物转让、期货交割的仓单,与货物共同整进整出的仓单。

1. 仓单的法律效用和规定

(1) 仓单是提货凭证。没有仓单不能直接提取仓储物。《合同法》规定:仓单是提取仓储物的凭证。存货人或者仓单持有人在仓单上背书并经保管人签字或者盖章的,可以转让提取仓储物的权利。

(2) 仓单是仓储物所有权的法律文书。通过保管人签发的仓单作为存货人对仓储物的所有权文书,由存货人或其他持有人持有。

(3) 仓单具有有价证券的作用。拥有仓单,即拥有着与仓储物同值的财产权利,所以仓单是仓储物价值的有价证券。

(4) 仓单是仓储合同的证明。仓单本身并不是仓储合同,当双方没有订立书面仓储合同时,仓单作为仓储合同的书面证明,可以证明交易双方合同关系的存在,存货人和保管人按照仓单的记载承担合同责任。

2. 仓单的用途

(1) 保管人责任的证明。仓单的签发意味着仓储保管人对仓储物承担保管责任,保证在仓储期满向仓单持有人交还仓单上所记载的仓储物,并对仓储物在仓储期间发生的损害或灭失承担赔偿责任,当然合同规定免责的除外。

(2) 界定仓单持有人权利和义务。拥有仓单即意味着仓单持有人具有该仓单上所记载的仓储物的所有权,但这种所有权是一种确定的物权,只表示占有该仓单上所描述的具体的品类物,并不意味着抽象的价值。这种所有权连带了一些责任和风险,例如会因为法律和合同规定的不可抗力、自然损耗、意外损害等保管人免责的原因造成灭失,而造成减损,还会有必须承担的因为保管到期产生超期费以及保管人进行提存的风险,由于仓储物意外损害的原因造成保管人、其他货主财产损失的赔偿风险。

存货人与仓单持有人的概念是有区别的。存货人享有仓单和仓储合同上所立的权利,而存货人持有的仓单可以多次背书转让,这时仓单持有人就仅享有仓单持有的权利,而不能获得存货人与保管人所订立仓储合同中的权利,只有这些权利在仓单中列明时才由仓单持有人承受。相应地,保管人也不能采用未在仓单明示的仓储合同约定的条款来约束仓单持有人,除非仓单持有人与存货人为同一人。因此,仓储合同的权利责任与仓单是否转让背书有关,经过背书转让后的仓单持有者仅仅享有仓单上注明的权利和义务,而不是当然地继承享有存货人与保管人之间的仓储合同所规定的权利和义务。

(3) 货物所有权交易的凭证。在保管人签发仓单后,存货人和保管人形成了凭仓单提货的契约,因而存货人要进行存储物转让就必须将仓单转让。同时,对于存货人在获得仓单后,需要转让仓储物时,可以直接通过仓单进行交易转让,受让人凭仓单就可提货。这是一种简易可行、节约交易费用的方法,尤其适合大宗物资和异地物资交易。

(4) 作为金融工具。由于仓单所具有的物权交易功能,仓单是有价证券,也代表着仓储物的所有权价值。这种所有权价值是可以作为担保的,因而仓单可以作为交易、质押、财产保证的金融工具和信用保证工具。现在银行开展仓单质押业务已比较普遍,这就为中小企业的融资提供了便利。

步骤二 掌握仓单的制作

我国《合同法》分则规定仓单的内容主要包括下列事项:

(1) 存货人的名称或者姓名、住所、联系方式;

(2) 仓储物的品名、数量、质量、包装、件数和标记;

(3) 仓储物的耗损标准;

(4) 储存场所;

(5) 储存期间;

(6)仓储费;

(7)仓储物的保险金额、期间以及保险人的名称;

(8)填发人、填发地和填发日期。

一份真实有效的仓单可以包含以上所有内容,或者也可以根据需要默认一些内容。只要仓单的内容能够切实充分表达出仓储物的物权、保管人的责任义务承担程度、仓单持有人提取仓储物的权利等仓单基本功能,保管人签发的仓单就应该有效。缺乏保管人、存货人、仓储物、存货地点、保管人签署等基本事项就是无效的仓单。仓单示例见图2-1。

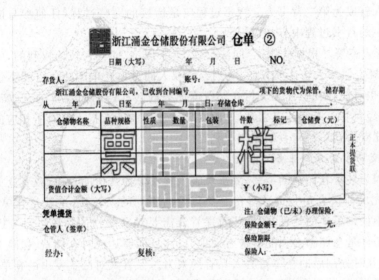

图 2-1 标准仓单示例

步骤三 掌握仓单的填写要求

仓单填写要求如下。

(1)仓单上所记载的要素不应更改,更改的仓单无效。必备要素未记载或记载不全的仓单无效。

(2)仓单中货物价值金额应以中文大写和数字同时记载,二者应一致,不一致的仓单无效。

(3)仓单上的记载事项应真实,不应伪造、变造。

步骤四 掌握仓单业务

1. 仓单的签发

在填制仓单时必须将验收的实际状况记录在仓单上,特别是对瑕疵缺损等不良状况要准确描述,有时可以请第三方检验或质检机构进行理货检验。当存货人不同意批注不良状态时,如果仓储物的瑕疵缺损不影响仓储物的价值或质量等级,保管人可以接受存货人的担保,而不批注;否则就必须批注,或者拒绝签发仓单。在签发仓单时要将所需附加的保险、仓储费率等在仓单上注明,以便仓单转让。经保管人签字盖章的仓单才是有效的仓单。

2. 仓单的转让过程

仓单持有人需要转让仓储物时,可以通过仓单背书转让的方式进行交易。仓单转让生效的要件为背书过程内容完整,且经保管人签署。

(1) 背书转让内容与要求。仓单作为记名单证,仓单的转让必须采取背书转让的方式进行。背书转让的出让人为背书人,受让人为被背书人。按要求,背书格式为

兹将本仓单转让给×××(被背书人的完整名称)

×××(背书人的完整名称)(盖章)

背书经办人签名 日期

仓单可以多次进行背书转让,第一次背书的存货人为第一背书人。在第二次转让时,第一次被背书人就成为第二背书人。背书过程应是衔接的完整过程,任何参与该仓单转让的人都要在仓单的背书过程中有相应记载。

(2) 保管人签署。根据我国《合同法》第八十条规定"债权人转让权利的,应当通知债务人";同时还规定债务人转让债务的,应当经债权人同意。仓单的转让可能不仅涉及存货人债权的转让,也可能存在受让人支付仓储费等债务的转让。因而仓单的有效转让就需要保管人的认可,经保管人签字或者盖章,这时提单转让后的所有权人就有了相应的提货权。仓单受让人才能获得仓单持有者的完整权利。

3. 仓单交易中的分割业务

存货人因为转让仓储物的需要,要求保管人签发分为几份的仓单,或者仓单持有人要求保管人将原先的一份仓单分拆成多份仓单以便向不同的人转让,这就是仓单的分割业务。仓单的分割不仅是单证的处理,还意味着保管人需要对仓储物的物权进行分拆。进行仓单分割的前提条件是仓储物必须能够被有效地分拆,且能够达成对仓储费、保险、残损、地脚货的分配协议,并对分割后的仓单持有人具有约束力。保管人对已签发出的仓单进行分割时,必须将原仓单收回,并对仓单所有人重新签发交割后的若干份仓单。

4. 凭单提货

一般提货需要保管人单位的配合与服务,所以应尽量提前预约提货。在保管期满或者预先经保管人同意的提货时间,仓单持有人向保管人提交仓单并出示身份证明,经保管人核对无误后,保管人给予办理提货手续。

(1) 核对仓单。保管人将提货人所提交的仓单与存底仓单进行核对,确定仓单的真实有效性;查对仓单的背书与保管人签署等内容是否完整、过程是否衔接准确;核对仓单上的存货人或者被背书人与其所出示的身份证明是否一致。

(2) 提货人缴纳相关费用。若仓单规定存货时已缴纳仓储费及保险费用等相关费用的,提货人免缴有关费用。如果仓单记载由提货人缴纳仓储费用的,提货人按约定支付仓储费;根据仓储合同约定记载在仓单上的仓储物在仓储期间发生的仓储保管人代垫的费用、对仓储经营者或其他人所造成的损害赔偿等费用均应核算准确并要求提货人支付。

(3) 保管人收取费用、收回仓单后,签发提货单证,做好货物出库准备与相关服务。

(4) 提货人对仓储物验收理货。提货人根据仓单的记载与保管人共同查验理货,签收提货单证,提取仓储物。如果理货查验时发现仓储物有额外缺损瑕疵等状态,须现场编制记录,并要求保管人签署,必要时申请商品检验机构进行检验出具检验报告,以备事后索赔。

5. 有名仓单意外灭失的提货手续

(1) 通过人民法院的公示催告使灭失的原记名仓单失效。根据我国民事诉讼法的规定,原仓单持有人或者仓储合同人可以申请人民法院对记名仓单进行公示催告。当60天公

示期满无人争议,人民法院可以判决原有记名仓单无效,申请人可以向保管人要求提取仓储物。在公示期内有人争议,则通过法院审理判决,确定有权提货人,并凭法院的判决书提货。

(2) 提供担保提货。由保管人掌握提货人的担保财产,如另有人出示仓单而不能交货需要赔偿时,保管人使用该担保财产进行赔偿。担保在可能存在的仓单失效后,方可解除担保。

6. 不记名仓单运用的注意事项

不记名仓单在转让时无须背书,存期届满由仓单持有人提交,并提示同样的身份证明就能提货。不记名仓单按规定不能提前提货。使用不记名仓单的存货人存在一定的风险,仓单持有人遗失仓单就等于遗失仓储物;同时仓储保管人不能控制仓单的转让,也不知道将来要向谁交货,不能有效地控制债务风险。

另外,在仓单上的存货人项不填写真正的存货人或所有人,而只填写通知人或者经手人等非实际仓储物的所有人的仓单,也属于不记名仓单。

7. 货物质押

货物质押即仓单质押,其法律依据是我国《物权法》第二百二十三条以及《担保法》的相关规定内容。货物质押是以仓单为标的物而成立的一种质权,多为债权实现的一种担保手段。其核心在于担保人以在库动产(包括原材料、产成品等)作为质押物担保借款人向银行的借款,仓储企业经银行审核授权后,以第三方的身份对担保人仓单项下的在库动产承担监管责任,受银行委托代理监管服务,对质押物进行库存监管。以借款人使用自身在库动产仓单质押融资为例:

(1) 借款人与仓储企业签订《仓储协议》,明确货物的入库验收和保护要求,并据此向仓储企业仓库交付货物,经仓储企业审核确认接收后,仓储企业向借款人开具专用仓单。借款人同时向指定保险公司申请办理仓储货物保险,并指定第一收益人为银行。

(2) 借款人持仓储企业开出的仓单向银行申请贷款,银行接到申请后向仓储企业核实仓单内容(主要包括货物的品种、规格、数量、质量等)。银行审核通过后,借款人、银行、仓储企业三方签订仓单质押贷款三方合作协议书。仓单出质背书交银行。

(3) 仓储企业与银行签订不可撤销的协助银行行使质押权保证书,确定双方在合作中各自应履行的责任。

(4) 借款人与银行签订银企合作协议、账户监管协议,规定双方在合同中应履行的责任。借款人根据协议要求在银行开立监管账户。

(5) 仓单审核通过,在协议、手续齐备的基础上,银行按约定的比例(质押率)发放贷款到监管账户上。

(6) 货物质押期间,仓储企业按合同规定对质押品进行监管,严格按照三方协议约定的流程和认定的进出库手续控制货物,仓储企业只接受银行的出库指令。

(7) 借款人履行约定的义务,将销售回收款存入监管账户。

(8) 银行收到还款后开出分提单,仓储企业按银行开出的分提单放货。直至借款人归还所有贷款,业务结束。

(9) 若借款人违约或质押品价格下跌,借款人又不及时追加保证金的,银行有权处置质押物,并将处置命令下达给仓储企业。仓储企业接收到银行的处置命令后,根据货物的性质对其进行拍卖或回购,以回笼资金。

小知识

质 押 率

仓单质押率一般不超过质押仓单项下仓储物价值的70%。仓储物价值根据仓储物总价值扣除必要的其他费用后确定(仓储物价值＝仓储物的单位价格×仓储物数量－预估的其他费用)。根据商品的不同,质押率可能有所不同,通常价值越稳定,越易变现,质押率越高,如成品油、煤炭、化肥等大宗原材料;商品价值波幅越大,不易变现,则质押率越低,如钢材、汽车、芯片。

不定项选择题

1. (　　)是保管人在接受仓储物后签发的表明一定数量的保管物已经交付仓储保管的法律文书。
    A. 保管证　　　　　B. 保管合同　　　　C. 仓单　　　　D. 物资储存单
2. 关于仓单的性质,下列说法不正确的是(　　)。
    A. 仓单是提货凭证　　　　　　　　　B. 仓单是有价证券
    C. 仓单是所有权的法律文书　　　　　D. 仓单是仓储合同
3. 仓单的功能是(　　)。
    A. 物权证明　　　　B. 物权交易　　　　C. 金融工具
    D. 保管人承担责任的证明　　　　　　E. 存货人承担责任的证明
4. 以下(　　)属于仓单的法律特性。
    A. 仓单由保管人持有　　　　　　　　B. 仓单是提货凭证
    C. 仓单是有价证券　　　　　　　　　D. 仓单是仓储合同关系的证明
5. 仓单的内容主要包括(　　)。
    A. 存货人的名称或者姓名、住所、联系方式
    B. 仓储物的品名、数量、质量、包装、件数和标记
    C. 仓储物的耗损标准
    D. 储存场所
    E. 储存期间
6. 仓单联分为(　　)。
    A. 会计记账联　　　B. 正本提货联　　　C. 会计底卡联　　　D. 副本提货联
7. 仓单第二次转让时,第一次被背书人成为(　　)背书人。
    A. 第一　　　　　　B. 第二　　　　　　C. 第三　　　　　　D. 第四
8. 保管人对已签发的仓单进行分割后,原有仓单自动失效,不用收回。这句话是正确还是错误?(　　)
    A. 正确　　　　　　B. 错误
9. 凭单提货的程序是(　　)。
    A. 核对仓单

B. 提货人缴纳相关费用

C. 保管人收取费用、收回仓单后,签发提货单证,做好货物出库准备与相关服务

D. 提货人对仓储物验收理货

10. 仓单灭失后,存货人可通过人民法院的公示催告使仓单失效来提取货物,其公示期一般是(　　)天。

A. 60 B. 50 C. 70 D. 80

职场训练

2017年12月20日,速达运公司与某食品厂商签订了一份仓储合同,合同约定期限为6个月,从2018年1月1日起到2018年7月1日止,保管仓储费为3.5万元。双方对储存物品的数量、种类、验收方式、入库、出库的时间和具体方式、手续等作了约定。还约定任何一方有违约行为,要承担违约责任,违约金为总金额的20%。合同签订后,速达运公司开始为履行合同做准备,清理了合同约定的仓库。2017年12月28日,该食品厂商将货物运送至仓库,小林负责签发仓单。过了1个月,该食品厂商要求进行仓单分割,分割为货量平均的两份仓单。又过了10日,该食品厂商把所存货物的一半转让给了另一家商贸公司。又过了20日,该食品厂商把所存货物剩余的一半向速达运公司申请仓单质押。请以速达运公司业务员身份设计并开出仓单,并协助该食品厂商办理仓单分割、转让、质押业务。

项目三

入库作业

【知识与技能目标】

(1) 掌握入库作业计划编制技能,具有对货位进行编码及分配、安排的能力。

(2) 熟悉各类包装标记。

(3) 了解货物接运的主要方式、商品验收的基本要求和程序,掌握商品入库作业的基本流程,具有完成货物入库作业能力及熟练编制、填写入库单据的能力。

(4) 了解商品保管中堆垛、苫垫的要求和形式,具有对商品进行正确堆码和苫垫的操作能力。

(5) 掌握入库信息的处理技能。

任务一 入库准备操作

 任务描述

仓储作业是指从商品入库到商品出库的整个仓储作业的全过程。仓储作业组织就是按照预定的目标,将仓库作业人员与仓库储存手段有效地结合起来,完成仓储作业过程中各环节的职责,为商品流通提供良好的储存劳务。它的目标为快进、快出、多储存、保管好、费用低。要实现这样的目标,必须做好入库准备操作。

 任务引导

(1) 货物入库入位应遵循怎样的业务流程?

(2) 货物入库要做哪些方面的准备工作?

(3) 哪些因素影响了入库作业计划的编制?

 任务实施

货物入库是指接到货物入库通知单后,经过接运提货、装卸搬运、检查验收和办理入库手续等一系列作业环节所构成的工作过程。入库业务具体包括入库准备、接运、验收、入库交接和登记。入库流程图见图 3-1。

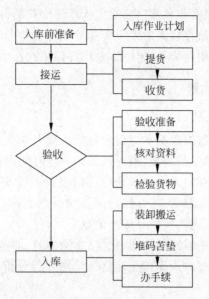

图 3-1 入库流程图

速达运企业视角

在速达运公司,业务科主要负责与顾客的联络和沟通,并对相关的业务合同进行预审,仓库管理人员负责货物的验收、点数、储存管理、出货并形成记录。其工作流程或货物保管流程如下:业务洽谈→办理入库手续→验货、点货、入库作业→堆码→标识→检查、巡视、监控→办理出库手续、结清费用→组货、点货、出库交接。货物入库流程图如图3-2所示。

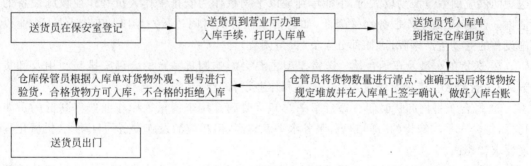

图 3-2 货物入库流程图

步骤一 接受入库申请

入库申请是存货人对仓储服务产生需求,并向仓储企业发出需求通知。入库通知单是存货人向仓储企业提出入库申请时的书面形式,其内容一般包括日期、货物名称、包装规格、数量、供应商等信息。

当仓储企业收到入库通知单后,要对此业务进行分析评估,包括到货日期、货物属性、包装、数量、储存时间及本企业的存储能力等。若分析评估后认为此业务本企业难以承担,业务部门可与存货人就存在的问题进行协商,如难以协商一致,可拒绝此项业务;若分析评估后认为此业务本企业可以胜任,业务部门应根据入库通知单制订入库作业计划,分发给存货人和本企业的仓库部门。发给存货人的入库作业计划作为存货人入库申请的确认,发给本企业仓库部门的入库作业计划作为生产计划,仓库部门依此计划进行生产准备。

步骤二　编制入库作业计划

1. 入库作业计划的内容

入库作业计划是指仓库部门根据本部门和存货人等外部实际情况,权衡存货人的需求和仓库存储的可能性,通过科学的预测,提出在未来一定时期内仓库要达到的目标和实现目标的方法。入库作业计划是存货人发货和仓库部门进行入库前准备的依据。其主要包括:到货时间、接运方式、包装单元与状态、存储时间及物品的名称、品种、规格、数量、单件体积与重量、物理特性、化学特性、生物特性等详细信息。

仓库部门根据物品的在库时间及物理、化学、生物特性、单品体积、重量、包装物等详细信息,合理安排货位,而且通过对入库作业计划做出测评与分析后,即可进行货物入库前的准备工作。

2. 影响入库作业的因素

(1) 供应商的送货方式。供应商的送货方式将直接影响入库作业的组织和计划。供应商的以下信息对仓库入库作业的影响要加以考虑。

① 日均送货的供应商数量及最大量。平均每天送货供应商数量的多少和一天中最多有多少供应商来送货对仓库入库作业影响最大。来送货的供应商越多,入库物品的数量和品种就越多越复杂,这将导致入库过程中的验单、接货、卸货、分类、货物点验、签发入库凭证、入库堆码、登记入账、产生提货凭证等环节工作量的增加和效率的降低。尤其是每天来送货的供应商数量波动较大时,不能单纯地以平均数作为安排工作人员和作业设施设备的依据。否则,忙时仓库服务水平降低(如送货车辆排队时间过长);闲时,工作人员、作业设施设备的劳动生产率降低(如部分人员、设备闲置)。

② 送货的车型及车辆台数。送货车型主要会影响卸货站台的合理安排与利用及卸货方式,车辆台数直接影响作业人员的配置和作业设备、作业方式的选择。

③ 每台车平均卸货时间。每台车平均卸货时间是用来衡量入库作业效率高低的重要指标,每台车平均卸货的时间越短,服务水平就越高,但相应的设施设备的自动化、机械化程度要求就越高。

④ 货物到达的高峰时间。货物到达的高峰时间是制定作业人员轮班轮岗制度的重要依据,要合理安排不同班次的作业人数,以求做到作业人员的作业量和劳动强度的均衡性,同时既可以降低成本又可以保证服务水平。

⑤ 货物的装车方式。货物的装车方式主要影响卸货的方式和方法。若货物是散货形式,卸车时要充分利用货物自身的重力;若货物是件杂货形式且经过配装,卸车时主要以人工为主,采用不落地的装卸搬运方式,以降低作业强度;若货物以单元形式装车,则尽可能选择机械作业方式。

⑥ 中转运输的转运方式。中转运输的转运方式包括直达转运、直通转运、储存分拣转运、流通加工转运、投机转运等。不同的转运方式入库作业量和作业方式有很大的不同。直达转运就是货物不经过卸货入库等环节,留在运输工具上按货主要求的时间、地点直送货主

手中;直通转运就是在仓库的站台上卸货不经入库环节,而直接转换运输方式或运输工具送达货主手中;储存分拣转运就是货物抵达仓库时货物的去向信息不明,要先经过验收、装卸搬运、入库堆存、理货等作业,等候客户(货主)下达指令(出库单、订单等),然后按客户要求经分拣环节送达客户。这是一种典型的转运方式,工作量较大且涉及的设施、设备复杂;流通加工转运是指货物抵达仓库后,经过卸货验收、搬运、分拣(按加工工艺)、加工、再分拣(按货主、流向、理化性质)等作业环节后送抵客户手中;投机转运是指货物抵达仓库时货物去向信息不明,但目的明确,待囤积货物价格达到期望目标时再经过验收、装卸搬运、入库堆存、理货等作业,根据客户(货主)下达指令(出库单、订单等),按客户要求送抵目的地而取得超额利润的转运方式。

(2)物品的种类、特性与数量。物品的种类、特性与数量将直接影响入库计划的制订、接货方式、接货人员的安排、装卸搬运机械及仓储设施设备的配备、库区货位的确定、苫垫材料的选择及温湿度控制等方面。

① 每天平均送达的货物品种数。平均每天送达的货物品种越多,货物之间的理化性质差异也就越大,对接货方式、装卸设备机械、仓储设施设备的配置、库区货物的确定与分配,以及苫垫材料的选择等作业环节影响越大。

② 单位货物的尺寸及重量。单位货物的尺寸及重量对装卸搬运、堆码上架、库区货位的确定等作业会产生影响。单位货物的尺寸小、重量轻且未单元化,入库时一般采用人工作业或人工辅助机械作业;单位货物的尺寸大、重量高,则宜采用机械化装卸作业;若货物之间的尺寸重量差异过大,势必对库区货位的确定造成影响。

③ 货物包装形态。货物的包装形态分为散装货、件杂货、单元货(托盘化、集装化)三种形态,货物包装形态的差异会对装卸搬运工具与方式、库区货位的确定、堆存状态产生影响。

④ 物品的保质期。货物保质期的长短直接影响货物的在库周期,保质期短的货物入库存储宜选用重力式货架,以严格保证"先进先出",以延长货物后续的销售周期和消费周期。

⑤ 装卸搬运方式。入库货物的形态决定货物入库时的装卸搬运作业方式,仓储企业在进行人员配置、装卸搬运设备的选择时应充分考虑仓储对象的形态以形成经济合理的科学对策。

(3)仓库设备与存储方式。仓库设备是影响入库作业的另一主要因素,叉车、传送带、货架储位的可用性,以及人工装卸、无货架堆码等要加以综合考虑。若仓库设备先进,而且均为货架存储,其操作过程简单,现场一般干净整齐,仓容利用率高,便于管理;若仓库设备简陋,基本是依赖人工操作,现场一般比较杂乱,仓容利用率低,管理难度大。同时也要考虑货物在库期间的作业状态、是否需要拆捆开箱、再包装工作等,为入库安排提供帮助。

步骤三 做好入库前的准备工作

仓库的入库准备需要由仓库业务部门、仓库管理部门、设备作业部门分工合作,共同做好以下几个方面的工作。

(1)熟悉入库货物。掌握入库货物的品种、规格、数量、包装状态、单价体积、到库确切时间、货物存期、货物的理化特性、保管的要求等,据此进行精确和妥善的库场安排、准备。

(2)掌握仓库库场情况。了解在货物入库期间、保管期间仓库的库容、设备、人员的变动情况,以便安排工作。

(3) 做好相关人员准备。按照货物的入库时间和到货数量,预先计划并安排好接运、卸货、检验、搬运货物的作业人员。

(4) 做好物力准备。根据入库货物的种类、包装、数量等情况及接运方式,确定搬运、检验、计量等方法,配备好所用车辆、检验器材、度量器和装卸、搬运、堆码、苫垫的工具,以及必要的防护用品用具等。

(5) 做好仓位准备。按入库货物的品种、性能、数量和存放时间等,结合商品的堆码要求,核算占用仓库的面积,以及进行必要的腾仓、清场、打扫、消毒,准备好验收的场地。

(6) 准备好苫垫用品。确定入库商品的堆码形式和苫盖、下垫形式,准备好苫垫物料,做到商品的堆放与苫垫工作同时间内一次性完成,以确保商品的安全,避免以后的重复工作。

(7) 文件单证准备。仓库员对货物入库所需的各种报表、单证、记录簿等,如入库交接清单、入库单、料卡、残损单等,预先准备妥当,以备使用。

步骤四 货位准备

一、选择货位遵循的原则

仓库货位选择,一方面是为了提高仓库平面和空间利用率,另一方面是为了提高货物保管质量,方便进出库作业,从而降低货物的仓储作业成本。

(1) 根据货物的种类、特点选择货位。货位选择首先应该考虑货物的种类及特点,并按照区、列、层、格的划分,对货物进行管理,实时掌握每一货格的状况。做到货位尺寸与货物包装尺寸匹配,货位的容量与数量接近。

(2) 根据先进先出的原则选择货位。"先进先出"是仓储保管的重要原则,能避免货物超期变质。在货位安排时要避免后进的货物围堵先进的货物,入库安排时就要考虑到出库。

(3) 根据出入库频率原则选择货位。选择货位时,考虑出入库频率高的货物使用方便作业的货位,比如靠近主通道的货位,对于有持续入库或者持续出库的货物,应安排在靠近出口的货位,方便出入。流动性差的货物,可以离入口较远。同样道理,存期短的货物安排在出入口附近。

(4) 根据相同客户货物邻近原则。为了便于统一、集中管理,更方便于按客户订单分拣、备货,可以将同一客户的货物放在一个区域。

(5) 根据相同货品邻近的原则。将同一品种货物放置于同一区域,相邻货位。这样仓库作业人员对于货品保管位置都能熟记于心,有利于储放货物,查找货物,盘点作业,方便出库。

(6) 根据避免污染原则。选择货位时要考虑相近货物的情况,防止与相近货物相忌而互相影响,从而影响货物品质。比如茶叶、香皂、烟这样易影响其他产品品质的货物,储存时应注意。

(7) 根据方便操作的原则。选择货位也要考虑到便于装卸搬运,有利于安全和卫生。如属于体积笨重,应离装卸搬运作业区最近,以减少搬运作业量或者可以直接用装卸设备进行堆垛作业。使用货架时,重货放在货架下层,需要人力搬运的重货,存放在腰部高度的货位。

（8）根据作业分布均匀的原则。选择货位时，应尽可能避免仓库内或者同条作业线路上多项作业同时进行，相互妨碍。

二、货位使用方式

仓库货位的使用一般有以下三种方式。

（1）固定货位。每一项货物都有固定的储位，使用时严格区分，绝不能混用、串用。由于每项货物都有固定的货位，拣货人员容易熟悉货物储存货位，方便拣选管理。但是固定货位储量是根据每项货物的最大在库量设计的，因此易出现货位使用效率低的现象。该方法主要适用于厂库空间大，多品种少批量货物的储存。

（2）随机货位。货物任意存放在空缺货位，不加分类。随机货位有利于提高仓容利用率，但是仓库内显得混乱，货物的出入库管理及盘点工作的进行难度较高，不便于查找。同时，具有相互影响特性的货物可能相邻储存，造成损失。对于周转极快的专业流通仓库，货物保管时间极短，大都采用这种方式。随机货位储存，在计算机配合管理下，能实现充分利用仓容，方便查找。

（3）分类随机货位。每一类货物有固定存放的储区，但在同一区内的货位采用随机使用的方式。这种方式有利于货物保管，也较方便查找货物，仓容利用率可以提高。大多数储存仓库都使用这种方式。

三、货位编号

1. 货位编号的作用

货位编号就是对商品存放场所按照位置排列，采用统一标记编上顺序号码，并做出明显标志。其作用为：①提高收发货作业效率，避免差错；②便于识别货垛，缩短进出库作业时间，减少串号和错收、错发等现象的发生；③有利于货物在库检查、盘点、对账等作业，以保证出库账、货相符。

2. 货位编号的要求

货位的编号好比商品在仓库中的住址，必须符合"标志明显易找，编排循规有序"的原则。具体编号时，须符合以下要求。

（1）标志设置要适宜。货位编号的标志设置，要因地制宜，采用适当的方法，选择适当的地方。如无货架的库房内，走道、支道、段位的标志，一般都刷置在水泥或木板地坪上；有货架的库房内，货位标志一般设置在货架上。

（2）标志制作要规范。可统一使用阿拉伯字码制作标志。为了将库房以及走道、支道、段位等加以区别，可通过字码大小、颜色进行区分，也可在字码外加上括号、圆圈等加以区分。

（3）编号顺序要一致。整个仓库范围内的库房、货棚、货场内的走道、支道、段位的编号，一般都以进门的方向左单右双或自左向右顺序编号的规则进行。

（4）段位间隔要恰当。段位间隔的宽窄，应取决于货物种类及批量的大小。同时应注意的是，走道、支道不宜经常变更位置及编号。

3. 货位编号的方法

1）编号规则。

（1）库房内各货位编号。根据库内业务情况，按照库内干、支道的分布，划分为若干货位，按顺序编号，并视具体条件做出明显标志。由于一个货位往往堆放多种不同品种、规格、名牌的货物,为了分清各种货物的准确存放位置,一般还要在货位上等距离划分段位,再编上段号。

（2）货架中各货位编号。在收发零星及拼装货物的仓库,往往在一个库房里有很多货架,每个货架有很多货格,可先按一个仓库内货架进行编号,再对每个货架的货位按层、格进行编号,顺序是面向货架从下到上、从左到右、从里到外。

（3）货场上各货位编号。货场货位编号常见的两种方法是：一种是在整个货场内先编上排号,再在排号内顺序编号；另一种是不编排号,采取自左而右和自前而后的方法,直接按货位顺序编号。

2）四号定位法

四号定位法是目前应用较多的货位编号方式,它是采用4组数字号码对于库房(货场)、货架(货区)、层次(排次)、货位(垛位)进行统一编号。如果统一存储企业既有货场,又有库房、货棚等多种形态的仓库,常用"C"代表货场,"K"代表库房,"P"代表货棚,在实际应用中,四号定位法可根据需要灵活运用。

例如,2K-4-3-5 表示 2 号库房、4 号货架、第 3 层、第 5 列的货位；2C-4-3-5 表示 2 号货场、4 号货区、第 3 排、第 5 号货垛的货位。但是如果在一个拥有不同类型的货架仓库中,四号定位法也可以对应货架区、货架排数、货架层和货架列。如 2-4-3-5 就可代表第 2 类货架区的第 4 排货架的第 3 层第 5 列的货位。

另外,为了方便管理,货位编号和货位规划可以绘制成平面布置图。通过图板管理不但可以全面反映库房和货场的商品储存分布情况,而且也可以及时掌握商品储存动态,便于仓库调整安排。

四、平置库货位准备

根据入库计划,在物品到达前将存储的位置和所需的货位面积予以确定。

（1）确定物品存储的位置主要考虑平置库平面布局、物品在库时间、物品物动量高低等关键因素。高物动量的物品,在库时间一般较短,所以应放置在离通道或库门较近的地方。

（2）确定货物所需货位面积,必须考虑的因素有仓库的可用高度、仓库地面载荷、物品包装物所允许的堆码层数以及物品包装物的长、宽、高。

平置库中货物储位
面积的确定

计算占地面积的公式：

单位包装物面积 = 长 × 宽

单位面积重量 = 单位商品毛重 ÷ 单位面积

可堆层数,从净高考虑：

层数 a = 库高 ÷ 箱高

可堆层数从地坪荷载考虑：

层数 b = 地坪单位面积最高载荷量 ÷ 单位面积重量

可堆层数 = min{层数 a,层数 b}

占地面积 =（总件数 ÷ 可堆层数）× 单位包装物面积

【例 3-1】 某仓库建筑面积为 10 000m^2,地坪载荷为 2 000kg/m^2,库高 4.8m。现该库收到入库通知单如表 3-1 所示。

表 3-1　入库通知单

入库时间：　　年　月　日　时

入库编号	品名	包装规格(mm)	包装材料	单体毛重(kg)	包装标志限高(层)	入库总量(箱)	备注
00110234	罐头食品	400×250×320	杨木	48	5	2 400	

如果该批物品入库后就地码垛堆存,请计算出至少需要多大面积的储位？如果目标存储区域宽度限制为5m,请计算出计划堆成重叠堆码的平台货垛的垛长、垛宽及垛高各为多少箱？

解：

$$单位包装商品面积 = 400 \times 250 = 0.1(m^2)$$

$$单位面积重量 = 48 \div 0.1 = 480(kg)$$

可堆层数从净高考虑：

$$层数\ a = 4.8 \div 0.32 = 15(层)$$

可堆层数从包装标志限高考虑：

$$层数\ b = 5(层)$$

可堆层数从地坪荷载考虑：

$$层数\ c = 2\ 000 \div 480 \approx 4(层)$$

综上考虑：

$$可堆层数 = \min\{a,b,c\} = \min\{15,5,4\} = 4(层)$$

$$占地面积 = (2\ 400 \div 4) \times 0.1 = 60(m^2)$$

$$垛长 = 60 \div 5 \div 0.4 = 30(箱)$$

$$垛宽 = 5 \div 0.25 = 20(箱)$$

$$垛高 = 4(箱)$$

答： 至少需要 $60m^2$ 的储位。如仓库可用宽度受限仅为5m,堆成重叠堆码的平台货垛垛长为30箱、垛宽20箱、垛高4箱。

五、货架库货位准备

计划入库物品如果上架存储,在明确存储位置和所需货位数量的同时,还要准备好相应数量的托盘。

货架库货位数量及托盘数量的确定

(1) 货架库货位优化。决定计划入库货物的储存位置的关键因素是物动量,高物动量的货物应选择首层货位,中物动量的货物应该选择中间层货位,低物动量的货物则应该选择上层货位。

(2) 货架库货位及托盘数量准备。为保证计划入库物品能够顺利入库,仓管人员应在入库前准备出足够的货位和上架所需的托盘。在计划所需货位及托盘数量时所应考虑的因素包括：①计划入库的物品种类及包装规格；②货架货位的设计规格；③所需托盘规格；④叉车作业要求；⑤作业人员的熟练程度与技巧。

货架入位与平置库入位不同的地方还包括货位净高的要求,以及叉车作业空间的预留,一般预留空间≥90mm。

【例3-2】 某物流公司计划入库康师傅矿物质水,包装规格为200mm×360mm×270mm,堆码层限6层,共555箱。现入库上架,需要的托盘数量为多少？货架规格示意图

如图 3-3 所示。（托盘使用 1 200mm×1 000mm 规格）

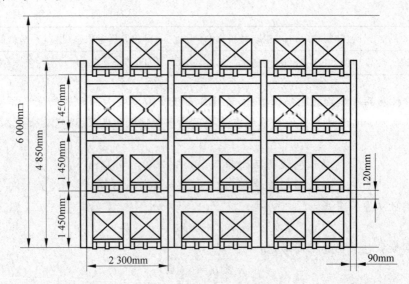

图 3-3 货架规格示意图

解：首先，确定码放规则。

为了实现托盘利用率最大化，做到整齐、牢固、美观，该批货物使用重叠式堆码，所以，在托盘码放时，每层可码放 15 箱，奇偶数层相同，如图 3-4 所示。

图 3-4 托盘码放示意图

其次，确定码放层数。

$$托盘码放层数 = \frac{货架每层高度 - 货架横梁高度 - 托盘厚度 - 叉车上架作业空间}{货物包装的高}$$

$$= (1\,450 - 120 - 160 - 90) \div 270 = 4(层)$$

所以，该物品每个托盘码放应不超过 4 层。

最后，计算货位数量及所需托盘数量。

$$单位托盘码放数量 = 每层可码放数量 \times 托盘码放层数$$
$$= 15 \times 4 = 60(箱)$$
$$该批货物所需托盘数量 = 物品总量 \div 单位托盘码放数量$$
$$= 550 \div 60 \approx 10(个)$$

即该批物品入库前需准备 10 个货位和托盘。

温故知新

一、不定项选择题

1. 仓储业务流程包括（　　）。
   A. 入库　　　　　B. 保管　　　　　C. 出库　　　　　D. 以上都是

2. 入库业务管理任务不包括（　　）。
   A. 安排货位
   B. 根据商品入库凭证,清点商品数量
   C. 对入库商品进行接收检查
   D. 按照规定程序办理各种入库手续和凭证

3. 入库前的准备工作有（　　）。
   A. 做好相关人员准备　　　　　B. 做好物力准备
   C. 做好仓位准备　　　　　　　D. 准备好苫垫用品
   E. 文件单证准备

4. 以下影响入库作业开展的是（　　）。
   A. 物品包装形态　　　　　　　B. 单位物品的尺寸
   C. 仓库设备　　　　　　　　　D. 物品到达的高峰时间
   E. 送货的车型

5. 对库房内各货位编号采用的方法是（　　）。
   A. 根据所在地面位置按顺序编号,编码数字写在醒目处
   B. 按库房内干支道的分布,划分若干货位,按顺序编号,并标于明显处
   C. 将货场划分排号,再对各排按顺序编上货位号
   D. 先将库内货架进行编号,然后再对每一个货架的货位按层、位进行编号

6. 下列关于库位配置原则说法错误的是（　　）。
   A. 同一系列的产品放置在同一个仓库,同一生产单位的产品,尽量集中存放
   B. 依据销售类别、产品类别分区存放,同类产品中计划产品与定制产品可以放在一起
   C. 收发频繁的产品应配置于进出便捷的库位
   D. 根据实际销售和产品储藏情况,合理控制库存,保证安全库存

7. 下列对于货位及货位编码描述正确的是（　　）。
   A. 所有货位必须有统一的空间大小　　B. 货位的大小为一个托盘
   C. 同一仓库内货位编码可以重复　　　D. 每个货位宜有独立的编码

8. 下列对于入库作业描述不正确的是（　　）。
   A. 事先指派货位
   B. 到货检查,确保外观清洁、完好,标识清晰、正确,堆码规范,数量准确,单据无误
   C. 到货检查不符合要求的货物拒绝入库
   D. 质量状态不明的货物拒绝入库

9. 商品入库业务流程的第一道作业环节是（　　）。
   A. 接运　　　　　B. 内部交接　　　　　C. 验收　　　　　D. 保管保养

10. 货物码垛的高度受到多种因素的制约,下列因素与其无关的是( )。
   A. 货物的包装强度　　　　　　　B. 仓库地面抗压强度
   C. 仓库的高度　　　　　　　　　D. 货物的总重

二、计算题

1. 某仓库进了一批纸箱装的洗衣粉100箱,每箱毛重30kg,箱底面积为0.3m²,箱高为0.25m²,纸箱上标志显示允许承受的最大重压为100kg,地秤承载能力为5t/m²,库房可用高度为4.5m。若不采用货架储存,求:该批货物的可堆高层数、占地面积及货垛高度。

如何绘制托盘码放示意图

2. 某仓库进了一批能率牌燃气热水器共200箱。每箱毛重13.4kg,箱底面积0.1m²,高0.8m,箱上标志表示最多允许承载的重压力为50kg,地坪承载能力为4.5t/m²,库房可用高度为5m,若不采用货架储存,该批商品的货垛可堆高层数、货垛占地面积各是多少?

3. 有一批饮料1 200箱要入库,饮料采用纸箱包装,仓库工作人员打算在平置区直接堆码,已知箱子尺寸为50cm×20cm×20cm,每箱重30kg,包装箱上注明堆码限高7层,仓库高度为4m,仓库地面承载能力不大于2t/m²,请问能堆几层?这批饮料放在长10m宽度不定的货位中,请问1 200箱饮料需要多宽的货位?该如何放置?请画出示意图(长放置多少箱?宽放置多少箱?)

4. 仓储中心托盘货架区一层货架净高为1.08m,叉车工作预留空间为0.27m,仓储中心有塑料托盘若干,尺寸为1 200mm×1 000mm×150mm。现有一批薯片1 000箱要入库,薯片为纸箱包装,纸箱尺寸为455mm×245mm×200mm,纸箱的最大堆码层数限制为5层。入库作业时需要将薯片码放在托盘上,并进入托盘货架区一层码放,请设置码放方案(回答出托盘每层码放的数量、码放几层、托盘奇数层码放图、需要多少个托盘)。

职场训练

速达运公司的配送中心接到好优多超市的入库通知,所进商品的品名、规格、重量、数量等如表3-2所示,作为仓库管理人员在接受商品之前,应该预先根据商品供应业务部门提供的商品采购进货计划来编制其入库作业计划,并为其货架库入库做好入库准备工作,请以速达运公司仓库工作人员身份来编制入库作业计划,并确定所要使用的托盘数量。具体的货架库及托盘的规格如表3-3所示,假设货架不会超重。

表3-2　入库通知单

NO. 20141011　　　　　　　　　　　　　　　　　　　　计划入库日期:2017年10月12日

序号	商品名称	包装规格(mm) (长×宽×高)	单价(元/箱)	重量(kg/箱)	数量(箱)
1	可口可乐	320×200×200	200	8	21
2	海天酱油	450×400×180	200	18	5
3	中华皓白柠檬薄荷牙膏	350×250×150	200	20	24
4	怡宝纯净水	370×300×160	200	23	22
5	莲花味精	350×200×200	200	10	30
6	飘柔洗发水	430×340×210	200	30	15

表 3-3　货架及托盘规格要求　　　　　　　　　　　　　　　单位：mm

层　号	货位尺寸	托盘尺寸	顶距	货位有效高度
第一、二层	1 200×1 000×1 100	1 200×1 000×150	110	1 100－150－110＝840
第三层	1 200×1 000×1 100	1 200×1 000×150	500	1 100－150－500＝450

任务二　识别常用包装标志

物流活动中，包装标志是用来指明被包装物品的性质和物流活动安全以及理货、分运需要的文字和图像说明，便于工作人员辨认、识别货物，以利于交接、装卸、清点和查核，避免错发、错卸和错收，也便于入库时科学安排货位。

(1) 现实生活中，我们见到的包装标志有哪些类型？
(2) 物流活动中，包装标志起到了哪些方面的作用？
(3) 在现实生活中，能否理解我们所见到的包装标志的含义？

步骤一　了解包装标志的概念

为了便于商品的流通、销售、选购和使用，在商品包装上通常印有某种特定的文字或图形，用以表示商品的性能、储运注意事项、质量水平等含义，这些具有特定含义的图形和文字称为商品包装标志。

步骤二　掌握包装标志的类型

1. 运输标志，即唛头

这是贸易合同、发货单据中有关标志事项的基本部分。它一般由一个简单的几何图形以及字母、数字等组成。唛头的内容包括：目的地名称或代号，收货人或发货人的代用简字或代号、件号（每件标明该批货物的总件数），体积（长×宽×高），重量（毛重、净重、皮重）以及生产国家或地区等。

2. 指示性标志

按货物的特点，对于易碎、需防湿、防颠倒等货物，在包装上用醒目图形或文字，标明"小心轻放""防潮湿""此端向上"等。

3. 警告性标志

对于危险物品，例如易燃品、有毒品或易爆炸物品等，在外包装上必须醒目标明，以示警告。

步骤三 熟记各类包装标志

1. 识别标志

(1) 贸易标志是该批货物的特定记号,或是出品公司或国外货物代号。多采用三角形、菱形、四边形及圆形等简明图形,配以代用简字。

(2) 货物品名和商标用图案文字表示,要求显著醒目,一般为中英文对照。

(3) 目的地标志用来表示货物运往目的地的地名标志。为了准确无误地运输货物到达目的地,地名必须用文字写出全称。一般在货物右上角标志收货地点。

(4) 货号和数量标志用来表示货物货号、箱内货物数量。计量方法有盒、只、支、双、套、打等。一般都用中英文,往往由于单词冗长,因而多采用缩写。

(5) 体积与重量标志标明每箱的实际外廓尺寸(长、宽、高)和重量(净重和总量),以便承运部门参考这些数据,选择运输方式和货物的堆垛方法。

(6) 出产厂和国别标志标明货物出产厂名,出口货物可使用"中华人民共和国制造"或"中国制造"。有些货物可表明产品制造省市,例如"中国·西安"。一般都用中英文对照标出。

2. 指示标志

根据货物的特性,对一些容易破碎损坏及变质的货物,标明在装卸搬运操作和存放保管方面所提出的要求和注意事项,例如"向上""防湿""小心轻放""由此吊起""重心点""防热""防冻""堆叠高度"等。常用的标志指示参看有关标准,如表3-4所示。

表3-4 常用的标志图形及示例

标志名称	标志图形	含义
易碎物品	(高脚杯图形)	运输包装件内装的是易碎品,搬运时应小心轻放
禁用手钩	(手钩打叉图形)	搬运运输包装件时禁用手钩
向上	(双向上箭头图形)	表明运输包装件的正确位置是竖直向上
怕晒	(太阳照射图形)	表明运输包装件不能直接照晒

续表

标志名称	标志图形	含　义
怕辐射		包装物品一旦受辐射便会完全变质或损坏
怕雨		包装件怕雨淋
重心		表明一个单元货物的重心
禁止翻滚		不能翻滚运输包装
此面禁用手推车		搬运货物时此面禁用手推车
禁用叉车		不能用升降叉车搬运的包装件
由此夹起		表明装运货物时夹钳放置的位置
此处不能卡夹		表明装卸货物时此处不能用夹钳夹持
堆码重量极限		表明该运输包装件所能承受的最大重量极限

续表

标志名称	标志图形	含义
堆码层数极限		相同包装的最大堆码层数
禁止堆码		该包装件不能堆码并且其上也不能放置其他负载
由此吊起		起吊货物时挂链条的位置
温度极限		表明运输包装件应该保持的温度极限

3. 危险标志

如果包装纸箱内装有爆炸品、氧化剂、易燃压缩气体、有毒压缩气体、易燃物品、自燃物品、有毒品、剧毒品等危险品，应在运输包装物上明显地标明危险标志。常用的标志指示参看《危险货物包装标志》(Labels for Packages of Dangerous Goods, GB 190—2009)。本标准规定了危险货物包装图示标志（以下简称标志）的种类、名称、尺寸及颜色等。本标准适用于危险货物的运输包装。

在选用图示标志时，应根据货物特点，选用针对性强的图示。标志所用字体应粗壮有力，中文字可考虑使用"粗黑体"字，英文字可选用大写印刷体。危险品标志用黑白图像表示。标志的尺寸大小，应与纸箱相称，整体排列适宜，过大或过小都会影响整体美观。

温故知新

不定项选择题

1. 关于运输包装，下列说法不正确的是（　　）。
   A. 也称为商品的大包装或外包装
   B. 常用的包装材料有箱、捆包、袋及桶
   C. 通常不随商品卖给顾客
   D. 必须满足商品运输、装卸、储存及销售的要求

2. 将商品的包装分为运输包装和销售包装的标志是( )。
   A. 以包装在商品流通中的作用为分类标志
   B. 以包装使用次数为分类标志
   C. 以包装使用范围为分类标志
   D. 以包装制造材料为分类标志
3. 包装材料制作的容器盛装产品后,消费时便于开启包装和取出内装物,便于再封闭而不易破裂,包装材料的这一性能称为( )。
   A. 易加工性   B. 保护性   C. 装饰性   D. 方便性
4. 为了减缓内装物受到冲击和震动,保护其免受损坏而采取的一定防护措施的包装,称为( )。
   A. 缓冲包装   B. 防潮包装   C. 防霉包装   D. 防锈包装
5. 对于关系到人身财产安全的产品,应当标明相应的( )。
   A. 认证标志   B. 名优标志   C. 强制认证标志   D. 商品条码

职场训练

识别图 3-5 包装储运图示标示。

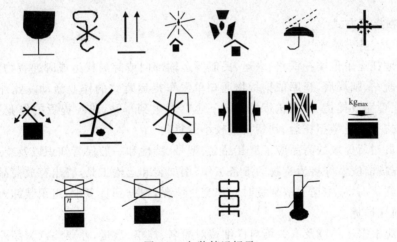

图 3-5 包装储运标示

任务三 货物接运与验收操作

任务描述

货物接运的主要任务是及时而准确地向交通运输部门提取入库货物,要求手续清楚,责任分明。对入库货物必须经过严格验收,只有验收后的货物,方可入库保管。在做好货物入库前的准备工作后,就要完成货物接运工作,并且要凭借商品验收知识对商品的数量与质量进行验收,从而为货物的储存保管工作打下良好的基础。

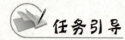

(1) 接货准备的人员和设备要做哪些安排？

(2) 表 3-2 中的货物适合采用哪种接运方式？

(3) 对于表 3-2 中的货物，在入库验收时需进行哪些方面的查验工作？在入库验收时可能会出现哪些问题？该如何处理？

步骤一　认知货物接运

由于货物到达仓库的形式不同，除了一小部分由供货单位直接运到仓库交货外，大部分要经过铁路、公路、航运、空运和短途运输等运输工具转运。在接运由交通运输部门（包括铁路）转运的商品时，必须认真检查，分清责任，取得必要的证件，避免将一些在运输过程中或运输前就已经损坏的商品带入仓库，造成验收中责任难分和在保管工作中的困难或损失。

步骤二　实施货物接运

一、货物接运方式

1. 到车站、码头提货

即由外地托运单位委托铁路、水运、民航等运输部门或邮局代运或邮递货物到达本埠车站、码头、民航站、邮局后，仓库依据货物通知单派车提运货物的作业活动。此外，在接受货主的委托，代理完成提货、末端送货的情况下也会发生到车站、码头提货的作业活动。这种到货提运形式大多是零担托运、到货批量较小的货物。

提货人员对所提取的商品应了解其品名、型号、特性和一般保管知识以及装卸搬运注意事项等，在提货前应做好接运货物的准备工作，例如装卸运输工具，腾出存放商品的场地等。提货人员在到货前，应主动了解到货时间和交货情况，根据到货多少，组织装卸人员、机具和车辆，按时前往提货。

提货时应根据运单以及有关资料详细核对品名、规格、数量，并要注意商品外观，查看包装、封印是否完好，有无玷污、受潮、水渍、油渍等异状。若有疑点或不符，应当场要求运输部门检查。对短缺损坏情况，凡属铁路方面责任的，应做出商务记录；属于其他方面责任需要铁路部门证明的应做出普通记录，由铁路运输员签字。注意记录内容与实际情况要相符。

在短途运输中，要做到不混不乱，避免碰坏损失。危险品应按照危险品搬运规定办理。商品到库后，提货员应与保管员密切配合，尽量做到提货、运输、验收、入库、堆码成一条龙作业，从而缩短入库验收时间，并办理内部交接手续。

2. 到货主单位提取货物

仓库接受货主委托直接到供货单位提货时，应将这种接货与验收工作结合起来同时进行。仓库应根据提货通知，了解所提取货物的性能、规格、数量，准备好提货所需要的机械、工具、人员，配备保管人员在供方当场检验质量、清点数量，并做好验收记录，接货与验收合并一次完成。

3. 托运单位送货到库接货

通常是托运单位与仓库在同一城市或附近地区，不需要长途运输时被采用。存货单位或供货单位将货物直接运送到仓库储存时，应由保管人员或验收人员直接与送货人员办理交接手续，当面验收并做好记录。若有差错，应填写记录，由进货人员签字证明，据此向有关部门提出索赔。

4. 铁路专用线到货接运

即仓库备有铁路专用线，大批整车或零担到货接运的形式，一般铁路专线都与公路干线联合。在这种联合运输形式下，铁路承担主干线长距离的货物运输，汽车承担直线部分的直接面向收货方的短距离的运输。

接到专用线到货通知后，应立即确定卸货货位，力求缩短场内搬运距离；组织好卸车所需要的机械、人员以及有关资料，做好卸车准备。

车皮到达后，引导对位，进行检查。看车皮封闭情况是否良好（即卡车、车窗、铅封、苫布等有无异状），根据运单和有关资料核对到货品名、规格、标志和清点件数；检查包装是否有损坏或有无散包；检查是否有进水、受潮或其他损坏现象。在检查中发现异常情况，应请铁路部门派员复查，做出普通或商务记录，记录内容应与实际情况相符，以便交涉。

卸车时要注意为商品验收和入库保管提供便利条件，分清车号、品名、规格，不混不乱；保证包装完好，不碰坏，不压伤，更不得自行打开包装。应根据商品的性质合理堆放，以免混淆。卸车后在商品上应标明车号和卸车日期。

编制卸车记录，记明卸车货位规格、数量，连同有关证件和资料，尽快向保管员交代清楚，办好内部交接手续。

二、接运中的差错处理

在接运过程中，有时会发现或发生差错，如错发、混装、漏装、丢失、损坏、受潮、污损。这些差错有的是发货方造成的，有的是承运方造成的，也有的是在接运短途运输装卸中自己造成的。这些差错，除了由于不可抗拒的自然灾害或货物本身性质引起的以外，所有差错损失应向责任者提出索赔。

差错事故记录主要有以下两种。

1. 货运记录

货运记录是表明承运单位负有责任事故，收货单位据此索赔的基本文件。货物在运输过程中发生差错，应填写货运记录。货运记录包括货物名称、件数与运单记载不符，货物被盗、丢失或损坏，货物污损、受潮、生锈、霉变或其他货物差错等。记录必须在收货人卸车或提货前，通过认真检查后发现问题，经承运单位复查确认后，由承运单位填写交收货单位。

2. 普通记录

普通记录是承运部门开具的一般性证明文件，不具备索赔效力，仅作为收货单位向有关部门交涉处理的依据。遇有下列情况并发生货损、货差时，应填写普通记录。

（1）铁路专用线自装自卸的货物。

（2）棚车的铅封印文不清、不符或没有按规定施封。

（3）施封的车门、车窗关闭不严，或者门窗有损坏。

（4）篷布苫盖不严实，漏雨或其他异状。

（5）责任判明为供货单位的其他差错事故等。

发生以上情况,责任一般在发货单位。收货单位可持普通记录向发货单位交涉处理,必要时向发货单位提出索赔。

步骤三　核对入库凭证

货物到库后,仓库收货人员首先要检查货物入库凭证,然后根据入库凭证开列的收货单位、货物名称、规格数量等具体内容,逐项与货物核对。

1. 入库通知单与订货合同

入库通知单与订货合同副本是仓库接收货物的凭证,应与所提交的随货单证及货物内容相符。

2. 供货商单证

供货商单证主要包括送货单、装箱单、磅码单、原产地证明等。

送货单由供应商开具,通常包括五联:第一联为存根联,由发货部门留存;第二联为记账联,交财务;第三联为回单联,由收货人签证确认后带回;第四联为交收货人留存联;第五联为出门联,交门卫。

装箱单、磅码单是商业发票的一种补充单据,是商品的不同包装规格条件、不同花色和不同重量逐一分别详细列表说明的一种单据。它是仓库收货时核对货物的品种、花色、尺寸、规格的主要依据。

原产地证明用以证明货物的生产国别,进口国海关凭以核定应征收的税率。在我国,普通产地证可由出口商自行签发,或由进出口商品检验局签发,或由中国国际贸易促进委员会签发。实际业务中,应根据买卖合同或信用证的规定,提交相应的产地证。

3. 承运人单证

承运人单证主要是指运单。运单是由承运人或其代理人签发的,证明货物运输合同和货物由承运人接管或装船,以及承运人保证将货物交给指定的收货人的一种单证。运单由承运单位开具,内容包括承运货物名称、包装状况、单位、单价、数量、承运时间、联系方式等信息,通常运单包括3~5联,主要作用有以下两点。

(1) "两次三方"的货物交接的凭证。"两次"是指托运人与承运人货物交接、承运人与收货人货物交接。"三方"是指托运人、承运人、收货人。

(2) 承运方与托运方的财务核算的凭证。以上入库凭证在核对时如发现送错,应拒收退回;一时无法退回的,应进行清点并另行存放,然后做好记录,待联系后再处理。经复核查对无误后,即可进行下一道工序。

步骤四　开展货物验收

凡商品进入仓库储存,必须经过检查验收,只有验收后的商品,方可入库保管。货物入库验收是仓库把好"三关"(入库、保管、出库)的第一道关。

一、商品验收的基本要求

(1) 及时;
(2) 准确;
(3) 严格;
(4) 经济。

二、商品的验收程序

1. 验收准备

验收准备是货物入库验收的第一道程序。仓库接到到货通知后,应根据商品的性质和批量提前做好验收的准备工作,包括以下内容:

(1) 全面了解验收物资的性能、特点和数量;

(2) 准备堆码苫垫所需材料和装卸搬运机械、设备及人力;

(3) 准备相应的检验工具;

(4) 收集和熟悉验收凭证及有关资料;

(5) 进口物资或上级业务主管部门指定需要检验质量的,应通知有关检验部门会同验收。

2. 核对凭证

必须对所有凭证逐一核对相符后,才可以进入下一步的实物检验。如果发现有证件不齐或不符等情况,要与存货、供货单位及承运单位和有关业务部门及时联系解决。

3. 确定验收比例

货物验收有全检和抽检两种基本方式。对于抽检,在确定验收比例时,一般考虑以下因素。

(1) 货物的性质、特点。不同的货物具有不同的特性。如玻璃器皿、保温瓶胆、瓷器等容易破碎,皮革制品、副食品、果品、海产品等容易霉变,香精、香水等容易挥发,这些货物的验收比例可以大一些。而肥皂之类,外包装完好,内部不易损坏,验收比例可以小一些。

(2) 货物的价值。贵重货物,如价格高的精密仪器、名贵中药材,入库验收比例要大一些,或者全验。而一般价值较低、数量较大的小货物可少验。

(3) 货物的生产技术条件。对于生产技术条件好、工艺水平较高、产品质量好而且稳定的货物可以少验;而对于生产技术水平低,或手工操作、产品质量较差而又不稳定的需要多验。

(4) 供货单位的信誉。有的企业历来重视产品质量,并重视产品的售后服务工作,长期以来仓库在接受该厂产品时没有发现质量、数量等问题,消费者对该企业的产品也比较满意,这样的企业供应的货物可以少验或免验,而对于信誉较差的企业提供的产品则要多验。

(5) 包装情况。包装材料差、技术低、结构不牢固,都会直接影响货物质量和运输安全,从而造成散失、短少或损坏,因此,收货时,对包装质量完好的货物可以适当少验,反之则要多验。

(6) 运输工具。货物在运输过程中,使用的运输工具、运距以及中转环节的不同等,对货物质量、数量都会有不同程度的影响。因此,入库验收时,应视不同情况确定验收比例。如对于汽车运输,运距较长,途中震荡幅度大,损耗会多一些,因此,需要确定较大的验收比例;而水路或航运,途中颠簸小,损耗自然会少一些,因此可以少验。

(7) 气候条件。经过长途转运的货物,可能由于气候条件的变化,质量会受到一定的影响。即使同一地区,季节变化对货物质量也会产生影响。所以,对怕热、易熔的货物,夏天要多验;对怕潮、易溶解的货物,在雨季和潮湿地区应多验;对怕冻的货物,冬天应多验。

4. 检验货物

检验货物是仓储业务中的一个重要环节,包括检验数量、检验外观质量和检验包装三方面的内容,即复核货物数量是否与入库凭证相符,货物质量是否符合规定的要求,货物包装能否保证在储存和运输过程中的安全。

(1) 数量检验。数量检验是保证物资数量准确不可缺少的措施。按商品性质和包装情况,数量检验分为三种形式,即计件、检斤、检尺求积。

① 计件法。计件是按件数供货或以件数为计量单位的商品,在做数量验收时的清点件数。计件商品应全部清查件数(带有附件和成套的机电设备须清查主件、部件、零件和工具等)。固定包装的小件商品,如包装完好,打开包装对保管不利,国内货物可采用抽验法,按一定比例开箱点件验收,可抽验内包装5%～15%。其他只检查外包装,不拆包检查;贵重商品应酌情提高检验比例或全部检验。进口商品则按合同或惯例办理。

② 检斤法。检斤是对按重量供货或以重量为计量单位的商品,做数量验收时的称重。商品的重量一般有毛重、皮重、净重之分。毛重是指商品包括包装重量在内的实重;净重是指商品本身的重量,即毛重减去皮重。我们通常所说的商品重量多是指商品的净重。

金属材料、某些化工产品多半是检斤验收。按理论换算重量供应的商品,先要通过检尺,例如金属材料中的板材、型材等,然后,按规定的换算方法换算成重量验收。对于进口商品,原则上应全部检斤,但如果订货合同规定按理论换算重量交货,则按合同规定办理。所有检斤的商品,都应填写磅码单。

③ 检尺求积法。检尺求积是对以体积为计量单位的商品,例如木材、竹材、砂石等,先检尺,后求体积所做的数量验收。

凡是经过数量检验的商品,都应该填写磅码单。在做数量验收之前,还应根据商品来源、包装好坏或有关部门规定,确定对到库商品是采取抽验还是全验方式。

(2) 质量检验。质量检验是检验货物质量指标是否符合规定的工作。质量检验包括外观检验、尺寸检验、机械物理性能检验和化学成分检验四种形式。仓库一般只作外观检验和尺寸检验,后两种检验如果有必要,则由仓库技术管理职能机构取样,委托专门检验机构检验。

以外观质量检验为例说明。

外观检验是指通过人的感觉器官检查商品外观质量的检查过程。主要检查货物的自然属性是否因物理及化学反应而造成负面的改变,是否受潮、玷污、腐蚀、霉烂等;检查商品包装的牢固程度;检查商品有无损伤,如撞击、变形、破碎等。对外观检验有严重缺陷的商品,要单独存放,防止混杂,等待处理。凡经过外观检验的商品,都应该填写"检验记录单"。

外观检验的基本要求是:凡是通过人的感觉器官检验商品后,就可决定商品质量的,由仓储业务部门自行组织检验,检验后做好商品的检验记录;对于一些特殊商品,则由专门的检验部门进行化验和技术测定。验收完毕后,应尽快签返验收入库凭证,不能无故积压单据。

(3) 包装检验。货物包装验收通常是在初步检查验收时进行的,首先是查看包装有无水湿、油污、破损等。其次是查看包装是否符合有关标准要求,包括选用的材料、规格、制作工艺、标志、打包方式等。另外对包装材料的干湿度也要检验,包装的干湿程度表明包装材料中含水量的多少,这对货物的内在质量会产生一定的影响。对包装物干湿度的检查,可利用测湿仪进行测定。当需要开箱拆包检验时,一般应有两人以上在场同时操作,以明确责任。

5. 验收中发现问题的处理

在物品验收过程中,如果发现物品数量或质量的问题,应该严格按照有关制度进行处理。验收过程中发现的数量和质量问题可能发生在各个流通环节,可能是由于供货方或交通运输部门或收货方本身的工作造成的。按照有关规章制度对问题进行处理,有利于分清各方的责任,并促使有关责任部门吸取教训,改进今后的工作。所以对验收过程发现的问题进行处理时应该注意以下几个方面。

（1）验收中发现问题等待处理的货物,应该单独存放,妥善保管,防止混杂、丢失、损坏。

（2）数量短缺在规定磅差范围内的,可按原数入账;凡超过规定磅差范围的,做好验收记录,与货主一起向供货单位办理交涉手续。凡实际数量多于原来发出数量的,可由主管部门向供货单位退回多发数,或补发货款。在货物入库验收过程中发生的数量不符情况,其原因可能是发货方在发货过程中出现了差错,误发了货物,或者是在运输过程中漏装或丢失了货物等。

（3）质量不符合规定时,应及时向供货单位交涉办理退货、换货,或征得供货单位同意代为修理,或在不影响使用前提下降价处理。货物规格不符或错发时,应先将规格对的予以入库,规格不对的做出验收记录并交给主管部门办理换货。

（4）证件未到或不齐时,应及时向供货单位索取,到库货物应作为待检验货物堆放在待验区,待证件到齐后再进行验收。证件未到之前,不能验收,不能入库,更不能发货。

（5）属承运部门造成的货物数量短少或外观包装严重残损等,应凭接运提货时索取的"货运记录"向承运部门索赔。

（6）价格不符,供方多收部分应予以拒付;少收部分经过检查核对后,应主动联系供方,及时更正。

（7）入库通知单或其他单证已到,在规定的时间未见到货物到库时,应及时向有关部门反映,以便查询处理。

 小知识

1. 数量检验的范围

不带包装的（散装）货物的检斤率为100%,不清点件数;有包装的毛检斤率为100%,回皮率为5%～10%,清点件数为100%。

定尺钢材检尺率为10%～20%,非定尺钢材检尺率为100%。

贵重金属材料100%过净重。

有标量或者标准定量的化工产品,按标量计算,核定总重量。

同一包装、规格整齐、大批量的货物,包装严密、符合国家标准且有合格证的货物采取抽查的方式验量,抽查率为10%～20%。

2. 质量检验的范围

带包装的金属材料,抽验5%～10%;无包装的金属材料全部目测查验,少于10%;运输、起重设备100%查验;仪器仪表外观质量缺陷查验率为100%。

易于发霉、变质、受潮、变色、污染、虫蛀、机械性损伤的货物,抽验率为5%～10%。外包装质量缺陷检验率为100%。对于供货稳定、信誉、质量较好的厂家产品,特大批量货物可以采用抽查的方式检验质量。进口货物原则上100%逐件检验。

不定项选择题

1. 关于商品接运,下列说法不正确的是( )。
   A. 仓库接到专用线到货通知后,就确定卸车货位
   B. 凭提单到车站、码头提货时,应根据运单和有关资料认真核对商品
   C. 仓库接受货主委托直接到供货单位提货时,应在仓库当场验收
   D. 存货单位将商品直接运到仓库储存时,应由保管员直接与送货人员办交接手续

2. 在商品入库操作中,商品接运的方式有( )。
   A. 站、码头接货   B. 产地接货   C. 仓库内接货
   D. 专用线接货   E. 仓库自行接货

3. ( )是指仓库在物品正式入库前,按照一定的程序和手续,对到库物品进行数量和外观质量的检查,以验证它是否符合订货合同规定的一项工作。
   A. 核查   B. 接管   C. 校对   D. 验收

4. ( )是商品入库业务的主要环节,也是仓库工作三道关的第一道关口。
   A. 检查商品包装和标志   B. 办理入库手续
   C. 入库验收   D. 商品保管

5. 关于货物验收,下列说法不正确的是( )。
   A. 货物验收由保管方负责
   B. 验收货物的品名、规格、数量、外包装状况
   C. 货物验收采取全验方法
   D. 散装货物按国家有关规定或合同规定验收

6. 仓库接到货通知后,所做的验收准备工作包括( )。
   A. 人员准备   B. 器具准备   C. 资料准备
   D. 设备准备   E. 货位准备

7. 验收工作的基本要求为( )。
   A. 准确   B. 及时   C. 严格   D. 经济

8. 如对砂石进行数量检验,应采用的形式是( )。
   A. 计件   B. 验斤   C. 检尺求积   D. 尺寸检验

9. 对入库的货物要进行以下( )三个方面的检验。
   A. 数量   B. 质量   C. 包装   D. 体积

10. 入库货物进行全检的货物有( )。
    A. 定尺钢材   B. 贵重物品   C. 易损害物品
    D. 带包装的金属材料   E. 不带包装的金属材料

职场训练

速达运公司某配送中心接到一批货物(表3-5)的入库申请(入库单号20130315),在做好货物入库前的准备操作后,要依据商品验收知识对商品的数量与质量进行验收,作为速达

运公司的验收人员,你将如何组织好这批货物的接运和验收工作?

表 3-5 入库货物信息

序号	货品条码	货品名称	单价(元/箱)	数量(箱)	重量(kg/箱)	外包装尺寸(mm)
1	6921317905038	康师傅矿物质水	24.00	20	13	200×360×270
2	6939261900108	好娃娃薯片	196.00	18	9	330×245×280
3	6901521103123	诚诚油炸花生仁	172.00	46	10	275×215×200
4	6921200101102	旺旺饼干	486.00	26	12	320×220×320
5	6921100369990	联想台式计算机	3 800.00	10	25	595×395×340

任务四　货物堆码苫垫操作

**任务描述**

在平置库中,将货物验收完毕后,按照入库作业计划安排好的货位,即可开展堆码苫垫操作。为了达到堆码的基本要求,必须根据保管场所的实际情况、货物本身的特点、装卸搬运条件和仓储作业过程的要求,对货物堆码进行科学的总体设计。设计的内容主要包括堆码方式、货垛参数、垛基、垛形等。

任务引导

(1) 在仓储管理中,如何进行货物堆码?有哪些堆码方法?货物堆码时应符合哪些基本要求?

(2) 不同包装的货物如何选择合适的堆码方式?针对以下包装商品——散装、袋装、箱装、管材、槽钢进行分析。

步骤一　理解堆码的基本原则和要求

堆码(stacking)是指将物品整齐、规则地摆放成货垛的作业(GB/T 18354—2006)。它根据货物的性质、形状、轻重等因素,结合仓库储存条件,将货物堆码成一定的货垛。

1. 堆码的基本原则

(1) 分区分类存放。分区分类存放是仓库储存规划的基本要求,是保证货物质量的重要手段,因此也是堆码需要遵循的基本原则。

① 不同类别的货物分类存放,甚至需要分区分库存放。

② 不同规格、不同批次的货物也要分位、分堆存放。

③ 残次品要与质量合格的货物分开存放。

④ 对于需要分拣的货物,在分拣之后,应分开存放,以免混串。

此外,分类存放还包括不同流向货物、不同经营方式货物的分类分存。

(2) 选择适当的搬运活性。为了减少作业时间、次数,提高仓库物流速度,应该根据货物作业的要求,合理选择货物的搬运活性。对搬运活性高的入库存放货物,也应注意摆放整齐,以免堵塞通道,浪费仓容。

(3) 面向通道,不围不堵。货垛以及存放货物的正面,应尽可能面向通道,以便察看。另外,所有货物的货垛、货位都应有一面与通道相连,处在通道旁,以便能对货物进行直接作业。只有在所有的货位都与通道相通时,才能保证不围不堵。

(4) 尽可能地向高处码放,提高保管效率。

(5) 注意上轻下重,确保稳固。

(6) 根据出库频率选定位置。

(7) 同一品种在同一地方保管原则。

(8) 便于识别原则。

(9) 便于点数原则。

(10) 依据形状安排保管方法。

2. 对堆码商品的要求

货物在堆码前,应符合以下要求:

(1) 商品的名称、规格、数量、质量已全部查清;

(2) 商品外包装完好、干净、标志清楚;

(3) 部分受潮、锈蚀以及变质的不合格商品,已进行加工恢复或已剔除另行处理,与合格品不相混杂;

(4) 货物便于机械化操作,如打捆、包装箱或成组集装的货物。

3. 对堆码场地的要求

不同类型的堆码场地,进行堆码作业时会有不同要求,具体如下。

(1) 库房内堆码。用于承受商品堆码的库房地坪,要求平坦、坚固、耐摩擦。$1m^2$ 的地面承载力 5~10t,货垛应在墙基线和柱基线以外,垛底须垫高。

(2) 货棚内堆码。货棚为防止雨雪渗漏、积聚,货棚堆码场地四周必须有良好的排水沟、排水管道等排水系统。货棚内堆码的地坪应高于货棚地面,货垛一般应垫高 20~40cm。

(3) 露天堆码。露天货场的地坪材料要根据堆存货物对地面的承载要求,应使地坪达到平坦、干燥、无积水、无杂草和坚实,并有良好的排水设施,堆码场地必须高于四周地面,货垛须垫高 40cm。

4. 对堆码操作的要求

(1) 牢固。操作工人必须严格遵守安全操作规程,防止建筑物超过安全负荷量。码垛必须不偏不斜,不歪不倒,牢固坚实,与屋顶、梁柱、墙壁保持一定的距离,确保堆垛的安全和牢固。

(2) 合理。不同商品其性能、规格、尺寸不相同,应采用各种不同的垛型。不同品种、产地、等级、批次、单价的商品,应分开堆码,以便收发、保管。货垛的高度要适度,不能压坏底层商品和地坪,并与屋顶、照明灯保持一定距离为宜;货垛的间距、走道的宽度、货垛与墙面、梁柱的距离等,都要合理、适度。垛距一般为 0.5~0.8m,主要通道为 2.5~4m。

(3) 整齐。货垛应按一定的规格、尺寸叠放,排列整齐、规范。商品包装标识应一律向外,便于查找。

(4) 定量。商品储存量不应超过仓储定额,即应储存在仓库的有效面积、地坪压能力和可用高度允许的范围内。同时,应尽量采用"五五化"堆码方法,便于记数和盘点。

(5)节约。堆垛时应注意节省空间位置,适当、合理地安排货位的使用,提高仓容利用率。

(6)方便。选用的垛型和堆垛方法应方便堆垛和搬运等仓储作业,从而提高作业效率。

5. 货垛"五距"要求

货垛"五距"应符合安全规范要求。货垛的"五距"是指垛距、墙距、柱距、顶距和灯距。堆垛货垛时,不能依墙、靠柱、碰顶、贴灯;不能紧挨旁边的货垛,必须留有一定的间距。无论采用哪一种垛型,库房内必须留出相应的走道,方便商品的进出和消防用途。

(1)垛距。货垛与货垛之间的必要距离,称为垛距,常以支道作为垛距。垛距通常为1m,使货垛与货垛之间间隔清楚,防止混淆,并且方便存取作业,起通风、散热的作用,方便消防工作。

(2)墙距。为了防止库房墙壁和货场围墙上的潮气对商品的影响,也为了散热通风、消防工作、建筑安全、收发作业,货垛必须留有墙距。墙距分为内墙距和外墙距。内墙距是指货物离没有窗户墙体的距离,此处潮气相对少些,一般距离为0.3m以上;外墙距是指货物离有窗户墙体的距离,这里湿度相对大些,一般距离为0.5m以上。

(3)柱距。为了防止库房柱子的潮气影响货物,也为了保护仓库建筑物的安全,必须留有柱距。柱距即货垛与立柱的距离,一般为0.1~0.3m。

(4)顶距。货垛堆放的最大高度与库房、货棚屋顶横梁间的距离,称为顶距。顶距能便于装卸搬运作业,能通风散热,有利于消防工作,有利于收发、查点。一般的平顶楼房,顶距为0.5m以上;"人"字形屋顶,堆货顶面以不超过横梁为准。

(5)灯距。货垛与照明灯之间的必要距离,称为灯距。为了确保储存商品的安全,防止照明灯发出的热量引起靠近商品燃烧而发生火灾,货垛必须留有足够的安全灯距。灯距按规定应有不少于0.5m的安全距离。

步骤二 垛型设计

1. 垛基设计

垛基是货垛的基础,其主要作用是:承受整个货垛的重量,将货物的垂直压力传递给地基;将货物与地面隔开,起到防水、防潮和通风的作用;垛基空间为搬运作业提供方便条件。因此,对垛基的基本要求是:将整垛货物的重量均匀地传递给地坪;保证良好的防潮和通风;保证垛基上存放的货物不发生变形。

2. 垛型设计

垛型是指货物在库场码放的形状,垛型的确定是根据货物的特性以及保管的需要,以能方便、迅速实现作业,并充分利用仓容为原则。仓库常见的垛型有以下几种。

(1)平台垛。平台垛是先在底层以同一个方向平铺摆放一层货物,然后垂直继续向上堆积,每层货物的件数、方向相同。在实际堆垛时,往往采用从一端开始逐步后移的方法。平台垛适用于包装规格单一的大批量货物,包装规则、能够垂直叠放的方形箱装货物,大袋货物,规则的软袋成组货物,托盘成组货物。平台垛只适用在仓库内和无须遮盖的堆场堆放的货物码垛。

平台垛具有整齐、便于清点、占地面积小、堆垛作业方便的优点。但该垛型的稳定性较差,特别是小包装、硬包装的货物有货垛端头倒塌的危险,所以在必要时(如太高、长期堆存、端头位于主要通道等)要在两段采取稳定的加固措施。对于堆放很高的轻质货物,往往在堆码到一定高度后,向内收半件货物后再向上堆码,以保证货垛稳固。

(2) 起脊垛。起脊垛是先按平台垛的方法码垛到一定的高度,以卡缝的方式逐层收小,将顶部收尖成屋脊形。起脊垛是用于堆场场地堆货的主要垛型,货垛表面的防雨遮盖从中间起向下倾斜,便于雨水排泄。有些仓库由于陈旧或简陋存在漏水现象,仓内的怕水货物也应采用起脊垛堆垛并遮盖。起脊垛是平台垛为了遮盖、排水需要的变形,具有平台垛操作方便、占地面积小的优点,适用于平台垛的货物都可以采用起脊垛垛型。但是起脊垛由于顶部压缝收小,形状不规则无法在垛堆上清点货物,顶部货物的清点需要在堆垛前以其他方式进行。另外由于起脊垛的高度使货垛中间的压力大于两边,因而采用起脊垛时库场使用定额要以脊顶的高度来确定,以免中间底层货物或库场被压坏。

(3) 立体梯形垛。立体梯形垛是在最底层以同一方向排放货物的基础上,向上逐层同方向减数压缝堆码,垛顶呈平面,整个货垛呈下大上小的立体梯形形状。立体梯形垛用于包装松软的袋装货物和上层面非平面而无法垂直叠码的货物的堆码,如横放的桶装、卷形、捆包货物。立体梯形垛极为稳固,可以堆放得较高,仓容利用率较高。对于在露天堆放的货物采用立体梯形垛,为了排水需要也可以在顶部起脊。为了增加立体梯形垛的空间利用率,在堆放可以立直的筐装、矮桶装货物时,底部数层可以采用平台垛的方式堆放,在一定高度后才用立体梯形垛。

(4) 行列垛。行列垛是将每票货物按件排成行或列排放,每行或列一层或数层高,垛型呈长条形。行列垛用于存放货物批量较小的库场码垛使用,如零担货物。每个货垛的端头都延伸到通道边,可以直接作业而不受其他货物阻挡。行列垛占用库场面积大,库场利用率低。

(5) 井形垛。井型垛用于长形的钢材、钢管及木方的堆码。它是在以一个方向铺放一层货物后,再以垂直的方向铺放第二层货物,货物横竖隔层交错逐层堆放。井形垛垛型稳固,但层边货物容易滚落,需要捆绑或者收紧。井形垛的作业较为不便,需要不断改变作业方向。

(6) 梅花形垛。对于需要立直存放的大桶装货物,将第一排(列)货物排成单排(列),第二排(列)的每件靠在第一排(列)的两件之间卡位,第三排(列)同第一排(列)一样,而后每排(列)依次卡缝排放,形成梅花形垛。梅花形垛货物摆放紧凑,充分利用了货件之间的空隙,节约库场面积。

步骤三 掌握商品堆码的方法

1. 散堆方式

将无包装的散货在库场上堆成货堆的存入方式。这种方式特别适用于大宗散货,如煤炭、矿石、散粮和散化肥等。

2. 货堆方式

货堆方式是指对包装货物或长、大件商品进行堆码。箱形商品的堆垛通常有以下四种基本形式。

第一种是重叠式。商品各层排列方式、数量完全相同,层间无交叉搭接,垛型整齐。这种垛型的优点是操作简单、计数容易、收发方便,缺点是稳定性差,易倒垛,因而常采用绳子、绳网、塑料弹性薄膜等辅助材料来防塌,如图3-6(a)和图3-7所示。

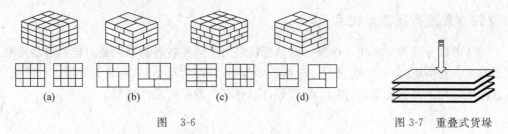

图 3-6　　　　　　　　　　　　　　图 3-7　重叠式货垛

第二种是砌砖式。货垛上下两层排列的图谱正好旋转180°,层间互相搭接。因而稳定性较好,但是要求货物的长宽比为2∶3或3∶4,如图3-6(b)所示。

第三种是纵横交错式。货垛上下两层的商品的图谱正好旋转90°,层间互相搭接,这种形式的优点是稳定性较好,缺点是只能用于正方形托盘,是机械化作业的主要垛型之一,如图3-6(c)和图3-8所示。

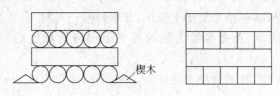

图 3-8　纵横交错式货垛

第四种是中心留空通风式。需通风防潮的商品堆垛时,商品之间需留有一定的空隙。上下两层图谱方向对称,矩形、方形图谱均可采用。其优点是有利于通风、透气,适宜商品的保管养护,但是空间利用率较低,如图3-6(d)和图3-9所示。

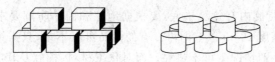

图 3-9　通风式货垛

此外,还有压缝式。货垛底层呈正方形、长方形或圆形,然后在两件商品的缝间上码。以正方形、长方形为垛底的货垛纵横截面为"人"字形,适用于建筑陶瓷、阀门、桶形商品。

常见的还有"五五化"堆码。这是我国人工堆码中常用的一种科学、简便的堆码方式,以五为基本的计数单位,一个集装单元或一个货垛的商品总量是五的倍数,如梅花五、重叠五等,堆码后作业人员可根据集装单元数或货垛数直接推算商品总数,大大加快了点数的速度,并有效减少了计数的差错。

在商品堆码的实际作业中,通常是以上五种基本垛型和"五五化"堆码方法的结合运用。

3. 货架方式

采用通用或者专用的货架进行商品堆码的方式。适合于存放小件商品或不宜堆高的商品。通过货架能够提高仓库的利用率,减少商品存取时的差错。

4. 成组堆码方式

采用成组工具使货物的堆存单元扩大。常用的成组工具有货板、托盘和网格等。成组堆码一般每垛3~4层,这种方式可以提高仓库利用率,实现商品的安全搬运和堆存,提高劳动效率,加快商品流转。

步骤四　掌握商品苫垫技术

苫垫可以分为苫盖和垫底两种。商品苫垫是为了防止各种自然因素对储存商品质量造成影响的一种措施,商品在堆垛时一般都需要苫垫,即把货垛垫高,对露天货物进行苫盖,只有这样才能使商品避免受潮、淋雨、暴晒等,保证储存、养护商品的质量。

一、垫底

垫底是指商品在堆垛前,按垛型的大小和重量,在垛下安放垫高物料,从而可使商品隔离地面潮湿,便于通风,防止商品受潮霉变、生虫。垫底的材料一般采用专门制作的水泥墩或石墩、枕木、废钢轨、货架板、木板、芦席、帆布及防潮纸、塑料薄膜等。为节省木材,尽量利用水泥预制件或钢轨等代替木材。

1. 垫底的基本要求

(1) 所使用的衬垫物不会与拟存货物发生不良影响,具有足够的抗压强度。

(2) 地面要平整坚实,衬垫物要摆平放正,并保持同一方向。

(3) 衬垫物间距适当,直接接触货物的衬垫面积与货垛底面积相同,垫物不伸出货垛外。

(4) 要有足够的高度,露天货垛要达到0.3~0.5m,库房内0.2m即可。

2. 垫底的方法

(1) 露天货场的货垛垫底,先要平整、夯实地面,周围挖沟排水,再采用枕木、石墩、水泥墩作为垫底材料,墩与墩之间视具体情况,留有一定的间距,这样有利于空气流通,可免用枕木和代用木材。必要时,可在垫墩上铺一层防潮纸或塑料薄膜,而后再放置储存的商品。垫垛高度可保持在40cm左右。

(2) 底层库房和货棚内有货垛垫底,要根据地坪和商品防潮要求而定。一般水泥地坪只需安放一层垫墩,高度20cm以上即可。有的商品可以不垫,只需铺一层防潮纸。有的库房地坪已设隔潮层,一般情况下可不垫垛。而对化工材料、棉麻及其制品以及容易受潮霉烂的商品,应尽可能加高垫层,使垛底通风。而在使用垫板垫架、稻糠等物料时,垫底物料的排列,要注意将空隙对准走道和门窗,以利于通风散潮。

3. 垫垛物数量的确定

衬垫物的使用量除考虑将压强分散为仓库地秤载荷的限度之内,还需要考虑这些库用消耗材料所产生的成本,因此,需要确定使压强小于地秤载荷的最少衬垫物数量。计算公式为

$$n = \frac{Q_m}{lwq - Q_自}$$

式中,n为衬垫物数量;Q_m为物品重量;l为衬垫物长度;w为衬垫物宽度;q为仓库地坪承载能力;$Q_自$为衬垫物自重。

【例3-3】 重30t设备的衬垫方案设计。

某仓库内要存放一台自重30t的设备,该设备底架为两条2m×0.2m的钢架。该仓库地秤承载能力为3t/m²。问需不需要垫垛?如何采用2m×1.5m、自重0.5t的钢板垫垛?

解：物品对地面的压强为

$$\frac{30}{2\times 2\times 0.2}=37.5(t/m^2)$$

因为 $37.5t/m^2$ 远大于仓库地秤承载能力，所以必须垫垛。

$$n=\frac{Q_m}{lwq-Q_自}=\frac{30}{2\times 1.5\times 3-0.5}\approx 3.5$$

根据计算结果知需要使用 4 块钢板衬垫，将 4 块钢板平铺展开，设备的每条支架分别均匀地压在两块钢板上。

二、苫盖

露天货场存放的商品在垫垛以后，一般还应进行妥善的苫盖，即采用专用苫盖材料对货垛进行遮盖，以减少自然环境中的阳光、雨雪、刮风、尘土等对货物的侵蚀、损害，并使货物由于自身理化性质所造成的自然损耗尽可能减少，保护货物在储存期间的质量。而需苫盖的商品在堆垛时，要注意选择和堆成可以苫盖的垛型，一般屋脊型的堆垛容易苫盖。

1. 苫盖材料

苫盖材料一般用铁皮铁瓦、玻璃钢瓦、席子、油毡布、塑料布、塑料瓦、苫布等。仓库应尽量利用旧包装铁皮改制成苫盖材料。苫布价值较高，只适用于临时使用。一般的仓库多使用席子和油毡纸做苫盖材料。需要长时期苫盖的货垛，可用二层席子中间加一层油毡纸，按照适当规格预制成苫瓦，使用时方便，拆垛后还可以再次利用。

2. 苫盖的要求

苫盖的目的是给货物遮阳、避雨、挡风、防尘。需要做好以下几点。

(1) 选择合适的苫盖材料。选用符合防火、无害的安全苫盖材料；苫盖材料不会与货物发生不利影响；且成本低廉，不易损坏，能重复使用，没有破损和霉烂。

(2) 苫盖牢固。每张苫盖材料都需要牢固固定，必要时在苫盖物外用绳索、绳网绑扎或者采用重物镇压，确保刮风揭不开。

(3) 苫盖的接口要有一定深度的互相叠盖，不能迎风叠口或留空隙；苫盖必须拉挺、平整，不得有折叠和凹陷，防止积水。

(4) 苫盖的底部与垫垛平齐，不腾空或拖地，并牢固地绑扎在垫垛外侧或地面的绳桩上，衬垫材料不露出垛外，以防雨水顺延渗入垛内。

(5) 使用旧的苫盖物或雨水丰沛季节，垛顶或者风口需要加层苫盖，确保雨淋不透。

3. 苫盖方法

苫盖的方法主要有以下几种。

(1) 垛形苫盖法。根据货垛的形状进行适当的苫盖，适用于屋脊形货垛、方形货垛及大件包装商品的苫盖，常使用塑料布、苫布、席子等，如图 3-10 所示。

(2) 鱼鳞苫盖法。即用席子、苫布等苫盖材料，自下而上、层层压茬围盖的一种苫盖方法，因为从外形看酷似鱼鳞，故称鱼鳞苫盖法（图 3-11），适用于怕雨淋、日晒的商品。若商品还需要通风透气的储存条件，可将席子、苫布等苫盖材料的下端反卷起来，以便串气流通。

(3) 隔离苫盖法。是用竹竿、钢管、旧苇席等，在货垛四周及垛顶隔开一定空间打起框架，进行苫盖，既能防雨，又能隔热。

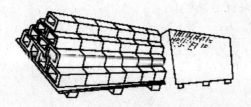

图　3-10

图　3-11

（4）活动棚架苫盖法。根据常用的垛形制成棚架，棚架下还装有滑轮可以推动。活动棚架需要时可以拼搭，并放置在货垛上，用作苫盖，不需时则可以拆除，节省空间。

 速达运企业视角

（1）货物的堆放要考虑到出货的需要，并符合先进先出的原则。

（2）货物在堆放时，不得堵塞通道和消防道。

（3）货物的堆放必须符合日常巡视，检查盘货的需要。

（4）必须整齐划一，横平竖直，如遇不规则的货物，可靠边堆放，必须整齐。

（5）用于堆放货物的托盘，货架或地面对货物不能有伤害，如果会有伤害的必须修复或采取措施后方可使用。

（6）托盘堆码必须整齐、美观，便于点数，同型号必须同数量，堆码时层与层之间必须交叉堆码，防止货物滑下，堆码高度不得超过商品包装上规定的高度，必须按照外包装的标识堆放，托盘上商品的数量应尽可能是整数。

（7）货架堆码用于堆码的托盘必须牢固，质量不得超过货架允许的承载质量，托盘必须两边等边放在货架上。

（8）堆垛堆放，应根据同一批号货物的多少决定垛的长度，应一个批号一垛，堆垛时层与层之间应交错堆放，每层中横竖应交错，四边应平齐。

（9）货架、垛头前应根据顾客要求填写垛头卡，动态反映货物的进出情况。

（10）仓库内的空托盘必须堆放整齐，做到堆放有序，每个仓库只允许一个空托盘堆放区和一个杂物堆放点。

（11）货物的标识，条码必须便于检视。

 温故知新

一、不定项选择题

1.（　　）是入库商品堆存的操作及其方式、方法的总称。

　　A. 苫垫　　　　B. 翻垛　　　　C. 倒堆　　　　D. 堆码

2.（　　）是指在物品码垛前，在预定的货位地面位置，使用衬垫材料进行铺垫。

　　A. 堆码　　　　B. 码垛　　　　C. 垫垛　　　　D. 垛基

3. 有关仓库中货物堆码的原则,主要有便于识别原则,便于点数原则,重下轻上原则和（　　）。
   A. 面向通道进行保管原则　　　　B. 根据出库频率选定位置原则
   C. 同一商品在同一地方保管原则　　D. 尽可能地向高处堆码原则
   E. 依据形状安排保管方法原则
4. 堆码的基本要求包括（　　）。
   A. 合理　　　　B. 牢固　　　　C. 定量
   D. 整齐　　　　E. 方便
5. 露天货场垫底高度一般应不低于（　　）。
   A. 20cm　　　B. 30cm　　　C. 40cm　　　D. 50cm
6. 为了保留足够的安全间距,库房内的垛间距不少于（　　）。
   A. 0.5m　　　B. 0.8m　　　C. 1m　　　D. 0.3m
7. 仓储管理中的"五距"一般不包括（　　）。
   A. 柱距　　　B. 墙距　　　C. 窗距　　　D. 堆/垛距
8. 适应于煤炭等大宗货物的堆码方式是（　　）。
   A. 剁堆方式　B. 货架方式　C. 散堆方式　D. 成组堆码方式
9. 下列堆码方式中适合于存放小件商品或不易堆高的商品有（　　）。
   A. 散堆方式　B. 垛堆方式　C. 货架方式　D. 成组堆码方式
10. 对上下两面有大小差别或凹凸的货物,如槽钢、钢轨等宜采用的堆垛法为（　　）。
    A. 仰俯相间式　B. 纵横交错式　C. 压缝式　D. 栽柱式

二、计算题

1. 某仓库高 5.5m,3 号货位面积为 4m×6m,承载最大重量为 60t。现有一批轴承共 2 000 箱,每箱重 30kg,箱体积为 50cm×40cm×30cm,请问 3 号货位能否容纳这批轴承？如果能,请确定货垛的长、宽、高。

2. 某仓库内要存放一台自重 25t 的设备,衬垫的钢板长 2m,宽 2m,自重为 0.5t,仓库地坪承载能力为 $3t/m^2$,问需要几块钢板垫垛？

 职场训练

速达运公司某配送中心仓库（高度为 4m,地坪荷载为 $3\,000kg/m^2$）收到供货商发来的入库通知单,计划到货日期为明天上午 10 点,内容如下。

品名：五金工具　　　　　包装规格：500mm×300mm×1 200mm
包装材质：松木　　　　　单体毛重：50kg
包装标识限高：4 层　　　数量：3 600 箱

此批货物要求入库后就地码垛堆存,请以配送中心工作人员的身份来确定该批货物在堆码时,充分考虑仓储"五距"的情况下,可以采用的垛型。如果码垛时,要求为重叠堆码的平台垛,至少需要多大面积的储位？如果目标存储区域可堆垛宽度限制为 5m,计划堆成的货垛的垛长、垛宽及垛高各为多少箱？

任务五　处理入库信息

入库物品经过点数、查验之后,根据商品的实际检验及入库情况填写商品入库单,并且安排入库堆码,表示仓库接受了该物品。当堆垛作业完毕后,为商品办理入库手续,并建立仓库台账。

(1) 入库验收后,如何办理入库手续?
(2) 入库手续的完整对仓储企业有什么样的重要影响?

步骤一　交接手续

交接手续是指仓库对收到的物品向送货人进行确认,表示已接受物品。办理完交接手续,意味着分清运输、送货部门和仓库的责任。完整的交接手续包括以下内容。

1. 接收物品

仓库以送货单为依据,通过理货、查验物品,将不良物品剔出、退回或者编制残损单证等明确责任,确定收到物品的确切数量、物品表面状态良好。

2. 接收文件

接收送货人送交的物品资料、运输的货运记录、普通记录等,以及随货在运输单证上注明的相应文件,如图纸、准运证等。

(1) 货物说明资料。

(2) 货运记录:表明承运单位负有责任、收货单位可据此索赔的文件,如物品名称、件数与运单记载不符,物品被盗、丢失或损坏,物品污损、受损、生锈、霉变或其他货物差错等。

(3) 普通记录:承运部门开具的一般性证明文件,不具备索赔效力,如棚车的铅封印纹不清、不符或没有按规定施封或不严,篷布苫盖不严实。

(4) 随货的在运输单证上注明的相应文件,如图纸、准运证等。

3. 签署单证

仓库与送货人或承运人共同在送货人交来的送货单、交接清单上签字并留存相应单证。提供相应的入库、查验、理货、残损单证、事故报告,并由送货人或承运人签署。

步骤二　登账

物品入库,仓库应建立详细反映物品仓储的明细账,登记物品入库、出库、结存的详细情况,用以记录库存物品动态和入(出)库过程。

登账的主要内容有物品名称、规格、数量、件数、累计数或结存数、存货人或提货人、批次、金额,注明货位号或运输工具、接(发)货经办人。

步骤三 立卡

物品入库或上架后,将物品名称、规格、数量或出入状态等内容填在料卡上,称为立卡。料卡又称为货卡、货牌,插放在货架上物品下方的货架支架上或摆放在货垛正面明显位置。

立卡是一种实物标签,上面标明商品的名称、规格、数量或出入状态等内容,一般挂在上架商品的下方或放在堆垛商品的正面。货卡按其作用不同可分为货物状态卡、商品保管卡。商品保管卡包括标识卡和储存卡等。

货物状态卡是用于表明货物所处业务状态或阶段的标识,根据 ISO 9000 国际质量体系认证的要求,在仓库中应根据货物的状态,按可追溯性要求,分别设置待检、待处理、不合格和合格等状态标识(图 3-12)。

待　检	待　处　理	合　格
供应商名称＿＿＿＿	供应商名称＿＿＿＿	供应商名称＿＿＿＿
商品名称＿＿＿＿	商品名称＿＿＿＿	商品名称＿＿＿＿
进货日期/批号/生产日期 ＿＿＿＿＿＿＿	进货日期/批号/生产日期 ＿＿＿＿＿＿＿	进货日期/批号/生产日期 ＿＿＿＿＿＿＿
标记日期＿年＿月＿日	标记日期＿年＿月＿日	标记日期＿年＿月＿日
标记人＿＿＿＿	标记人＿＿＿＿	标记人＿＿＿＿
备注＿＿＿＿	备注＿＿＿＿	备注＿＿＿＿

图 3-12　不同形式的货卡

储存卡是用于表明货物的入库、出库与库存动态的标识(表 3-6)。商品保管卡采用何种形式,应根据仓储业务需要来确定。

表 3-6　储存卡

品名＿＿＿＿　　　　　　　　　　　　　　　　　　　　　　　　　规格＿＿＿＿

年		摘　要	收入数量	发出数量	结存数量
月	日				

步骤四 建档

建档是将物品接收作业全过程的有关资料证件进行整理、核对,便于货物管理,也可作为日后解决争议的凭据,还可以总结和积累仓库保管经验。

物料建档工作要求做到以下三个方面。

（1）物料档案应一物一档，即将一种物料的各种材料用档案袋盛装起来。入库物料的下列资料应归入档案：出厂时的各种凭证、技术资料；入库前的运输资料和其他凭证；入库验收记录、磅码单、技术检验证件；入库保管期间的检查、维护保养、溢短损坏等情况的记录和其他资料等。

（2）物料档案应统一编号，并在档案上注明材料编号、物料名称和供货厂家，同时在保管实物明细账上注明档案号，便于查阅。

（3）物料档案应妥善保管，由专人进行保管，在专用的柜子里存放。当物料整进整出时，机电产品的有关技术证件应随物转给收货单位；金属材料的质量保证书等原始资料应留存，而将复制的抄件加盖公章，转给收货单位。整进零发时，其质量证明书可以用抄件加盖公章代用。整个档案应妥善长期保存。

速达运企业视角

1. 办理入库手续

顾客凭送货单到业务科办理货物入库手续，业务员应及时进行计算机库存物资录入，根据相关规定收取入库费用，打印入库单，安排叉车工、装卸人员，签发入库作业指令单，进行装卸费的收（支）录入。

2. 验货、点货、入库作业

（1）送货入库须凭送货单到业务科办理货物入库手续，凭入库单到仓库卸货交接，仓库凭入库单收货。

（2）货物入库前必须在承运车辆遮盖物揭开后进行物品的外观检验，型号正确、外包装完好的物品方能入库。

（3）托盘堆码必须整齐、美观，便于点数，同型号必须同数量，堆码时层与层之间必须交叉堆码，防止货物滑倒，堆码高度不得超过货物包装上规定的高度，如货物包装无规定堆码高度的，则按货物的体积、重量等确定堆码高度，货物必须按规定堆放。

（4）同一品牌同一型号堆放在同一区域及同一层货架，堆放要横平竖直，并保持库内安全通道畅通。

（5）入库单载明的所有货物入库后，对货物的质量、数量、型号再次确认后，在入库单上签字确认，并做好入库台账的记录。

（6）非正常货物的入库。

① 非正常货物是指没有正常手续货主要求堆放的零散货物。如无货名、无包装、无型号的货物，包装损坏的货物，报损的货物，其他货物等。

② 以上货物必须凭分管领导的签字方可入库，如可能对其他货物产生影响的物品，仓库保管员有权拒绝入库。

③ 对包装损坏的货物，仓库保管员要组织复包，维护货主的利益。

（7）仓库保管员在接到货物入库单后须及时做出响应动作，组织人员卸车，单车卸车时间不得超过2h，超长车辆不得超过3h。

(8) 由仓库主管对特殊货物的卸车费用进行预估。

(9) 对首次进库的货物,在货物入库前或入库后的 24h 内,必须弄清货物的保管要求,并由仓库保管员在货物保管要求登记簿中进行记录。

(10) 督促送货人不得将车上的垃圾、废物等带入仓库或留在交货作业区。

(11) 不得在仓库内交货,非仓库工作人员不得进入仓库。

(12) 叉车驾驶员有协助仓库保管员验货的义务。

 小知识

作为仓储主管,应该能够组织工作人员做好货物入库准备及验收,处理好货物验收中发现的问题,及时办理入库手续。具体包括如下操作。

(1) 货到后首先核对单据上的信息,检查是否存在货损,对于正常货物录入货物信息并填写入库单据;对于异常货物,拍照并将其放入异货区。

(2) 把进来的货物进行码放。注意:在仓库码货时要按照一定尺寸规则。

(3) 粘贴条码:一种是货物条码,贴在货物上的,反映了货物的数量和品种等信息;另一种是托盘条码,贴到托盘上,为了方便系统知道货物所处的位置,便于出货和查找。

(4) 用 POS 机对贴好条码的货物进行数据处理,并把信息传递到主控室的中央处理器上,系统寻找最适当的空位并将信息反映到传输带旁的屏幕上。

(5) 利用叉车把处理好的货物运送到传输带上,货物经过传输带前端的电子眼扫描后进一步核查入库货物的信息。

(6) 升降机根据计算机的信息提示,按照"先进先出"的原则把货物放入指定的货位上。

(7) 生成入库单——分成入库分单——贴上条码标识——扫描托盘条码标识(或人工输入)——管理系统分配一个目的储存货位——操作人员驾驶堆垛机行驶至目的货位——操作成功后,确认反馈——成功完成本次操作。

 温故知新

不定项选择题

1. 物品入库或上架后,将物品名称、规格、数量或出入状态等内容填在料卡上,称为( )。

    A. 登账　　　　　B. 记录　　　　　C. 立卡　　　　　D. 建档

2. 货物入库时,办理完整的交接手续包括( )。

    A. 接收货物　　　B. 接收文件　　　C. 接收单证

    D. 签署单证　　　E. 库内保管

3. 商品的保管卡用于具体货垛进、出、结存数量的记录,一般由( )。

    A. 会计使用管理　　　　　　　　B. 门卫使用管理

    C. 统计使用管理　　　　　　　　D. 保管员使用管理

4. 物料建档工作要求做到( )。

    A. 一物一档　　　　　　　　　　B. 物料档案应统一编号

    C. 妥善保管　　　　　　　　　　D. 便于查阅

5. 仓库在登账时,应详细登记物品入库、出库、结存的详细情况,用以记录库存物品动态和入出库过程,其主要内容有(　　)。
   A. 物品名称、规格
   B. 物品数量,包括累计数或结存数
   C. 存货人或提货人,包括批次及涉及金额
   D. 注明货位号或运输工具

 职场训练

在商品验收合格后,为商品办理入库手续,根据商品的实际检验及入库情况填写商品入库单,然后再对商品进行登账、设卡以及建档管理。你应如何完成货物入库信息处理的任务?

项目四

在 库 作 业

【知识与技能目标】

(1) 掌握商品保管要求及养护技术,具有依据商品保管要求制订商品储存保管方案的技能。

(2) 熟悉盘点工作流程及盘点方法,掌握盘点操作技能,并且具有对盘点人员的组织安排、盘点前的准备工作、现场盘点及盈亏及时处理的能力。

(3) 熟悉定量订货法和定期订货法的基本原理和决策思路,以及 ABC 库存管理法的步骤和管理措施,具有制订库存控制方案的能力。

(4) 熟悉 6S 管理内容,掌握 6S 管理操作技能,具有制订 6S 管理方案的能力。

任务一 货物的保管保养方案制订

货物在库养护是指仓库针对货物的特性,采取科学手段对货物进行保管,防止和延缓货物质量变化的行为。物流企业存储管理的主要任务就是能够针对不同货物的性质、状态等,运用相应的养护方法,制定有针对性的养护措施,确保货物质量完好无损。

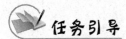

(1) 商品在储存过程中会发生哪些变化?
(2) 储存环境的温湿度如何进行控制?
(3) 如何进行防霉腐作业?
(4) 如何进行防锈作业?

步骤一 了解影响库存商品质量变化的因素

影响库存商品质量变化的内因有化学成分、结构形态、理化性质、机械及工艺性质、包装状况等。

影响库存商品质量变化的外因如下。

1. 温度

温度过高、过低或急剧变化,都会对某些商品产生不良影响,促使其产生各种变化。如易燃品、自燃品,温度过高容易引起燃烧;含有水分的物质,在低温下容易结冰失效;精密仪器仪表在温度急剧变化的情况下,其准确性会受到影响。

2. 湿度

大气湿度对库存商品的变化影响很大。大部分商品怕潮湿,但也有少部分商品怕干燥。过分潮湿或干燥,会促使商品发生变化。如金属受潮后锈蚀,水泥受潮后结块硬化,木材、竹材及其制品在过于干燥的环境中,易开裂变形。

3. 日光

日光实际上是太阳辐射的电磁波,按其波长,可分为紫外线、可见光和红外线。紫外线能量最强,对商品的影响最大,如它可促使高分子材料老化、油脂酸败、着色物质褪色等。可见光与红外线能量较弱,它被物质吸收后变为热能,加速商品发生物理和化学变化。

4. 大气

大气是由清洁空气、水汽、固体杂质等组成的。空气中的氧、二氧化碳、二氧化硫等,对商品都会产生不良影响,大气中的水汽会使湿度增大,大气中的固体杂质,特别是其中的烟尘对商品危害很大。

5. 生物及微生物

影响商品变化的生物,主要是指仓库害虫、白蚁、鸟类等,其中以虫蚀咬危害最大。微生物主要是霉菌、木腐菌、酵母菌、细菌等,如霉菌会使很多有机物质发霉,木霉菌会使木材、木制品腐朽。

步骤二　熟悉商品保养的基本要求

对在库储存的商品应"以防为主、防治结合"。保养时的基本要求如下:
(1) 严格验收入库物品;
(2) 适当安排储存场所;
(3) 科学进行堆码苫垫;
(4) 控制好仓库温、湿度;
(5) 定期进行物品在库检查;
(6) 搞好仓库清洁卫生。

步骤三　掌握仓库温湿度管理与控制技巧

了解自然气候的变化规律,加强仓库温湿度管理,创造适合商品安全储存的温湿度条件,是商品保管与养护的一项重要工作。

一、温湿度管理的基本知识

1. 空气温度

空气温度是指空气的冷热程度。一般而言,距地面越近气温越高,距地面越远气温越低。

2. 空气湿度

空气湿度是指空气中水汽含量的多少或空气干湿的程度。表示空气湿度,主要有以下几种方法。

(1) 绝对湿度。绝对湿度是指单位容积的空气里实际所含的水汽量,一般以克为单位。温度对绝对湿度有着直接影响。一般情况下,温度越高,水汽蒸发得越多,绝对湿度就越大;相反,绝对湿度就小。

(2) 饱和湿度。饱和湿度是表示在一定温度下,单位容积空气中所能容纳的水汽量的最大限度。如果超过这个限度,多余的水蒸气就会凝结,变成水滴,此时的空气湿度便称为饱和湿度。空气的饱湿度不是固定不变的,它随着温度的变化而变化。温度越高,单位容积空气中能容纳的水蒸气就越多,饱和湿度也就越大。

(3) 相对湿度。相对湿度是表示空气潮湿程度的,是空气中的绝对湿度与同温度饱和湿度的百分比。相对湿度的大小决定水分蒸发的快慢,决定物品的吸湿受潮或干燥、金属生锈的快慢等。

(4) 露点。露点是指含有一定量水蒸气(绝对湿度)的空气,当温度下降到一定程度时所含的水蒸气就会达到饱和状态(饱和湿度)并开始液化成水,这种现象叫作结露。水蒸气开始液化成水时的温度叫作"露点温度",简称"露点"。如果温度继续下降到露点以下,空气中超饱和的水蒸气,就会在商品或其他物料的表面上凝结成水滴,此现象称为"出汗"。此外,风与空气中的温湿度有密切关系,风也是影响空气温湿度变化的重要因素之一。

二、温湿度变化规律

库外的自然气候经常变化。一天之中,日出前气温最低,到午后2~3时气温最高。一年之内炎热的月份,内陆一般为7月,沿海出现在8月。最冷的月份,内陆一般在1月,沿海在2月。

仓库内温湿度变化规律和库外基本一致。但是,库外气温对库内的影响,有个时间过程,并且会有一定程度的减弱。所以,一般是库内温度变化落后于库外,夜间库内温度比库外高,白天库内温度比库外低。

从气温变化的规律分析,一般在夏季降低库房内温度的适宜时间是夜间10点以后至次日清晨6点。当然,降温还要考虑到商品特性、库房条件、气候等因素。

三、仓库温湿度的控制与调节

1. 仓库温湿度的测定

测定空气温湿度通常使用干湿球温度表。在库外设置干湿表,为避免阳光、雨水、灰尘的侵袭,应将干湿表放在百叶箱内。百叶箱中温度表的球部离地面高度为2m,百叶箱的门应朝北安放,以防观察时受阳光直接照射。箱内应保持清洁,不放杂物,以免空气不流通。

在库内,干湿表应安置在空气流通、不受阳光照射的地方,不要挂在墙上,挂置高度与人眼齐平,约1.5m。每日必须定时对库内的温湿度进行观测记录,一般在上午8~10时,下午2~4时各观测一次。记录资料要妥善保存,定期分析,摸出规律,以便掌握商品保管的主动权。

2. 控制和调节仓库温湿度的方法

采用密封、通风与吸潮相结合的办法,是控制和调节库内温湿度的行之有效的办法。

(1) 密封。密封就是把商品尽可能严密封闭起来,减少外界不良气候条件的影响,以达到安全保管的目的,但要和通风、吸潮结合运用。密封保管时应注意以下内容。

① 在密封前要检查商品质量、温度和含水量是否正常,如发现生霉、生虫、发热、水淞等现象就不能进行密封。发现商品含水量超过安全范围或包装材料过潮,也不宜密封。

② 要根据商品的性能和气候情况来决定密封的时间。怕潮、怕溶化、怕霉的商品,应选择在相对湿度较低的时节进行密封。

③ 常使用的密封材料有塑料薄膜、防潮纸、油毡、芦席等,这些密封材料必须干燥清洁,无异味。

④ 密封常用的方法有整库密封、小室密封、按垛密封以及按货架、按件密封等。

(2) 通风。通风是利用库内外空气温度不同而形成的气压差,使库内外空气形成对流,达到调节库内温湿度的目的。当库内外温度差距越大时,空气流动就越快;若库外有风,借风的压力更能加速库内外空气的对流。但风力也不能过大,风力超过 5 级,灰尘较多。通常通风可分为利用通风降温(或增温)和利用通风降湿两种。

(3) 吸潮。在梅雨季节或阴雨天,当库内湿度过高,不适宜商品保管,而库外湿度也过大,不宜进行通风散潮时,可以在密封库内用吸潮的办法降低库内湿度。如现代商场仓库常使用机械吸潮方法,即使用吸湿机进行仓间吸潮。

步骤四 熟悉商品霉变腐烂的防治

物品的霉腐是指物品在储存期间,由于受到某些微生物的作用所引起的霉变、腐烂等质量变化的现象。在高温、高湿的环境中,大多数物品都有可能出现这种现象。

一、常见易霉腐商品

糖类、蛋白质、油脂、有机酸等物质是微生物生长繁殖所必需的营养物质。常见的易霉腐的商品有:含纤维素较多的商品,如棉麻织品、纸张及其制品、部分橡胶、塑料和化纤制品等;含蛋白质较多的非食品商品,如丝毛织品、毛皮及皮革制品等;含蛋白质较多的食品商品,如肉、鱼蛋及乳制品等;含多种有机物质的商品,如水果、蔬菜、干果干菜、卷烟、茶叶、罐头及含糖较多的食品等。

二、商品霉腐的防治

1. 微生物生存和繁殖的重要条件

(1) 湿度。水分是微生物生存和繁殖的重要条件之一。微生物的细胞中含有 80% 的水分,否则,它不能吸收养料。多数微生物生存的最低相对湿度是 80%~90%,在 95% 时,微生物生长非常旺盛,低于 75% 时,多数物品不易被霉腐。

(2) 温度。多数微生物生存最适当的温度为 0~25℃,在 10℃ 以下便不易生长,40℃ 以上则停止活动,在 80℃ 时便很快死亡,许多微生物在 60℃ 条件下,十分钟就会死亡。

(3) 日光。日光对多数霉腐微生物的影响很大,日光直射 1~4h,便会大部分死亡。主要是紫外线强烈地破坏了菌类的细胞和酶,如果利用紫外线灯照射 3~5min 便会杀死。

(4) 溶液浓度。多数微生物不能在浓度很高的溶液中生长。因为浓度很高的溶液能使菌细胞脱水,使其失去活动能力甚至死亡。能引起食物中毒的霉腐微生物,一般在 6%~9% 食盐溶液中也不能生存。

2. 商品霉腐的防治

在仓库储存中,主要是用化学药剂抑制或杀死寄生在商品上的微生物,或控制商品的储存环境条件。

(1) 加强仓储管理。加强仓储管理是防霉腐的重要措施,关键是应尽量减少霉腐微生物对商品的污染和控制,破坏霉腐微生物生长繁殖的环境条件,根据不同商品的不同要求控制和调节库房的温湿度。

(2) 化学药剂防霉腐。这是将对霉腐微生物具有杀灭或抑制作用的化学药品散加或喷洒到商品上。如苯甲酸及其钠盐对食品的防腐,托布津对果菜的防腐保鲜。

(3) 气相防霉腐。这是根据好氧性微生物需氧代谢的特性,在密封环境中改变气体的组成成分,降低氧气的浓度,抑制微生物的生理活动、酶的活性和鲜活食品的呼吸强度,达到防霉防腐和保鲜的目的。具体方法有真空充氮防霉腐和二氧化碳防霉腐等。

(4) 低温冷藏防霉腐。通过低温冷藏来抑制微生物的生理活动和酶的活性,使易腐商品在整个保藏期内,基本上处于无变化的状态。常用的制冷剂有液态氨、天然冰以及冰盐混合物等。

步骤五 熟悉商品老化的防治

防老化即是根据高分子材料性能的变化规律,采取各种有效措施以减缓其老化的速度,达到提高材料的抗老化性能,延长其使用寿命的目的。具体方法如下。

(1) 消除杂质,以降低或消除杂质对老化的影响。

(2) 在满足商品使用性能的基础上,运用共聚、交联、改变分子构型、减少不稳定结构等方法,以提高制品的耐老化性能。

(3) 改进成型加工工艺,对制品进行热处理,以消除制品内部残余应力,稳定制品尺寸。降低摩擦系数,以提高制品的耐磨性、机械强度、表面硬度等。

(4) 添加防老化剂,延长商品的寿命。该方法是常用而有效的一种方法,其添加量很小,但能使材料和成品的耐老化性能提高数倍乃至数十倍。

(5) 包装应完整,物品堆码要符合隔潮、安全等原则。

(6) 控制库房温湿度。避免库房温度过高和相对湿度太高,及时采取通风、吸潮、密封等措施。

(7) 及时检查。发现物品有潮、热、霉、虫以及变形发硬、龟裂等老化现象,要及时采取措施进行处理。

(8) 贯彻先进先出、易坏先出、推陈储新的原则。

步骤六 熟悉金属及其制品锈蚀的防治

金属的防锈蚀就是防止金属与周围介质发生化学作用或电化学作用,使金属免受破坏。几种主要防锈方法如下。

(1) 控制和改善储存条件。保管金属制品应选择适宜的场所,保持库房相对湿度小于70%,干燥、通风、清洁,并且妥善存放堆垛和苫盖,保持材料防护层或包装的完整等。

(2) 涂油防锈。涂油防锈是在金属表面涂刷一层油脂薄膜,使商品在一定程度上与大气隔离开,而达到防锈目的。这种方法省时、省力、节约、方便且防锈性能较好。常用的防锈油脂有防锈油、凡士林、黄蜡油、机油等。

(3) 气相防锈。气相防锈是利用挥发性缓蚀剂，在金属制品周围挥发出缓蚀气体来阻隔腐蚀介质的腐蚀作用，以达到防锈目的。常用的气相防锈有气相防锈纸防锈、粉末法气相防锈、溶液法气相防锈三种形式。

(4) 可剥性塑料封存。可剥性塑料是用树脂为基础原料，加入矿物油、增塑剂、缓蚀剂、稳定剂以及防霉剂等，加热溶解后制成。这种塑料液喷涂于金属制品表面，能形成一层特殊的塑料薄膜，像给金属制品穿上一件密不透风的外衣，它有阻隔腐蚀性介质对金属制品的作用，以达到防锈的目的。可剥性塑料按其组成和性质的不同，可分为热熔型和溶剂型两类。

当然，当金属制品已生锈，可采用手工、机械和化学三种方法来除锈，如手工的擦、刷、摩除锈；机械的，抛光机除锈；化学的用各种酸液进行"酸洗"等。

步骤七　熟悉商品的虫蛀与防治

1. 仓库害虫的来源

仓库内害虫的来源主要有以下几个方面。

(1) 商品入库前已有害虫潜伏在商品中。

(2) 商品包装材料内隐藏害虫。

(3) 运输工具带来害虫。运输工具如果装运过带有害虫的粮食、皮毛等，害虫就可能潜伏在运输工具中，再感染到商品上。

(4) 仓库内本身隐藏有害虫。

(5) 仓库环境不够清洁，库内杂物、垃圾等未及时清理干净，易滋生生活害虫。

(6) 邻近仓间、邻近货垛储存的生虫商品，感染了没有生虫的仓间商品。

(7) 储存地点的环境影响。如仓库地处郊外，常有麻雀、老鼠飞入窜入，它们身上常常带有虫卵体，田野、树木上的害虫也会进入仓间，感染商品。

2. 常见易虫蛀商品

容易虫蛀的商品，主要是一些由营养成分含量较高的动植物加工制成的商品。如毛线织品与毛、皮制品、藤制品、纸张及纸制品、烟叶和卷烟、干果等。

3. 仓库害虫的防治

仓虫的防治要贯彻"以防为主，防重于治"的方针，具体方法如下。

(1) 卫生防治是杜绝仓虫来源和预防仓虫感染的基本方法。仓库要严格进行消毒，并严格检查入库货物，防止害虫进入库内。

(2) 物理机械防治。一是调节库房温度，使库内最低温度和最高温度超过仓虫不能生存的界限，达到杀死仓虫的目的；二是利用人工机械清除的方法，将仓虫排除。

(3) 化学药剂防治。这种方法具有彻底、快速、效率高的优点，使用的化学药剂必须对仓虫有足够的杀灭能力，对人体安全可靠，药品性质不致影响货物质量；对库房、仓具、包装材料较安全，使用方便，经济合理。具体方法如下。

① 驱避法：将易挥发和刺激性的固体药物放入货物包装内或密封货垛中，以达到驱虫、杀虫目的，常用的有萘、樟脑精等，一般可用于毛、丝、棉、麻、皮革、竹木、纸张等货物的防虫，不可用于食品和塑料等货物。

② 喷液法：用杀虫剂进行空仓和实仓喷洒，直接毒杀仓虫。常用的杀虫剂有敌杀死、

敌敌畏、敌百虫等。除食品外大多数货物都可以进行实仓杀虫或空仓杀虫。

③ 熏蒸法：即利用液体和固体挥发成剧毒气体用以杀死仓虫的防治方法，常用的药剂有氯化苦、溴代甲烷、磷化铝等。一般多用于毛皮库和竹木制品库的害虫防治。

另外，还有电离辐射、灯光杀虫、微波、远红外线杀虫等方法。

步骤八 熟悉粮库管理

1. 粮食储存的特性

（1）呼吸性。农作物都有后熟的特性，呼吸作用继续，新陈代谢旺盛，易发热、生霉。后熟完成后，可改善原粮品质，提高储藏的稳定性。

（2）吸附性和吸湿性。粮粒是一个具有多孔毛细管的胶体，其内部的大、小毛细管的内壁都是吸附水蒸气或气体的有效表面，粮食从空气中吸附水蒸气的作用称为吸湿性。

（3）易受虫害。粮食在离开农作物之后，没有外壳保护，皮层较薄，组织松软，抗虫性差，染虫率高。

（4）散落流动性。粮食呈颗粒状，且形状不规则，比重较大，颗粒群体构成的粮堆具有流动性，容易变形，这种特性叫作散落流动性。

（5）粉尘爆炸性。粮食在清理与输送过程中产生的粉尘与空气混合，形成混合气体，遇火时容易发生爆炸，这种性质就是粉尘爆炸性，爆炸点取决于粉尘与空气的混合比例、颗粒大小、空气温度和粮食的品种等因素。

2. 粮库的分类

1）根据储藏方式分类

（1）散装粮库。粮食堆存仓内，不需要装具，可直接靠墙堆放，此种墙能承受一定的粮食侧压力，较为厚实，可兼作储粮用。

（2）包装粮库。粮食堆存在仓内时，必须利用装具，成为包装形式，堆垛与墙身不直接接触，在设计时不考虑粮食堆墙身的侧压力，不能作散装之用。

2）根据粮库用途分类

（1）储备型粮库。粮食的储量比较大，但流通性不强，储粮资金全部由国家拨付。此类粮库大多建在粮食主产区。

（2）流通型粮库。流通型粮库一般建在粮食集散地或大中型城市，其粮食储量依据企业的储存加工能力和市场情况来定，为了适应市场，流通型粮库也会起到市场调控的功能。

（3）自用粮库或中转粮库。此类粮库主要设在以粮食为原料的企业，如酿酒、饲料等，通常储量不大，粮食在库内只作短期储存，然后就进入加工车间；或者粮食在此短期储存后就进入储备粮库或粮食加工企业。

3）其他分类方法

（1）根据结构形式不同可分为房式仓、楼房仓、立筒仓（包括钢筋混凝土筒仓、钢板仓和砖筒仓）和地下仓等。

（2）根据仓内能保持的温度分为低温仓（15℃以下）、准低温仓（16～20℃）、准常温仓（21～25℃）以及常温仓（25℃以上）。

3. 粮库管理

（1）制定较严密的管理规定和制度。详细记录入出库粮食的数量、品种、经手人和质量特性等。

(2) 注意加大监督检查的力度。一是检查数量；二是检查质量。

(3) 制定严格的安全制度。制定或安排防火、防潮、防水、防虫鼠等措施和设备。

(4) 定期对设施设备进行维护,对管理和工作人员进行培训。

4. 粮库安全管理

(1) 在入库前,应对仓库、工具、器材等进行清洗、消毒和预热。粮库要保持干净、无污染,并定期进行消毒。

(2) 为了对粮食进行长期储藏,提高储藏的稳定性,必须控制粮食的含水量,维持低温低氧状态,保持库内干燥、通风。在储存粮种时应按品种、质量等分类,挂牌进行堆放,建立档案资料,不允许与其他物品混放。

(3) 粮食入库后要经常检查温湿度,对水源要专门管理,防止跑、冒、滴、漏。对出现的问题要及时处理,以免湿度过高发生霉变,对储存时间较长的粮食要定期翻晒。

(4) 粮食干燥后,及时存入仓库,及时覆盖密闭,防吸湿散热、害虫复苏等,维持一段时间的高温,可杀死害幼虫、成虫及其蛹、卵。粮库封闭要严,防止鼠害。

(5) 粮库设备要经常维护,以免使用时出现故障,影响储存工作正常进行。

步骤九　制订仓储保管方案

1. 制订储存计划

商品储存计划就是在现有各类仓储设施的条件下,根据储存任务,对不同种类的商品的储存做出全面的规划,从而进行保管场所的选择、保管场所的布置、保管方式与保管许可、物资的堆码等。例如,家电产品中的微波炉在仓库选择上,应放在专门的家电仓库,以便管理；在储存方法上,垛底必须垫高30cm以上,以免潮气侵入。存放时不能贴墙堆垛,放置必须平衡可靠,可堆叠台数以包装标注为准。库房温度应在-5~35℃,相对湿度以50%~80%为宜。库房不能有酸、碱以及其他腐蚀性气体存在。另外,在仓库布置时要采用ABC分类原则进行布置,即把畅销的A类商品规划靠近门口或者是走道旁,把不畅销的C类商品规划在角落或者是靠门口较远的地方,而B类商品则放在A类和C类商品之间。

2. 提供仓库物资的信息

仓库管理的任务之一就是提供物资信息,各类物资库存量和质量情况,是通过物资的保管获得的,在完成这项工作过程中,依照质量第一原则、效率原则、先进先出原则、重不压轻原则和科学合理原则,充分利用库存设施,采取预防措施,不留隐患。并对商品进行每日盘点、定期盘点、循环盘点,防止由于商品的隐蔽性,而造成商品的破损、霉变、污染、变形等质量事故的发生,确保商品的原有使用价值。

物资保管在负责实物保管的同时,还有负责各类信息管理的任务,包括料账、料卡,各种单据、报表、技术证件等的填写、整理、传递、保存、分析与运用。

3. 提供适宜的保管环境

不同的商品要有不同的保管环境与保管条件,保管保养的任务之一就是要采取相应的、行之有效的措施和方法,为商品提供适宜的保管环境和条件,并防止有害因素的影响。例如,在储存袋装食品上,一要提供专用的食品仓库,二要确保仓库的干燥、通风,不得与有毒、有害、有异味、易挥发、易腐蚀的物品同处储存。新鲜蔬菜在储存过程中要保持3%的氧气量,5%的二氧化碳含量,防止蔬菜的缺氧呼吸,抑制微生物的生长,防止腐烂,保持蔬菜的新鲜。

4．提供安全的保管环境

在商品保管期间,为确保商品的安全,一是派人定期、不定期地对商品及其仓库进行安全检查,二是利用电子监控系统对商品和仓库进行24h监控,确保商品的安全,并针对一些特殊物品进行重点保管。例如,易燃物品应放在具有高度防护作用的建筑物内,并配备适当的灭火设备。对贵重且易被盗的物品,要装在加锁的笼箱内或专库内储存,并进行24h监控。

步骤十 范例

某公司制订的一份钢材储存保管方案如表4-1所示。

表4-1 钢材储存保管方案

名　　称	说　　明
选择适宜的场地和库房	(1) 保管钢材的场地或仓库,应选择在清洁干净、排水通畅的地方,远离产生有害气体或粉尘的厂矿。在场地上要清除杂草及一切杂物,保持钢材干净 (2) 在仓库里不得与酸、碱、盐、水泥等对钢材有侵蚀性的材料堆放在一起。不同品种的钢材应分别堆放,防止混淆,防止接触腐蚀 (3) 大型型钢、钢轨、辱钢板、大口径钢管、锻件等可以露天堆放 (4) 中小型型钢、盘条、钢筋、中口径钢管、钢丝及钢丝绳等,可在通风良好的料棚内存放,但必须上苫下垫 (5) 一些小型钢材、薄钢板、钢带、硅钢片、小口径或薄壁钢管、各种冷轧、冷拔钢材以及价格高、易腐蚀的金属制品,可存放入库 (6) 库房应根据地理条件选定,一般采用普通封闭式库房,即有房顶有围墙、门窗严密,设有通风装置的库房 (7) 库房要求晴天注意通风,雨天注意关闭防潮,经常保持适宜的储存环境
合理堆码、先进先放	(1) 堆码的原则是在码垛稳固、确保安全的条件下,做到按品种、规格码垛,不同品种的材料要分别码垛,防止混淆和相互腐蚀 (2) 禁止在垛位附近存放对钢材有腐蚀作用的物品 (3) 垛底应垫高、坚固、平整,防止材料受潮或变形 (4) 同种材料按入库先后分别堆码,便于执行先进先发的原则 (5) 露天堆放的型钢,下面必须有木垫或条石,垛面略有倾斜,以利排水,并注意材料安放平直,防止造成弯曲变形 (6) 堆垛高度,人工作业的不超过1.2m,机械作业的不超过1.5m,垛宽不超过2.5m (7) 垛与垛之间应留一定的通道,检查道一般为0.5m,出入通道视材料大小和运输机械而定,一般为1.5~2.0m (8) 垛底垫高,若仓库为朝阳的水泥地面,垫高0.1m即可;若为泥地,须垫高0.2~0.5m;若为露天场地,水泥地面垫高0.3~0.5m;沙泥地面垫高0.5~0.7m (9) 露天堆放角钢和槽钢应俯放,即口朝下,工字钢应立放,钢材的I槽面不能朝上,以免积水生锈
保护材料的包装和保护层	钢厂出厂前涂的防腐剂或其他镀复及包装,这是防止材料锈蚀的重要措施,在运输装卸过程中须注意保护,不能损坏,可延长材料的保管期限

续表

名　称	说　明
保持仓库清洁、加强材料养护	（1）材料在入库前要注意防止雨淋或混入杂质，对已经淋雨或弄污的材料要按其性质采用不同的方法擦净，如硬度高的可用钢丝刷，硬度低的用布、棉等物 （2）材料入库后要经常检查，如有锈蚀，应清除锈蚀层 （3）一般钢材表面清除干净后，不必涂油，但对优质钢、合金薄钢板、薄壁管、合金钢管等，除锈后其内外表面均需涂防锈油后再存放 （4）对锈蚀较严重的钢材，除锈后不宜长期保管，应尽快使用

温故知新

一、不定项选择题

1. 物品常发生的物理机械变化不包括（　　）。
   A. 挥发　　　　B. 溶化　　　　C. 熔化　　　　D. 水解
2. 物品的化学变化形式不包括（　　）。
   A. 氧化　　　　B. 熔化　　　　C. 分解　　　　D. 水解
3. 相对湿度是指绝对湿度与其同温度下（　　）的百分比。
   A. 绝对湿度　　B. 临界湿度　　C. 饱和湿度　　D. 露点
4. 下列商品中要选择不低于0℃的货位储存的是（　　）。
   A. 茶叶　　　　B. 西药的制剂　C. 油墨　　　　D. 酒精
5. 由于不慎将茶叶和汽油储存在一起，使茶叶发生味道的变化以致不能食用的原因是（　　）。
   A. 物理存在状态的变化　　　　B. 破损变化
   C. 串味变化　　　　　　　　　D. 渗漏变化
6. 在货物入库后，要做好货物质量变化的预防措施，应（　　）。
   A. 健全仓库货物保养组织　　　B. 保持仓库的清洁卫生
   C. 妥善进行堆码和苫垫　　　　D. 认真控制库房温湿度
   E. 做好货物在库质量检查
7. 天然橡胶在日光、氧和一定温度的作用下，就会变软、发黏而变质，这种现象属于（　　）。
   A. 聚合　　　　B. 裂解　　　　C. 分解　　　　D. 老化
8. 物品霉腐的常规预防不包括（　　）。
   A. 加强入库验收　　　　　　　B. 加强仓库温湿度管理
   C. 物品进行密封　　　　　　　D. 药物防霉腐
9. 在梅雨季节或阴雨天，采用的商品温湿度的控制方法是（　　）。
   A. 密封　　　　B. 通风　　　　C. 吸潮　　　　D. 烘干
10. 主要用于刀具、板牙、轴承及汽车、自行车零件的防锈方法是（　　）。
    A. 涂油防锈　　B. 涂漆防锈　　C. 造膜防锈　　D. 气相防锈

二、案例分析

1. 某仓库为某存货人储存一批皮革及其制品,请你帮助该库进行货物储存安排,并回答下列问题。

(1) 该种商品在存储中会发生怎样的变化?

(2) 这种商品应如何进行储存保管?

2. 专门存储润滑油的某物流中心,润滑油分为易燃品、清洗剂和普通油品。有一次中心进入一批易燃品,入库验收时已发现有 2 小桶的桶底部有小孔隙,其余的都合格。请你帮助该库进行货物的储存。回答下列问题:

(1) 易燃品的储存条件和要求是什么?

(2) 包装已破损的货物该如何处置?

(3) 对储存易燃品一类的货物还应注意什么问题?

职场训练

请根据表 4-2 货物的性质及储存保管要求,为它们分别制定储存保管养护措施。要求:措施不仅要具有针对性和可操作性,而且要环保,并要体现成本节约原则。

表 4-2　货物的性质及储存保管要求

序号	货物类别	货物名称
1	药品	阿司匹林、麻醉乙醇、维生素 C、痱子粉、复方甘草片、注射用青霉素钠、杏仁止咳糖浆、当归、红花、枸杞
2	医疗器械	心脏手术剪、一次性无菌注射器、小儿血压表、止血海绵
3	化学品	五氯硝基苯、氮气、过乙酸
4	食品	饼干、方便面、酱油、醋、牛奶
5	服装	真丝服装、麻质服装、皮衣
6	工艺品	草制品、木制品、竹制品
7	珠宝	黄金戒指、黄金项链

任务二　仓库盘点操作

仓库中的库存物不断地进库和出库,长时间积累后,在作业过程中产生的误差会使库存资料反映的数据与实际数据不相符。有些货物则因存放时间太长或保管不当,会发生数量和质量的变化,甚至货物质量不能满足用户的需要。为了对库存货物的数量进行有效控制,并查实其在库中的质量状况,必须定期或不定期地对各储存场所进行清点、查核,这就是盘点作业。盘点的结果经常会发现较大的盈亏,因此,通过盘点可以查出作业和管理中存在的问题,并通过解决问题提高管理水平,减少损失。

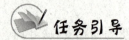

（1）速达运公司内有一个专门储存家电类货物的仓库，由于货物进出库频率非常高，易损耗，而且有的货物还比较昂贵，像这样的仓库应该如何开展盘点工作？

（2）作为服装店的经营者，在服装店运营的过程中，必须清楚掌握在库商品的各类损耗，既有明显的损失，如服装的破损、折旧、因长期积压导致的质量下降；又有潜在的损失，如账面错误、市场上服装价格骤降等，无疑这些均影响着服装店的运营质量。经营者为使存货情况明晰，必然要实施盘点。盘点对服装店来说有哪些重要的作用呢？

步骤一　明确盘点作业的目的和内容

1. 盘点的目的

（1）确定现存量。通过盘点查清实际库存数量，确认实际库存数量与账面库存数量的差异，并及时查清问题原因，做出适当处理。

（2）确认企业损益。为了能准确计算出企业的实际损益情况，必须通过盘点搞清库存商品的盈亏情况，从而提出改进管理的措施。

（3）核实管理成效。通过盘点可发现作业或管理中存在的问题，并通过解决问题来改善作业流程和作业方式，提高人员素质和管理水平。

2. 盘点作业的主要内容

（1）查数量。通过盘点查明库存商品的实际数量，核对账面库存数量与实际库存数量是否一致，这是盘点的主要内容。

（2）查质量。检查在库商品质量有无变化，包括受潮、锈蚀、发霉、干裂、鼠咬等情况；检查有无超过保管期限和长期积压现象，必要时要对商品进行技术检验。

（3）查保管条件。检查保管条件是否与商品要求的保管条件相符合，这是保证在库商品质量完好的一个基本条件。

（4）查设备。检查各项设备的使用和养护是否合理，各类计量器具如皮尺、磅秤以及其他自动装置等是否准确，使用与保管是否合理，检查时要用标准件校验。

（5）查安全。检查各项安全措施和消防设备、器材是否符合安全要求；商品堆码是否安全，有无倾斜；检查建筑物是否处于良好状态；对于地震、水灾和台风等自然灾害有无紧急处理对策等。

步骤二　设计盘点作业流程

盘点作业主要有三个阶段：盘点前的准备、盘点中作业实施和盘点后评估。一般情况下，盘点作业可按以下步骤进行，如图4-1所示。

1. 盘点前的准备工作

准备工作主要包括：①确定盘点的程序和具体的

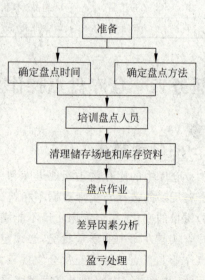

图4-1　盘点的工作程序

方法；②配合财会人员做好准备；③设计印制盘点用的各种表格；④准备盘点使用的基本器具。

2. 确定盘点时间

一般情况下，盘点的时间选择在财务决算前夕或销售淡季。选择在财务决算前配合财务决算以查清财务状况，选择在销售淡季，存货较少，业务不太频繁，盘点也较容易，需要投入的资源也较少，且人力调动也较方便。

从理论上讲，在条件允许的情况下，盘点的次数越多越好。但每一次盘点都要耗费大量的人力、物力和财力。因此，应根据实际情况确定盘点时间。存货周转率比较低或库存品种比较少的企业可以半年或一年进行一次货物的盘点。存货周转量大或库存品种比较多的企业可以根据物品的不同特点、价值大小、流动速度、重要程度来分别确定不同的盘点时间，盘点时间的间隔可以从每天、每周、每月到每年盘点一次不等。如按 ABC 分类法将货物分为 A、B、C 不同的等级，分别制定相应的盘点周期，重点的 A 类商品，每天或每周盘点一次，一般的 B 类商品每两周或三周盘点一次，重要性最低的 C 类商品可以每个月甚至更长时间盘点一次。

3. 确定盘点方法

不同的储存场所对盘点的要求不尽相同，盘点方法也会有所差异，为尽可能快速、准确地完成盘点作业，必须根据实际需要确定盘点的方法。

4. 培训盘点人员

为保证盘点作业顺利进行，在正式盘点前必须对参与盘点的所有人员（包括盘点作业人员和相关管理人员）进行集中培训，培训的主要内容是盘点的方法、盘点作业的基本流程和要求，使工作人员掌握盘点的基本要领，清楚表格及单据的填写。

5. 清理储存场所

盘点工作开始时，首先要对储存场所及库存商品进行一次清理，清理包括以下内容。

（1）在盘点前，对厂商交来的物料必须明确其所有权。如已验收完成，属本配送中心的物料应及时整理归库，若尚未完成验收程序的物料，同厂商应划分清楚，避免混淆。

（2）储存场所在关闭前应通知各需求部门预领所需的物品。

（3）储存场所整理整顿完成，以便计数盘点。

（4）预先鉴定呆料、废品、不良品，以便盘点。

（5）账卡、单据、资料均应整理后加以结清。

（6）储存场所的管理人员在盘点前应自行预盘。

6. 盘点作业

由于盘点作业比较单调，在进行盘点时一方面应注意加强领导，另一方面要注意劳逸结合，活跃工作气氛。

7. 差异因素分析

通过盘点，发现账物不符且差异超过容许的误差时，应立即追查产生差异的原因，进行差异因素分析。

8. 盘点盈亏处理

查清差异原因后，为了通过盘点使账面数与实物数保持一致，需要对盘点盈亏和报废品一并进行调整。按差异的主要原因，制定解决方法。对呆废品、不良品应视为盘亏。货物在盘点时除了产生数量的亏损外,有些货品在价格上也会发生增减情况。这种价格变化经主管部门批准后,利用盘点盈亏和价目增减表格的形式更正过来。

步骤三　编制和打印盘点表

盘点单如表 4-3 所示,商品盘点盈亏表如表 4-4 所示。

表 4-3　盘点单

盘点日期		第一盘点人			盘点单号码				
物品号码									
物品数量									
物品单价									
外观现状									
存放位置									
盘点日期		第二盘点人			盘点单号码				
物品号码									
物品数量									
物品单价									
外观现状									
存放位置									
盘点日期		第三盘点人			盘点单号码				
物品号码									
物品数量									
物品单价									
外观现状									
存放位置									

表 4-4　商品盘点盈亏表

填报单位:　　　　　　时间:　年　月　日　　　　　　　　　单号:

编码	商品名称	规格	单位	账面资料			盘点实存			数量盈亏				价格增减				差异原因	责任人
										盘盈		盘亏		增价		减价			
				数量	单价	金额	数量	单价	金额	数量	金额	数量	金额	单价	金额	单价	金额		
备注																			

单位负责人:　　　　　仓储主管:　　　　　保管员:　　　　　制单:　　　　　复核上报:

步骤四　选择盘点方法

盘点方法主要分为账面盘点及现货盘点两种。

1. 账面盘点

账面盘点也称为永续盘点,是指将每种货品分别设立"存货账卡",然后将每种货物的出入库数量及有关信息记录在账目上,逐笔地计算汇总出账目上的库存结余数量及库存金额,这样可以随时从计算机或账簿上查悉货品的入出库信息及结余信息。账面盘点法的记载形式如表4-5所示。

表 4-5 账面盘点表

表:											
品名:					货品总账:						
订购点:					编号:						
					经济批量:						
日期		订购		入库			出库		库存		附注
月	日	数量	订购单	数量	单价	价值	数量	货单	数量	总价	

2. 现货盘点

现货盘点又称实地盘点,即是实地去点数,检查货品的库存数量,再依货品单价计算出库存金额的方法。要得到最正确的库存情况并确保无误,最直接的方法是确定账面盘点与现货盘点的结果是否相吻合。如存在差异,应分析原因,找出问题所在。

现货盘点按盘点时间频率的不同又可分为期末盘点法和循环盘点法。

(1) 期末盘点法。期末盘点法又称定期盘点法,是指在会计期末统一清点所有货品的方法。由于此种方法是将所有商品一次点完,因此工作量较大,而且要求严格。通常采取分区、分组的方式进行,其目的是明确责任,防止重复盘点和漏盘。分区就是将整个储存区域划分成一个个的责任区,不同的区由专门的小组负责盘点。因此,一个小组通常至少需要三个人:一人负责清点数量并填写盘点单;另一人复查数量并登记复查结果;第三人负责核对前两次盘点数量是否一致,对不一致的结果进行检查。待所有盘点结束后,再与计算机或账面上反映的数量核对。盘点具体程序如下。

① 将全体员工分组,明确各小组盘点的物品或者区域。

② 各小组到指定区域或物品存放处清点货物品种、数量和物品外观质量。为防止差错,先由一人清点所负责区域的物品,将清点结果填入盘点单的第一部分(盘点单见表4-3)。

③ 由第二人复点,填入盘点单的第二部分。

④ 由第三人核对,检查前两人的记录是否相同且正确。

⑤ 将盘点单交给盘点管理小组,合计物品库存总量。

⑥ 等所有盘点结束后,与管理信息系统统计结果进行核对。

(2) 循环盘点法。循环盘点法是指在每天、每周清点一部分货品,一个循环周期将每种货品至少清点一次的方法。它通常是对价值高或重要的货品进行盘点,因为这些货品属于重要物品,对库存条件的要求比较高,一旦出现差错,不但会大大影响仓库的经济效益,而且有损企业的形象。因此,在仓储管理过程中,要对货品按其重要程度科学地分类,对重要的货品进行管理,加强盘点,防止出现差错。由于循环盘点只对少量货品盘点,所以通常只需保管人员自行对库存资料进行盘点即可,发现问题及时处理。循环盘点法节省人力,全部盘完再开始下一轮的盘点,化整为零。

总之,为了确保准确,可以采取"账面盘点"与"现货盘点"相结合的方法进行盘点。

步骤五　盘点后的结果分析与处理

1. 核对盘点单据

盘点开始时发给盘点人员的盘点表,必须统一编号,盘点后及时收回,以防最后计算上的疏漏。

2. 查找账上数据

盘点表是盘点实际库存数的记录,应将盘点表与货品账、卡进行核对。

3. 编表与分析

盘盈、盘亏与金额增减处理完后,应编制盘点分析表,作为库存管理考核的依据。主要指标如下。

(1) 盘点数量误差率。

$$盘点数量误差 = 实际库存数 - 账面库存数$$

$$盘点数量误差率 = \frac{盘点误差数量}{实际库存数} \times 100\%$$

(2) 盘点品项误差率。

$$盘点品项误差率 = \frac{盘点误差品项数}{盘点实际品项数} \times 100\%$$

(3) 平均盘差品金额。

$$平均盘差品金额 = \frac{盘点误差金额}{实际盘点次数} \times 100\%$$

(4) 盘差次数比率。

$$盘差次数比率 = \frac{盘点误差次数}{实际盘点次数} \times 100\%$$

4. 追查发生盈亏的原因

主要的盈亏原因通常有以下几点。

(1) 商品入库登记账卡时看错数字。
(2) 账务处理系统管理制度和流程不完善,导致数据有误。
(3) 盘点错误:漏盘、重盘和错盘。
(4) 盘点前数据资料未结清,使账面数不准确。
(5) 由于自然特性,某些商品因挥发、吸湿而使重量有增有减。
(6) 因气候影响而发生腐蚀、硬化、变质、生锈和发霉等。
(7) 液体商品因容器破损而流失。
(8) 捆扎包装错误使数量短缺。
(9) 计量器具不准确或使用方法不当。
(10) 货物损坏、丢失等原因。

5. 盘盈或盘亏的处理

发生盈亏的原因查清之后,要研究处理办法,并及时办理调整货品账卡的手续。

(1) 整体而言,货品不会有盘盈,除非有进货无进货传票、盘点虚增或计算错误。盘损则属于正常状况,但超过规定水平便是异常。

(2) 对盘点结果发现盘盈、盘亏、损毁、变质、报废、久储、滞销等货品,查明原因报业务部门处理。盘损率若在2%以下,则可以进行账务调整;若超过2%以上,则应追查原因。

6. 根据盘点结果找出问题点,并提出改善对策

盘点差异原因追查清楚后,应针对主要原因进行调整与处理,制定解决方法。

(1) 依据管理绩效,对分管人员进行奖惩。

(2) 对废次品、不良品减价的部分,应视为盘亏。

(3) 存货周转率低,占用金额过大的库存商品宜设法降低库存量。

(4) 盘点工作完成以后,所发生的差错、呆滞、变质、盘亏、损耗等结果,应予以迅速处理,并防止以后再发生。

(5) 呆滞品比率过大,宜设法研究,致力于降低呆滞率。

(6) 货品除了盘点时产生数量的盘亏外,有些商品在价格上会产生增减,这些差异经主管部门审核后,必须利用货品盘点盈亏及价格增减更正表修改。

温故知新

不定项选择题

1. 仓库作业人员对实际在库货物数量的核查属于( )。

   A. 订单处理　　　B. 采购作业　　　C. 盘点作业　　　D. 入库作业

2. 盘点的目的是( )。

   A. 确定现存量　　B. 确认企业损益　C. 核实管理成效　D. 其他

3. 下面属于盘点内容的是( )。

   A. 数量　　　　　B. 质量　　　　　C. 保管条件

   D. 设备　　　　　E. 安全

4. 盘点的周期因盘点方法不同而不同,对于定期盘点,一般一年( )次。

   A. 1~2　　　　　B. 1~4　　　　　C. 1~6　　　　　D. 1~12

5. ( )是仓库的全面性的商品大盘点,一般是每季度进行一次,由货主派人会同仓库保管员、商品会计一起盘点对账。

   A. 循环盘点　　　B. 日常盘点　　　C. 定期盘点　　　D. 临时盘点

6. 对有加工、整理、拼装、换装和改装、分装业务的仓库,应采用( )。

   A. 单证复核　　　B. 相互复核　　　C. 实物复核　　　D. 环环复核

7. ( )盘点时不必关闭工厂与仓库,可以减少停产的损失。

   A. 期末盘点法　　B. 循环盘点法　　C. 联合盘点法　　D. 盘点单盘点法

8. 盘点后出现问题的处理除了盘点后出现盈亏的处理之外,还有( )。

   A. 积压货物与废旧货物的处理　　　B. 先进先出管理

   C. 加强仓库温湿度管理　　　　　　D. 加强入库验收

9. 不定期盘点依据的因素是( )。

   A. 物品种类　　　B. 保存时间　　　C. 保存区域　　　D. 进出库时间

10. 通过盘点,发现账物不符且差异超过容许的误差,其主要的差异因素通常有( )。
    A. 商品入库登记账卡时看错数字　　B. 盘点错误
    C. 盘点前数据资料未结清　　　　　D. 货物损坏、丢失
    E. 计量器具不准确或使用方法不当

职场训练

速达运公司拟对其2号仓库的物资进行盘点,现该库内存放着多美滋奶粉650袋,计价为31元/袋,圣元奶粉500袋,单价为32元/袋,雀巢奶粉600袋,单价为32元/袋,统一方便面590碗,单价为3.8元/碗,康师傅方便面480碗,单价为3.7元/碗,妙脆角500袋,单价为3.5元/袋,优乐美奶茶300盒,单价为2元/盒,立顿奶茶350盒,单价为2.3元/盒,葵花色拉油180桶,单价为48元/桶,金龙鱼色拉油240桶,单价为52元/桶。作为公司仓库工作人员应如何组织和完成这次盘点任务?

接着,拟对8号库开展盘点,任务分别交由李明、刘强和张峰共同来完成,在李明盘点后,得出的结论是库存商品数量与账面数相符,但发现有1袋圣元奶粉和3袋雀巢奶粉外包装破裂;在刘强盘点时发现立顿奶茶数量少了4盒,葵花色拉油少了2桶;张峰终盘复核后,确定了立顿奶茶少4盒和葵花色拉油少了2桶的情况,其他物品保存均完好无损,即得出的结论与刘强相同。请根据上述信息填制盘点单和盘点盈亏表。

任务三　库存控制

任务描述

库存具有整合需求和供给,维持物流系统中各项活动顺畅进行的功能。例如,某零售商直接向生产商订购了一批货物,并要求第二天到货,而生产商预先准备一定数量的该货物,并储存在仓库,可立即满足客户的要求,避免发生缺货或延期交货的现象,但库存过多,又会发生不必要的库存费用和占用资金,从而产生损失的可能。因此,要科学合理地控制库存数量。

任务引导

(1) 企业持有的库存数量是否越多越好?为什么?
(2) 如果没有得到很好的控制,库存数量可能会自我膨胀吗?为什么会出现这种现象?
(3) 在制造型企业中,常见的库存有哪些类型?常用的库存管理策略有哪些?

任务引导

步骤一　了解库存及其类型

根据我国国家标准GB/T 18354—2001,库存是指处于储存状态的物品。库存从库存物品的经济用途、存放地点、来源、生产过程、所处状态、经营过程和库存物品所占价值等几

个方面来分类。

1. 按经济用途分类

(1) 商品库存。商品库存是指企业购进后供转售的货物。特征是在转售之前,要保持其原有实物形态。

(2) 制造业库存。制造业库存是指购进后直接用于生产制造的货物。其特点是在出售前需要经过生产加工过程,改变其原有的实物形态或使用功能。具体分类如下。

① 材料。材料是指企业通过外购或其他方式取得的用于制造并构成产品实体的物品,以及取得的供生产耗用但不构成产品实体的辅助性材料等。外构半成品,一般也归在此类;企业也可按照其用途再细分为原材料、辅助材料、燃料和外购半成品等若干种类。

② 在制品。在制品是指企业正处于加工过程中的、有待进一步加工制造的物品。

③ 半成品。半成品是指企业部分完工的产品,它在销售以前还需要进一步加工,但也可作为商品对外销售。

④ 制成品。制成品是指企业已经全部完工、可供销售的制成品。

(3) 其他库存。其他库存是指除了以上库存外,供企业一般耗用的用品和为生产经营服务的辅助性物品。其主要特点是满足企业的各种消耗性需要,而不是为了将其直接转售或加工制成产品后再出售,如包装物和低值易耗品等。

2. 按存放地点分类

(1) 库存存货。库存存货是指已经运到企业,并已验收入库的各种材料和商品,以及已验收入库的半成品和制成品。

(2) 在途库存。在途库存包括运入在途库存和运出在途库存。运入在途库存是货款已经支付或虽未付货款但已取得所有权、正在运输途中的各种外购库存。运出在途库存是指按照合同规定已经发出或送出,但尚未转化所有权,也未确认销售收入的库存。

(3) 委托加工库存。委托加工库存是指企业已经委托外单位加工,但尚未加工完成的各种库存。

(4) 委托代销库存。委托代销库存是指企业已经委托外单位代销,但按合同规定尚未办理代销货款结算的库存。

3. 按库存来源分类

库存按其来源可分为外购库存和自制库存两类。外购库存是企业从外部购入的库存,如外购材料等。自制库存是由企业内部制造的库存,如自制材料、在制品和制成品等。

4. 按生产过程分类

库存按生产过程可分为原材料库存、零部件及半成品库存和成品库存。

5. 按物品所处状态分类

按物品所处状态,库存可分为静态库存和动态库存。静态库存是指长期或暂时处于储存状态的库存。动态库存是指处于制造加工状态或运输状态的库存。

6. 按经营过程分类

按经营过程的角度来分类,可分为以下几种类型。

(1) 经常库存。经常库存是指企业在正常的经营环境下为满足日常的需要而建立的库存。这种库存随着每日的需要不断减少,当库存降低到某一水平时(如订货点),就要进行订货来补充库存。这种库存补充是按一定的规则反复地进行。

(2) 安全库存。安全库存是指为了防止由于不确定因素（如大量突发性订货、交货期突然延期等）而准备的缓冲库存。

(3) 生产加工和运输过程的库存。生产加工过程的库存是指在处于加工状态以及为了生产的需要暂时处于储存状态的零部件、半成品或制成品。运输过程的库存是指处于运输状态或为了运输的目的而暂时处于储存状态的物品。

(4) 季节性库存。季节性库存是指为了满足特定季节中出现的特定需要（如夏天对空调机的需要）而建立的库存，或指季节性出产的原材料（如大米、棉花、水果等农产品）在出产的季节大量收购所建立的库存。

(5) 促销库存。促销库存是指为了对应企业的促销活动产生的预期销售增加而建立的库存。

(6) 投机库存。投机库存是指为了避免因货物价格上涨造成损失或为了从商品价格上涨中获利而建立的库存。

(7) 沉淀库存或积压库存。沉淀库存或积压库存是指因物品品质变坏不再有效用的库存或因没有市场销路而卖不出去的商品库存。

步骤二　了解库存管理

库存管理也称库存控制，是指对制造业或服务业生产、经营全过程的各类物品、产品以及其他资源进行管理和控制，使其储备保持在经济的水平上，是企业根据外界对库存的要求与订购的特点，预测、计划和执行的一种库存的行为，并对这种行为进行控制。它的重点在于确定如何订货、订购多少、何时订货等问题。

1. 库存管理的目标

为了保证企业正常的经营活动，库存是必要的，但库存同时又占用了大量的资金。所以库存管理人员关注的问题就是：怎样既能保证经营活动的正常进行，又使流动资金的占用达到最小，即在期望的顾客服务水平和相关的库存成本之间寻找平衡。如果对库存不进行控制，可能既满足不了经营的需要，同时还造成了大量的库存积压，占用大量的库存资金。库存管理涉及库存各个方面的管理，它的目标就是防止超储和缺货，在企业现有资源约束下，以最合理的成本为用户提供所期望水平的服务。

2. 库存管理的方式

根据对待库存物资态度的不同，可以将库存管理分为先入先出、后入先出以及零库存三种基本方式。

(1) 先入先出的库存管理方式。先入先出法是在库存管理中经常使用的方法，即当使用时，先入库的物料先出库，又称为新陈代谢法。这种方式的优点是：先入库的物料先使用、剩下的物料都是新的；反之，先入库的物料不先用，剩下的物料必定都是旧的。

(2) 后入先出的库存管理方式。后入库的物料先发放，剩下的物料都是旧的。这就会促使有关人员设法改进工作，从而实现采用这种库存方式的目的。例如，当库存中旧物料增多时，管理人员就会反复考虑、倾听各方面意见，研究怎样改进工作，从而制定出调整库存量的好办法。

(3) 零库存管理方式。零库存是以仓库储存形式的某种或某些种类物品的储存数量为"零",即不保持库存。可见,不以库存形式存在就可以免去仓库存货的一系列问题,如仓库建设、存货维护、保管、装卸、搬运等费用,存货占用流动资金及库存物的老化、损失、变质等问题。

步骤三 了解库存的合理控制

库存控制要考虑销量、到货周期、采购周期、特殊季节特殊需求等。

库存量过大所产生的问题:增加仓库面积和库存保管费用,从而提高了产品成本;占用大量的流动资金,造成资金呆滞,既加重了贷款利息等负担,又会影响资金的时间价值和机会收益;造成产成品和原材料的有形损耗和无形损耗;造成企业资源的大量闲置,影响其合理配置和优化;掩盖了企业生产、经营全过程的各种矛盾和问题,不利于企业提高管理水平。

库存量过小所产生的问题:造成服务水平的下降,影响销售利润和企业信誉;造成生产系统原材料或其他物料供应不足,影响生产过程的正常进行;使订货间隔期缩短,订货次数增加,使订货(生产)成本提高;影响生产过程的均衡性和装配时的成套性。

步骤四 掌握常用的库存控制管理方法

一、ABC 分类法

1. ABC 分类法的原理

ABC 分类法源于 ABC 曲线分析,ABC 曲线又叫帕累托(Pareto)曲线。1879 年意大利经济学家 Villefredo Pareto 在研究米兰人口与收入的分配问题时,经过对一些统计资料的分析后,发现占总人口百分比不大的少数人的收入却占总收入的大部分;而大多数人的收入却只占总收入的很少一部分,即所谓"关键的少数和次要的多数"的关系,这也就是我们平时提到的 80/20 法则。所以,ABC 分类法的理论基础为"关键的少数和一般的多数"。

将 ABC 分类法引入库存管理就形成了 ABC 库存分类管理法。所谓 ABC 分类法,就是以某种库存物资品种数占物资品种数的百分数和该类物资金额占库存物资总金额的百分数大小为标准,将库存物资分为 A、B、C 三类,进行分级管理。

2. ABC 分类法的标准和原则

1) ABC 分类法的标准

ABC 分类的标准是库存中各品种物资每年消耗的金额,即该品种的年消耗量,乘上它的单价,即为每年消耗的金额。将年消耗金额高的划归 A 级,次高的划归 B 级,低的划归 C 级。一般可按各级物资在总消耗金额中所占的比重来划分,参考数字如表 4-6 所示。

表 4-6 ABC 库存分类的标准(资金占用)

库存类别	A 类	B 类	C 类
占总在库品种数百分比(%)	5~15	20~30	60~70
占总库存金额的百分比(%)	70~80	15~25	5~10

如果用累计品种百分比曲线表示,可以清楚地看到 A、B、C 三类物资在品种和消耗金额上的比例关系,如图 4-2 所示。由图 4-2 可以看出,A 类物资的品种数量很少,但占用了大部分年消耗金额。因此,A 类物资品种数量增加时,年消耗金额的累计额增长很快,曲线很陡。B 类物资的品种数量百分比与年消耗金额百分比基本相等,因此曲线较平缓。C 类物资品种数量很多,但所占消耗金额的百分比极小,曲线十分平缓,基本呈水平状。

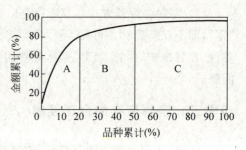

图 4-2 ABC 分类法曲线示意图

上面是资金占用 ABC 分类标准,下面再介绍物动量 ABC 分类标准,此分类的标准是物动量所占在库物品总物动量的比例和所占总在库货物品种数目的比例,如表 4-7 所示。

表 4-7 ABC 库存分类的标准(物动量)

库存类别	A 类	B 类	C 类
占总在库品种数百分比(%)	5～15	20～30	60～70
占总物动量的百分比(%)	70～80	15～25	5～10

2) ABC 分类法的原则

(1) 成本—效益原则。这是企业的各种活动所必须遵守的基本原则,也就是说无论采用何种方法,只有在其付出的成本能够得到完全补偿的情况下才可以施行。比如一个规模很小、存货少的企业,就没有必要花太多的精力在 ABC 分类上。

(2) "最小最大"原则。管理的本身并非重点,管理的效果才是最主要的。要在追求 ABC 分类管理成本最小的同时,追求其效果的最优,这才是管理之本。

(3) 适当原则。在施行 ABC 分析进行比率划分时,要注意企业自身境况,对企业的存货划分 A 类、B 类、C 类并没有一定的基准。比如同样是轮胎,在汽车配件厂可能是 B、C 类物品,而对于轮胎专营店则一定是 A 类物品。所以这就要求对存货情况进行详细的统计分析,找出适合自己的划分比率,才能扎实地做好 ABC 分类的准备工作。

3. ABC 分类法实施的步骤及应用

1) ABC 分类法实施的一般步骤

第一,收集库存物料在某一段时间的品种数和价值等相关资料;

第二,将库存物料按占用资金的大小顺序排列,编制 ABC 分类汇总表;

第三,计算库存物料品种数的百分比和累计百分比;

第四,计算库存物料占用资金的百分比和累计百分比;

第五,按照分类标准编制 ABC 分析表进行分类,确定 A、B、C 各类物料。

2) ABC 分类的应用

【例 4-1】 通过历史数据统计,某仓库一段时期各种物品的价值见表 4-8,用 ABC 分类法对这些物品进行分类。

表 4-8　物品价值的历史数据

物品编号	001	002	003	004	005	006	007	008	009	010
价值	25	7	170	20	3	15	150	4	4	2

解：首先将物品按其价值从大到小进行排序，然后分别计算各种物品价值占全部价值的百分比并进行累计，计算累计物品种类数占全部物品种类数的百分比，最后，按照分类标准，即选择断点进行分类，确定 A、B、C 三类物品，详见表 4-9。

表 4-9　分类计算的结果

物品编号	价值	累积价值	累积价值占全部价值的百分比(%)	物品的累积种类数	累积物品种类数占全部物品种类数的百分比(%)	分类结果
003	170	170	42.50	1	10.00	A
007	150	320	80.00	2	20.00	A
001	25	345	86.25	3	30.00	B
004	20	365	91.25	4	40.00	B
006	15	380	95.00	5	50.00	B
002	7	387	96.75	6	60.00	C
008	4	391	97.75	7	70.00	C
009	4	395	98.75	8	80.00	C
005	3	398	99.50	9	90.00	C
010	2	400	100.00	10	100.00	C

4. ABC 库存管理措施

对库存货物进行 ABC 分类之后，要根据企业的经营策略对不同类别的库存进行不同的管理和控制。

A 类库存货物数量虽少但对企业最为重要，是需要严格管理和控制的库存。企业需对这类库存定时进行盘点，详细记录及经常检查货物使用、存量增减、品质维持等信息，加强进货、发货、运送管理，在满足企业内部需要和顾客需要的前提下维持尽可能低的经常库存量和安全库存量，加强与供应链上下游企业的合作以降低库存水平，加快库存周转率。

B 类库存的状况处于 A 类库存和 C 类库存之间，因此对这类库存的管理强度介于 A 类库存和 C 类库存之间。对 B 类库存进行正常的例行管理和控制即可。

C 类库存货物数量最大但对企业的重要性最低，因而被视为不重要的库存。对于这类库存一般进行简单的管理和控制。比如，大量采购、减少这类库存的人员和设施、加长库存检查时间间隔等。

5. 应注意的问题

在使用 ABC 分类法时，必须注意两个问题，即库存货物的单价和重要性问题。

前面用来对库存货物进行分类的标准——占用库存资金，占用库存资金与货物的单价关系很大，单价高的货物，其数量的变动对占用库存资金的变化影响更大，在 A 类货物中更应引起关注，这类货物的管理应当尽可能地往零库存方向发展。

ABC 分类法另一个问题是，没有考虑货物对企业的重要性，甚至有些被划分到 C 类的货物可能对企业的生产活动有着至关重要的影响。这种货物的重要性并不在资金占用上体现,而是体现在如果缺货会造成企业停产/停业或严重影响正常生产,缺货会危及企业生产安全,市场短缺的货物,缺货后不易补充。为了弥补这一不足,有人提出关键因素分析方法(critical value analysis,CVA)。CVA 的基本思想是把存货按照关键性分成 3~4 类,即最高优先级——这是经营的关键性物资,不允许缺货;较高优先级——这是指经营活动中的基础性物资,但允许偶尔缺货;中等优先级——这多属于比较重要的物资,允许合理范围内的缺货;较低优先级——经营中需用这些物资,但可替代性高,允许缺货。

总之,将 ABC 分类法和关键因素分析法相结合,可以更准确地对库存进行分类管理。

二、定量订货管理法

1. 定量订货法原理

定量订货法是指当库存量下降到预定的最低库存量(订货点)时,按规定数量进行订货补充的一种库存控制方法。这种订货方式不确定时间,只确定每次订购的数量。当库存量降到某一数值(订货点)时,开始订货,补充库存。其原理如图 4-3 所示。

定量订货法原理

图 4-3 中 Q_s 表示安全库存,R 表示订货点,Q 表示订货批量,d_1、d_2、d_3 分别表示在三个时间段内库存量的消耗速率,这里假定物料需求速率不均匀稳定,而是变化的,即 $d_3 < d_1 < d_2$。当库存控制系统的现有库存量降到订货点(reorder point,RP)时,库存控制系统就向供应商发出订货请求,每次订货量均为一个固定的量 Q。经过一段时间(订货提前期),所发出的订货到达,库存量增加 Q。这里的订货提前期(lead time,LT)是从发出订货至到货的时间间隔,其中包括订货准备时间、发出订单、供方接受订货、供方生产、产品发运、产品到达、提货、验收、入库等所需花费的时间。

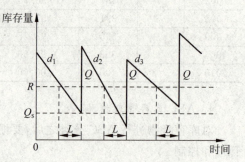

图 4-3 定量订货法的运行模型

由于从订货指令发出到所购物资到货入库,通常需要一段时间,在此期间库存储备不断减少,物品不断地出库满足需求,当订货物品到货时,库存储备得到补充,达到最大值。如在第一个时间段内,库存以 d_1 的速度下降,当库存量下降至订货点 R 时发出订货请求,正当库存量下降至安全库存时,第一次订货物料也在此时到达,库存量由 Q_s 上升到 Q_s+Q。在第二个时间段内,库存以 d_2 的速度下降,由于 $d_1 < d_2$,所以在相等的订货提前期内,库存消耗量较前一周期要大,因而第二周期在订货批量 Q 到达之时,动用了一部分安全库存。在第三个周期内,库存以 d_3 的速度下降,由于 $d_3 < d_1$,所以在相等的订货提前期内,库存消耗量比第一周期要少,当 Q 批量的物品到货时,库存水平还比较高,还远没有到达安全库存。因此,固定订货量系统需要随时检查库存量,并随时发出订货,故称固定订货量系统为连续检查控制系统。

一个企业采用连续检查控制方式后,其库存控制存在如下特点:

(1)每次订货批量 Q 通常是固定的,批量大小选择时主要考虑总库存成本最低的原则;

(2)每相邻两次订货点时间间隔通常是变化的,其大小主要取决于需求率的大小,需求率大则时间间隔短,需求率短则时间间隔长;

(3) 订货提前期基本不变,订货提前期是由供应商的生产与运输能力等外界因素决定的,与物资的需求情况没有直接的联系,故通常认为是一个常数,图 4-3 中用符号 L 表示。

2. 定量订货法解决的问题

(1) 确定订货点,解决什么时候订货。

(2) 确定订货批量,解决一次订货多少。

(3) 确定订货工作如何具体进行,以及库存系统的基本库存、安全库存、周转率。

3. 订货点的确定

在定量订货法中,发出订货时仓库里该品种保有的实际库存量叫作订货点。它是直接控制库存水平的关键。

(1) 影响订货点确定的主要因素。

① 需求率。需求率是指货物需求的速率,显然,需求速率越高,订货点也越高。

② 订货提前期。订货提前期是指从发出采购订单开始到收到货物为止所需要的时间长度。

③ 安全库存。安全库存是指为了防止货物发生短缺而设置的库存。当缺货成本高或服务水平要求较高、需求量波动较大、储存成本较低以及前置时间的波动较大时应保持较高的安全库存量,以尽力避免缺货。

(2) 在客户需求速率和订货提前期都稳定不变的情况下,不需要设置安全库存,即 $Q_s=0$。公式如下:

$$订货点 = 每个订货提前期的需求量 = 每天需求量 \times 订货提前期(天)$$
$$= 全年需求量 \div 360 \times 订货提前期(天)$$

(3) 在客户需求速率和订货提前期变化的情况下,需要设置安全库存。公式如下:

$$订货点 = 订货提前期的平均需求量 + 安全库存$$
$$= 单位时间的平均需求量 \times 最大订货提前期 + 安全库存$$

$$安全库存 = K \times \sqrt{最大订货提前期} \times 需求变动值$$

式中,K 为安全系数。安全系数可根据缺货概率查安全系数表(表 4-10)得到,最大订货提前期根据以往数据得到,需求变动值可用下列方法求得。

$$需求变动值 = \sqrt{\frac{\sum(y_i - y_A)^2}{n}}$$

式中,y_i 为各期需求量实际值;y_A 为各期需求量实际均值。

表 4-10 安全系数表

缺货概率(%)	30.0	27.4	25.0	20.0	16.0	15.0	13.6
安全系数值	0.54	0.60	0.68	0.84	1.00	1.04	1.10
缺货概率(%)	11.5	10.0	8.1	6.7	5.5	5.0	4.0
安全系数值	1.20	1.28	1.40	1.50	1.60	1.65	1.75
缺货概率(%)	3.6	2.9	2.3	2.0	1.4	1.0	
安全系数值	1.80	1.90	2.00	2.05	2.20	2.33	

【例 4-2】 某商品在过去 3 个月中的实际需求量分别为:1 月 126 箱,2 月 110 箱,3 月 127 箱。最大订货提前期为 2 个月,缺货概率根据经验统计为 5%,求该商品的订货点。

解:平均月需求量=(126+110+127)÷3=121(箱)

缺货概率为5%,查表得:安全系数=1.65

$$需求变动值 = \sqrt{\frac{\sum (126-121)^2 + (110-121)^2 + (127-121)^2}{3}} = 7.79$$

安全库存 = $1.65 \times \sqrt{2} \times 7.79 = 18.175 \approx 19$(箱)

订货点 = $121 \times 2 + 18 = 260$(箱)

4. 订货批量的确定

订货批量就是一次订货的数量。它直接影响库存量的高低,同时也直接影响物资供应的满足程度。在定量订货中,对每一个具体的品种而言,每次订货批量都是相同的,通常是以经济批量作为订货批量。

经济订货批量(economic order quality,EOQ),也称经济订购批量,就是按照库存总费用最小的原则确定出的订货批量,这种确定订货批量的方法就称为经济订货批量法。

固定订货量系统要求规定一个特定的 R(订货点),当库存水平达到这一点时就应该进行订购,订购批量为 Q,而且每次的订购量都是相等的。因此,对于固定订货量系统来说,首先是要确定每次的订货批量,即经济订货批量,平衡订货成本和存储成本之间的关系,使总的库存成本最低。为了确定经济订货批量,先作如下一些假设。

(1) 需求稳定,单位时间内的系统需求恒定。

(2) 订货提前期 L 不变。

(3) 每次订货批量 Q 一定。

(4) 每批订货一次入库,入库过程在极短时间内完成。

(5) 订货成本、单件存储成本和单价固定不变。

(6) 不允许出现缺货现象。

在上述条件下,库存控制决策的目的就是要确定合适的订货批量 Q 与订货点 R,最终降低库存总成本。由于不会出现缺货现象且物品单价固定不变,导致购置成本固定不变,缺货成本为零,因此这些因素均可以不考虑,仅考虑订货成本和存储成本对总库存成本的影响。

如果物品到货后的入库时间很短,则可以将全部物品看成同一时间入库。由于前置时间固定,所以可以把订货点定为前置时间内的需求量。刚入库时,库存数量为 Q 单位,由于需求率固定,随后库存数量以固定的速率降低。当库存量降低到订货点时,就按 Q 单位发出一批新的订货。经过一个固定的前置时间后,物品到达并入库,物品即将入库时的库存数量为零。库存的订购与使用循环发生。

几个库存循环如图4-4所示,图中 Q 为订货量,d 为需求率,L 为前置时间,T 为订货间隔期。其中一个循环始于收到 Q 单位的订货批量,随着时间的推移以固定速度与订货提前期不变,订货就会在库存持有量变为零时精确及时地收到。因此,订货时机的合理安排既避免了库存过量又避免了缺货。

在研究订货成本和存储成本对总库存成本的影响时,增大每次的订货批量有利于减少订货次数,降低订货成本,但订货批量的增加通常会导致平均库存量的增加,引起存储成本的上升,此时的总库存成本与订货量的变化关系如图4-5所示。如何合理控制库存,使库存总成本最低,关键是兼顾订货成本和存储成本,寻求最佳的订货批量,即经济订货批量。

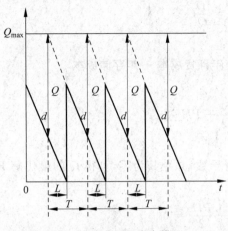

图 4-4 确定型的库存模型

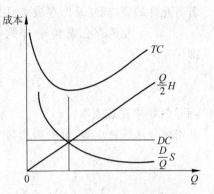

图 4-5 订货量与成本之间的关系

在年总需求量一定的情况下,订货批量越小,平均库存量及存储成本越低,发生的订货次数越多,订货成本越高,如图 4-6 所示。

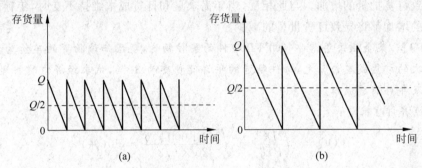

图 4-6 订货量与平均库存量、订货次数之间的关系

现暂定计划期为一年,年需求量为 D,订货批量为 Q,每次订货的成本为 C,物品的订购单价为 P,年存储费率为 H。

年持有成本等于库存平均持有量与单位年持有成本的乘积,即使有些特定品种并没有被持有 1 年。平均库存是订货批量的 1/2:库存持有量平稳地从 Q 单位降到 0,因此平均数便是 $(Q+0)/2$,即 $Q/2$,那么总持有成本可用公式表示为

$$年持有成本 = \frac{Q}{2}PH$$

另一方面,一旦订货批量增大,年订货成本就会下降,因为对于给定的年总需求来说,订货批量越大,所需订货次数就越少。比如,假如年总需求是 12 000 单位,订货批量是每批 1 000 单位,则 1 年必须订货 12 次。但如果 $Q=2\,000$ 单位,就只需要订货 6 次;如果 $Q=3\,000$ 单位,只需要订 4 次。一般情况下,年订货次数 $N=D/Q$,其中 D 为年总需求量,Q 为订货批量。订货成本不像持有成本,对订货批量反应比较迟钝;无论订货批量是多少,特定活动都得照样进行,比如确定需要量,定期评价供应源,准备发货单等。即使检查货物以证实质量与数量特征,也不受订货批量多大影响,因为大量货物只抽样检验,并不全部检查。

因此,订货成本是固定的,年订货成本是年订货次数与各批订货成本的函数。

$$年订货成本 = \frac{D}{Q}C$$

若不允许缺货,则年总库存成本可分析如下:

$$年库存总成本 = 年购入成本 + 年订货成本 + 年存储成本$$

即

$$TC = PD + C\frac{D}{Q} + PH\frac{Q}{2}$$

式中,TC 为年库存总成本。

利用微分法进行求解,对决策变量 Q 求一阶导数,并令其为零,可得 Q 的最优解 EOQ 如下:

$$\frac{\partial(TC)}{\partial Q} = -\frac{DC}{Q^2} + \frac{PH}{2} = 0$$

$$EOQ = \sqrt{\frac{2DC}{PH}}$$

从上面公式我们看到,当年存储费率与采购价格不变时,年需求量或订货成本的任何增长都将导致订货批量的增加。与此相反,当年需求量和订货成本维持不变时,年存储费率与采购价格的增加都将导致订货批量的减少。

【例4-3】 某企业每年需要耗用1 000件的某种物资,现已知该物资的单价为20元,同时已知每次的订货成本为5元,每件物资的年存储费率为20%,试求经济订货批量、年订货总成本以及年存储总成本。

解:经济订货批量:

$$EOQ = \sqrt{\frac{2DC}{PH}} = \sqrt{\frac{2 \times 1\,000 \times 5}{20 \times 0.2}} = 50(件)$$

年订货总成本:

$$C\frac{D}{Q} = 5 \times \frac{1\,000}{50} = 100(元)$$

年存储总成本:

$$PH\frac{Q}{2} = 20 \times 0.2 \times \frac{50}{2} = 100(元)$$

从计算结果可以发现,以经济订货批量订货时,年订货总成本与年存储总成本相等,此现象并非巧合,从图4-5可以看出,库存总成本最低的点所对应的订货量,也正是存储成本曲线与订货成本曲线相交的点所对应的订货量。换言之,经济订货批量正是使订货成本与存储成本相等的订货量。

【例4-4】 长城公司是生产某机械器具的制造企业,依计划每年需采购A零件10 000个,每次订货成本是100元,每个A零件每年的保管仓储成本是8元。求A零件的经济订货批量,每年的订货次数和每次的订货之间的间隔时间。

解:A零件的经济订货批量:

$$EOQ = \sqrt{\frac{2DC}{PH}} = \sqrt{\frac{2 \times 10\,000 \times 100}{8}} = 500(个)$$

$$每年的订货次数\ N = \frac{D}{\text{EOQ}} = \frac{10\ 000}{500} = 20(次/年)$$

$$每次订货的时间间隔 = \frac{365}{20} = 18.25(天)$$

5. 定量订货法的优缺点

定量订货法能经常地掌握库存储备动态，及时地提出订购，不易出现缺货；保险储备量较少；每次订购量固定，故能采用经济订购批量模型，便于包装运输和保管作业。但其存在的缺点就是要不断地核查仓库的库存量(随着库存管理信息系统的应用，此问题可较好地解决)，而且其订购时间不定，难以编制严密的采购计划，不能得到多种货物合并订购的好处(如优惠、减少运输和采购费用)。

6. 定量订货法的应用范围

在下列情况下可以考虑采用定量订货法系统模型进行库存控制。

(1) 所储物资具备进行连续检查的条件。并非所有的物资都能很方便地随时进行检查，具备进行连续检查条件是选用连续检查控制方式的前提条件。

(2) 价值虽低但需求数量大的物资以及价格昂贵物资。这些均是需要严格重点控制的物资，应该考虑采用连续检查控制方式进行控制。前者是因为此类物资价低量大，采用连续检查控制的一些较易实施的方案可以简化控制程序，后者是因为连续检查控制方式可以及时收集库存信息，较灵活地优化库存控制与管理。

(3) 易于采购的物资。采用连续检查控制方式，订货点时间无法确定，因此连续检查控制方式适用于市场上随时可以采购到的物资。

三、定期订货管理法

1. 定期订货法的原理

定期订货法的原理，是预先确定一个订货周期 T 和一个最高库存量 $Q_{\max}$，周期性检查库存，发出订货。订货批量的大小应使订货后的"名义"库存量达到额定的最高库存量 $Q_{\max}$。定期订货法的运行模型如图 4-7 所示。

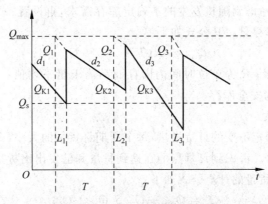

图 4-7 定期订货法的运行模型

由图 4-7 中可见，每相邻两次订货点时间间隔是固定的，都为 T，即 T 为订购周期，Q_s 表示安全库存量，Q_1、Q_2、Q_3 为订货批量，而且订货批量通常是变化的，即 Q_1、Q_2、Q_3 不一定相等，Q_{K1}、Q_{K2}、Q_{K3} 为订货点，而且订货点也往往不同。所以，此种控制方式的关键是确定订货间隔期。由于固定间隔期系统采用固定的订货间隔期,通常按月或季来划分,有利于企业科学管理。例如,采用定期订货法的企业从客观上比较容易制订出统一的采购计划,将一段时间内需要采购的物品汇总采购,更容易获得价格优惠。定期订货法不需要随时检查库存量,到了固定的间隔期,各种不同的物资可以同时订货。这样,既简化了管理,也节省了订货费。

2. 定期订货法解决的问题

(1) 确定订货周期,解决间隔多长时间订货。

(2) 确定最高库存量,解决企业库存量的高库控制线是多少。

(3) 确定订货量,解决一次订货多少。

3. 订货周期确定

在定期订货法中,订货点实际上就是订货周期,其间隔时间总是相等的。它直接决定最高库存量的大小,即库存水平的高低,进而也决定了库存成本的多少。从费用角度出发,如果要使总费用达到最小,可以采用经济订货周期方法来确定。其公式如下:

$$T_0 = \sqrt{\frac{2C}{DPH}}$$

式中,T_0 为经济订货周期;C 为单次订货成本;D 为库存商品的年需求量;P 为物品的订购单价;H 为年存储费率。

【例 4-5】 某制造公司每年以单价 8 元购入 10 000 单位的某种物品。每次订货的订货成本为 25 元,每单位每年的储存成本为 2 元(即 $PH=2$)。求经济订货间隔期(注:一年有 250 个工作日)。

解:经济订货周期为

$$T_0 = \sqrt{\frac{2C}{DPH}} = \sqrt{\frac{2 \times 25}{10\,000 \times 2}} = 0.05(年) = 0.05 \times 250 = 12.5(日)$$

4. 最高库存量的确定

定期订货法的最高库存量可以满足 $T+\overline{T}_K$ 期间内的库存需求。所以用 $(T+\overline{T}_K)$ 期间的库存需求量为基础,考虑到随机发生的不确定库存需求,再设置一定的安全库存,这样就可以简化地求出最高库存量。其公式如下:

$$Q_{\max} = \overline{R}(T+\overline{T}_K) + Q_s$$

式中,$Q_{\max}$ 为最高库存量;$\overline{R}$ 为单位时间内库存商品需求量平均值;T 为订货周期;$\overline{T}_K$ 为平均订货提前期;Q_s 为安全库存。

5. 订货批量的确定

定期订货法没有固定不变的订货批量,每个周期订货量的大小,等于该周期的最高库存量与实际库存量的差值。考虑到订货点的在途到货量和已发出出货指令尚未出货的待出货数量,则每次订货的订货量的计算公式如下:

$$Q_i = Q_{\max} - Q_{Ni} - Q_{Ki} + Q_{Mi}$$

式中,Q_i 为第 i 次订货的订货量;$Q_{\max}$ 为最高库存量;Q_{Ni} 为第 i 次订货点的在途到货量;Q_{Ki} 为第 i 次订货点的实际库存量;Q_{Mi} 为第 i 次订货点的待出库货数量。

【例 4-6】 某仓库 A 商品订货周期 18 天,平均订货提前期 3 天,平均库存需求量为每天 120 箱,安全库存量 360 箱。另某次订货时在途到货量 600 箱,实际库存量 1500 箱,待出库货物数量 500 箱,试计算该仓库 A 商品最高库存量和该次订货时的订货批量。

解：最高库存量为

$$Q_{\max} = \overline{R}(T + \overline{T}_K) + Q_s = 120(18 + 3) + 360 = 2\,880(箱)$$

订货批量为

$$Q_i = Q_{\max} - Q_{Ni} - Q_{Ki} + Q_{Mi} = 2\,880 - 600 - 1\,500 + 500 = 1\,280(箱)$$

6. 定期订货法的应用范围

具有下列特点的物品可以考虑定期订货法系统实行库存控制。

(1) 企业需要定期盘点和定期采购或生产的物资。这些物资主要指成批需要的各种原材料、配件、毛坯和零配件等。在编制上述物资的采购计划时通常均要考虑现有库存的情况,由于计划是定期制订并执行的,因此,这些物资需要定期盘点和定期采购。

(2) 具有相同供应来源的物资。此处具有相同供应来源的物资是指同一供应商生产或产地在同一地区的物资,由于物资来源的相似性,采用统一采购策略,不仅能够节约订货和运输费用,而且可以获得一定的价格折扣,降低购货成本。另外,还可以保证统一采购的顺利进行。

(3) 供货渠道较少或供货来自中心仓库的物资。其库存管理可采用固定间隔期系统进行控制。

温故知新

一、不定项选择题

1. 库存在企业中的作用之一是可以平衡( )。
   A. 价格和订货周期的波动   B. 订货量和订货点的波动
   C. 采购和运输的波动   D. 供应和需求的波动

2. 按照控制对象价值的不同或重要程度的不同进行分类,A 类库存的( )。
   A. 品种种类占总品种数的比例约为 10%,价值占存货总价值的比例约为 70%
   B. 品种种类占总品种数的比例约为 20%,价值占存货总价值的比例约为 20%
   C. 品种种类占总品种数的比例约为 70%,价值占存货总价值的比例约为 10%
   D. 品种种类占总品种数的比例约为 70%,价值占存货总价值的比例约为 70%

3. ABC 分类法包括下述步骤,请选择它们正确的顺序。( )
   (1) 将物品按年耗用金额从大到小进行排序
   (2) 计算各种物品占用资金占全部库存占用资金的百分比进行累计
   (3) 按照分类标准进行分类,确定 ABC 三类物品
   A. (2)→(3)→(1)   B. (1)→(3)→(2)
   C. (3)→(1)→(2)   D. (1)→(2)→(3)

4. 在 ABC 分类的库存策略中,A 类存货的库存控制策略是( )。
   A. 严密控制,每月检查一次   B. 一般控制,每 3 个月检查一次
   C. 自由控制   D. 严密控制,随时检查

5. 订购点即提出订购时的物料储备量,它等于从提出订购到物资进库并能投入使用之前这一段时间的物资需要量加上( )。
   A. 现有库存量   B. 平均库存量   C. 已订未到量   D. 安全库存量

6. 订货提前期是指(　　)为止的一段时间。
   A. 从产品生产开始到收到订货批量　　B. 从产品生产完成到收到订货批量
   C. 从订货开始到收到订货批量　　　　D. 从订货开始到产品生产完成
7. 采用定量订货方式必须预先确定(　　)和订货批量。
   A. 订货点　　　B. 订货周期　　　C. 运输方式　　　D. 储存方式
8. 对于确定型的经济订货批量模型,其年总成本一般是由(　　)构成。
   A. 订购成本　　B. 订货成本　　　C. 缺货成本　　　D. 储存成本
9. 在一定时期内,有关订货费的下列描述中不正确的是(　　)。
   A. 订货费与订货次数有关　　　　　B. 订货费与订货速率有关
   C. 订货费与需求速率有关　　　　　D. 一次订货中,订货费与订货量有关
10. 定期订货是通过设定订货周期和(　　)从而达到库存控制的目的。
    A. 库存维持成本　　B. 采购成本　　C. 最高库存　　　D. 订货量

二、计算题

1. 长城公司是生产某机械器具的制造企业,依计划每年需采购 A 零件 10 000 个,每次订货成本是 100 元,每个 A 零件每年的保管仓储成本是 8 元。求 A 零件的经济订货批量、每年的订货次数和每次的订货之间的间隔时间?

2. 已知年需求量 $D=10\ 000$ 件;日平均需求量 $d=10\ 000/365$ 件,订购成本 $S=100$ 元/次,储存成本 $H=2.5$ 元/(单位·年);订货提前期 $L=10$ 天,产品单价为 $C=25$ 元/件。求经济订货批量、订货点和年总成本。

3. 某工厂每年以单位价 10 元购入 10 000 单位的某种物品。每次订货的订购成本为 100 元,每单位每年的储存成本为 5 元。如订货提前期为 10 日,一年有 250 个工作日,求经济订货周期、最高库存量和年总成本是多少?

4. 某建筑批发商需要定期从一个供应商那里购进水泥。水泥在一年之中的需求是非常稳定的。去年,公司一共出售了 2 000t 水泥。估计每次订货所需花费的订购成本在 25 美元左右,存储成本率为水泥价格的 20%。公司购进水泥的价格为每吨 60 美元。它每次的订货量应该是多少?

5. 某公司物品的年需求量为 3 000,订购成本为每次 20 元,单位成本 12 元,库存持有成本率为 25%,当该物品的保存地点为 1 个仓库和 2 个仓库的情况下,其经济订货批量、库存成本各为多少?

6. 某电子商务企业保持有 10 种商品的库存,有关资料如表 4-11 所示。为了对这些库存商品进行有效的控制和管理,该企业打算根据商品的投资大小分类。请用 ABC 分类法将这些商品分为 A、B、C 三类。

表 4-11　库存商品有关资料

商品编号	单价(元)	需求量(件)	商品编号	单价(元)	需求量(件)
A	4.00	300	F	2.00	150
B	8.00	1 200	G	6.00	40
C	1.00	290	H	2.00	700
D	2.00	140	I	5.00	50
E	1.00	270	J	3.00	2 000

7. 某企业购进某商品,全年进货总量为 20 000 件,每次采购费用为 2 000 元,单位商品储存费用为 5 元。求该商品的经济批量、进货次数、进货周期和进货总费用。

8. 某水泥销售公司其 6 周内销售水泥情况如表 4-12 所示。

表 4-12　6 周内销售水泥情况

周数	1	2	3	4	5	6
水泥(t)	78	76	90	88	72	76

若它们服从正态分布,订货的进货提前期为 1 周,一次订货费用为 147 元,每一吨水泥储存一周的保管费为 6 元,要求库存满足率达到 95%。若实行定量订货法控制,请确定该公司的订货点与订货批量?

(提示:库存满足率为 95% 时,其安全系数为 1.65)

9. 某制造公司每年以单价 8 元购入 10 000 单位的某种物品。每次订货的订货成本为 25 元,每单位每年的储存成本为 2 元(即 $PH=2$)。若前置时间为 10 日,一年有 250 个作业日,问经济订货间隔期,最高库存数量和最低年总成本各为多少?

职场训练

速达运公司某大型配送中心的物动量信息如表 4-13～表 4-18 所示。请结合 ABC 分类原则,对其进行物流量 ABC 分析。

如何进行 ABC 分类

表 4-13　出库作业周报 1

制表人:李毅　　　　　　　　　　　　　　　　　　　制表时间:2018 年 2 月 14 日

货品编码/条码	货品名称	出库量(箱)
6901521103123	五爱牙刷	20
6902774003017	尊龙笔记本散热器	6
6903148042441	爱国者音箱	15
6932010061815	雀巢高钙营养奶粉	50
6918010061360	FAST 八口路由器	20
6932010061884	妮维雅男士多效洁面乳	450
6918163010887	蓝月亮洗衣液	88
6920855784129	百荷轩紫云英蜂蜜	900
6920907800173	南方黑芝麻糊	37
6931528109163	维他麦快速燕麦片	20
6932010061921	鳄鱼运动男袜	80
6932010061938	迪森高尔夫男船袜	600
6932010061822	完达山加锌奶粉	397
6932010061839	多嘉白砂糖	16
6932010061969	旺旺牛奶糖	100
6932010061853	太太乐鸡精	30
6932010061860	多力黄金葵花籽油	28
6932010061877	多力橄榄葵花籽油	21
6932010061846	莲花味精	12

续表

货品编码/条码	货品名称	出库量(箱)
6932010061891	相宜本草美白祛斑洁面膏	12
6932010061907	中华皓白柠檬薄荷牙膏	130
6932010061914	中华皓白步奏柠檬薄荷牙膏	10
6932010061808	雀巢全脂奶粉	0
6920855052068	老山蜂蜜洋槐蜜	0
6932010061945	五月花无芯卷	10
6932010061952	维达功夫熊猫软抽	150
6917878007441	雷柏无线麦克风耳机	18
6932010061976	卡夫奥利奥夹心草莓味	0
6932010062065	卡斯特卡拉德隆特选干红	100
6939261900108	大力工具包	8

表4-14 出库作业周报2

制表人：李毅　　　　　　　　　　　　　　　　　　　制表时间：2018年2月21日

货品编码/条码	货品名称	出库量(箱)
6901521103123	五爱牙刷	14
6902774003017	尊龙笔记本散热器	15
6903148042441	爱国者音箱	8
6932010061815	雀巢高钙营养奶粉	110
6918010061360	FAST八口路由器	20
6932010061884	妮维雅男士多效洁面乳	410
6918163010887	蓝月亮洗衣液	81
6920855784129	百荷轩紫云英蜂蜜	600
6920907800173	南方黑芝麻糊	20
6931528109163	维他麦快速燕麦片	16
6932010061921	鳄鱼运动男袜	67
6932010061938	迪森高尔夫男船袜	628
6932010061822	完达山加锌奶粉	380
6932010061839	多嘉白砂糖	19
6932010061969	旺旺牛奶糖	100
6932010061853	太太乐鸡精	13
6932010061860	多力黄金葵花籽油	20
6932010061877	多力橄榄葵花籽油	19
6932010061846	莲花味精	21
6932010061891	相宜本草美白祛斑洁面膏	23
6932010061907	中华皓白柠檬薄荷牙膏	150
6932010061914	中华皓白步奏柠檬薄荷牙膏	9
6932010061808	雀巢全脂奶粉	10
6920855052068	老山蜂蜜洋槐蜜	20
6932010061945	五月花无芯卷	9
6932010061952	维达功夫熊猫软抽	130
6917878007441	雷柏无线麦克风耳机	28

续表

货品编码/条码	货品名称	出库量（箱）
6932010061976	卡夫奥利奥夹心草莓味	19
6932010062065	卡斯特卡拉德隆特选干红	120
6939261900108	大力工具包	10

表 4-15　出库作业周报 3

制表人：李毅　　　　　　　　　　　　　　　　　　制表时间：2018 年 3 月 1 日

货品编码/条码	货品名称	出库量（箱）
6901521103123	五爱牙刷	20
6902774003017	尊龙笔记本散热器	12
6903148042441	爱国者音箱	15
6932010061815	雀巢高钙营养奶粉	170
6918010061360	FAST 八口路由器	20
6932010061884	妮维雅男士多效洁面乳	540
6918163010887	蓝月亮洗衣液	88
6920855784129	百荷轩紫云英蜂蜜	405
6920907800173	南方黑芝麻糊	23
6931528109163	维他麦快速燕麦片	18
6932010061921	鳄鱼运动男袜	60
6932010061938	迪森高尔夫男船袜	600
6932010061822	完达山加锌奶粉	440
6932010061839	多嘉白砂糖	10
6932010061969	旺旺牛奶糖	120
6932010061853	太太乐鸡精	22
6932010061860	多力黄金葵花籽油	25
6932010061877	多力橄榄葵花籽油	26
6932010061846	莲花味精	23
6932010061891	相宜本草美白祛斑洁面膏	14
6932010061907	中华皓白柠檬薄荷牙膏	127
6932010061914	中华皓白步奏柠檬薄荷牙膏	15
6932010061808	雀巢全脂奶粉	20
6920855052068	老山蜂蜜洋槐蜜	10
6932010061945	五月花无芯卷	17
6932010061952	维达功夫熊猫软抽	130
6917878007441	雷柏无线麦克风耳机	15
6932010061976	卡夫奥利奥夹心草莓味	10
6932010062065	卡斯特卡拉德隆特选干红	70
6939261900108	大力工具包	12

表 4-16　出库作业周报 4

制表人：李毅　　　　　　　　　　　　　　　　　　　　制表时间：2018 年 3 月 8 日

货品编码/条码	货品名称	出库量（箱）
6901521103123	五爱牙刷	0
6902774003017	尊龙笔记本散热器	32
6903148042441	爱国者音箱	90
6932010061815	雀巢高钙营养奶粉	50
6918010061360	FAST 八口路由器	27
6932010061884	妮维雅男士多效洁面乳	330
6918163010887	蓝月亮洗衣液	80
6920855784129	百荷轩紫云英蜂蜜	800
6920907800173	南方黑芝麻糊	10
6931528109163	维他麦快速燕麦片	14
6932010061921	鳄鱼运动男袜	50
6932010061938	迪森高尔夫男船袜	700
6932010061822	完达山加锌奶粉	600
6932010061839	多嘉白砂糖	30
6932010061969	旺旺牛奶糖	140
6932010061853	太太乐鸡精	16
6932010061860	多力黄金葵花籽油	26
6932010061877	多力橄榄葵花籽油	15
6932010061846	莲花味精	20
6932010061891	相宜本草美白祛斑洁面膏	22
6932010061907	中华皓白柠檬薄荷牙膏	100
6932010061914	中华皓白步奏柠檬薄荷牙膏	15
6932010061808	雀巢全脂奶粉	13
6920855052068	老山蜂蜜洋槐蜜	20
6932010061945	五月花无芯卷	15
6932010061952	维达功夫熊猫软抽	100
6917878007441	雷柏无线麦克风耳机	20
6932010061976	卡夫奥利奥夹心草莓味	20
6932010062065	卡斯特卡拉德隆特选干红	89
6939261900108	大力工具包	20

表 4-17　出库作业周报 5

制表人：李毅　　　　　　　　　　　　　　　　　　　　制表时间：2018 年 3 月 15 日

货品编码/条码	货品名称	出库量（箱）
6901521103123	五爱牙刷	40
6902774003017	尊龙笔记本散热器	18
6903148042441	爱国者音箱	22
6932010061815	雀巢高钙营养奶粉	20
6918010061360	FAST 八口路由器	21
6932010061884	妮维雅男士多效洁面乳	520

续表

货品编码/条码	货品名称	出库量(箱)
6918163010887	蓝月亮洗衣液	88
6920855784129	百荷轩紫云英蜂蜜	700
6920907800173	南方黑芝麻糊	18
6931528109163	维他麦快速燕麦片	18
6932010061921	鳄鱼运动男袜	50
6932010061938	迪森高尔夫男船袜	800
6932010061822	完达山加锌奶粉	530
6932010061839	多嘉白砂糖	15
6932010061969	旺旺牛奶糖	140
6932010061853	太太乐鸡精	15
6932010061860	多力黄金葵花籽油	20
6932010061877	多力橄榄葵花籽油	20
6932010061846	莲花味精	12
6932010061891	相宜本草美白祛斑洁面膏	11
6932010061907	中华皓白柠檬薄荷牙膏	76
6932010061914	中华皓白步奏柠檬薄荷牙膏	16
6932010061808	雀巢全脂奶粉	10
6920855052068	老山蜂蜜洋槐蜜	30
6932010061945	五月花无芯卷	12
6932010061952	维达功夫熊猫软抽	130
6917878007441	雷柏无线麦克风耳机	20
6932010061976	卡夫奥利奥夹心草莓味	7
6932010062065	卡斯特卡拉德隆特选干红	78
6939261900108	大力工具包	20

表 4-18　出库作业周报 6

制表人：李毅　　　　　　　　　　　　　　　　　制表时间：2018 年 3 月 22 日

货品编码/条码	货品名称	出库量(箱)
6901521103123	五爱牙刷	10
6902774003017	尊龙笔记本散热器	27
6903148042441	爱国者音箱	30
6932010061815	雀巢高钙营养奶粉	30
6918010061360	FAST 八口路由器	20
6932010061884	妮维雅男士多效洁面乳	470
6918163010887	蓝月亮洗衣液	60
6920855784129	百荷轩紫云英蜂蜜	500
6920907800173	南方黑芝麻糊	20
6931528109163	维他麦快速燕麦片	20

续表

货品编码/条码	货品名称	出库量(箱)
6932010061921	鳄鱼运动男袜	50
6932010061938	迪森高尔夫男船袜	900
6932010061822	完达山加锌奶粉	800
6932010061839	多嘉白砂糖	20
6932010061969	旺旺牛奶糖	110
6932010061853	太太乐鸡精	20
6932010061860	多力黄金葵花籽油	15
6932010061877	多力橄榄葵花籽油	12
6932010061846	莲花味精	18
6932010061891	相宜本草美白祛斑洁面膏	22
6932010061907	中华皓白柠檬薄荷牙膏	70
6932010061914	中华皓白步奏柠檬薄荷牙膏	22
6932010061808	雀巢全脂奶粉	18
6920855052068	老山蜂蜜洋槐蜜	28
6932010061945	五月花无芯卷	11
6932010061952	维达功夫熊猫软抽	160
6917878007441	雷柏无线麦克风耳机	11
6932010061976	卡夫奥利奥夹心草莓味	20
6932010062065	卡斯特卡拉德隆特选干红	108
6939261900108	大力工具包	17

任务四 6S 操作

任务描述

5S活动是日本企业普遍采用的一种现场管理方法,现已在世界许多国家得到推广应用。开展5S活动有助于改善物质环境,提高职工素质,对提高工作效率,保证产品质量,降低生产成本,保证交货期具有重要的作用。仓库要定期进行5S活动,即开展整理、整顿、清扫、清洁、修养。做到地面无油污、无积水,零件无灰尘,库容要整洁。6S是在5S的基础上,考虑到安全生产,杜绝事故,增加了一项内容,即安全。

任务引导

(1) 脏乱差的仓库现场将给客户留下何种印象?

(2) 海尔品质是有目共睹的,员工品质意识高、机械设备正常使用保养,产品高标准要求,生产现场干净整洁,这些都归功于海尔的6S卓越管理。你从海尔的6S管理中获得哪些方面的启示?

(3) 物流企业应如何开展6S管理?

步骤一 了解6S管理的起源与发展

1. 6S管理的起源

6S管理是在5S管理基础上发展起来的,都起源于日本企业,是指在生产现场中对人、机、料、法等生产要素进行有效的管理。这是日本企业一种独特的管理办法。

1955年,为了确保作业空间和安全,日本开始推行2S。它的宣传口号为:"安全始于整理,终于整理整顿"。后因生产和品质控制的需要而逐步提出了3S,即清扫、清洁、修养,使其应用空间及适用范围进一步拓展。1986年,日本有关5S的著作逐渐问世,从而对整个现场管理模式起到了冲击作用,并由此掀起了5S的热潮。

2. 6S管理的发展

(1) 第二次世界大战后,日本企业将5S作为管理工作的基础,使产品品质迅速提升,为日本奠定了经济大国的地位。

(2) 在丰田公司的倡导下,5S对塑造企业的形象、降低成本、准时交货、安全生产、现场改善等方面发挥了巨大作用,被各国的管理界所认识。

(3) 随着世界经济的发展,5S成为管理的新潮流。

(4) 根据企业进一步发展的需要,有的公司在原来5S的基础上又增加了节约(save)及安全(safety)这两个要素,形成了"7S",也有的企业加上习惯化(shiukanka)、服务(service)、坚持(shikoku),形成了"10S"。但是万变不离其宗,所谓"7S""10S"都是从"5S"里衍生出来的。

步骤二 掌握6S活动的基本内容

1. 整理

整理(seire)就是明确区分需要的和不需要的物品,在生产现场保留需要的,清除不必要的。即是对物品进行区分和归类,将经常使用的物品放在使用场所附近,而将不经常使用或很少使用的物品放在高处或远处。实施整理的目的是节省空间,防治误发误用,防治积压变质,只管理需要的物品,以提高管理质量和管理效率。

可以根据物品的使用频率来粗略判断物品的需要与不需要的情况。工作场所中的物品大致可分为四类:①一年以上未用过;②半年内仅用一至四次;③一个月内至少使用一次;④随时均需使用。

2. 整顿

整顿(seiton)就是将现场所需物品有条理地定位与定量放置,让这些物品始终处于任何人都能随时方便使用的位置。即要做到凡物必分类,有类必有区,有区必有标记。其目的是便于查找存放的物品。其步骤分为:①彻底执行整理的工作;②规划放置场所;③确定放置方法;④详细加以标示;⑤摆放科学,使商品容易取用并容易归位。

3. 清扫

清扫(seiso)是指清除垃圾、美化环境,让工作场所始终维持着无垃圾、无灰尘、干净整洁的状态。在整理、整顿后,要把工作场所彻底打扫干净,杜绝污染源。实施清扫的原因在于干净明亮的工作环境有利于产品质量的提高。清扫要分五个阶段来实施:①将地面、墙壁和窗户打扫干净。②划出表示整顿位置的区域和界线。③将可能产生污染的污染源清理干净。④对设备进行清扫、润滑,对电器和操作系统进行彻底检查。⑤制定作业现场的清扫规程并实施。

4. 清洁

清洁(seiketsu)是指让环境保持洁净清洁的状态,将整理、整顿、清扫进行到底,并制度化,管理公开化、透明化。清洁是一种状态,是维持整理、整顿、清扫的结果。实施清洁的原因在于:清洁的环境能使人心情愉快、积极乐观。清洁的要点有:①车间环境要整齐、清洁、卫生;②人员与物品要一样清洁;③精神上的清洁也同样值得重视;④使环境不受污染。

5. 修养

修养(shitsuke)是指养成能够正确地执行所决定事情的习惯并能形成制度。习惯是要求出来的,它的养成可以通过环境卫生、日常工作、公司制度和行政命令、会议决议的执行等方面来形成。不论是在家庭或是在其他地方,前4S是身边谁都能做到的事,不仅应该做到也应该做好,修养就是这4S的继续和升华。实施修养的原因在于培养遵纪守法、品德高尚、具有责任感的员工,营造团队精神。

6. 安全

安全(safety)与危险是相互对应的,它们是我们对生产、生活中不可遭受人身伤害的综合认识。安全生产是一种生产经营单位的行为,是指在组织生产经营活动的过程中为避免发生人员伤害和财产损失,而采取相应的事故预防和控制措施以保证我们人身安全,保证生产经营活动得以顺利进行的相关活动。因此,企业应该重视成员安全教育,每时每刻都有安全第一观念,防患于未然。其目的是建立起安全生产的环境,所有的工作应建立在安全的前提下。

步骤三　了解开展6S活动的原则

1. 自我管理的原则

良好的工作环境,不能单靠添置设备,也不能指望别人来创造。应当充分依靠现场人员,由现场的当事人员自己动手为自己创造一个整齐、清洁、方便、安全的工作环境,使他们在改造客观世界的同时,也改造自己的主观世界,产生"美"的意识,养成现代化大生产所要求的遵章守纪、严格要求的风气和习惯。因为是自己动手创造的成果,也就容易保持和坚持下去。

2. 勤俭办厂的原则

开展6S活动,会从生产现场清理出很多无用之物,其中,有的只是在现场无用,但可用于其他的地方;有的虽然是废物,但应本着废物利用、变废为宝的精神,该利用的应千方百计地利用,需要报废的也应按报废手续办并收回其"残值",千万不可只图一时处理"痛快",不分青红皂白地当作垃圾一扔了之。对于那种大手大脚、置企业财产于不顾的"败家子"作风,应及时制止、批评、教育,情节严重的要给予适当处分。

3. 持之以恒的原则

6S活动开展起来比较容易,可以搞得轰轰烈烈,在短时间内取得明显的效果,但要坚持下去,持之以恒,不断优化就不太容易。不少企业发生过一紧、二松、三垮台、四重来的现象。因此,开展6S活动,贵在坚持,为将这项活动坚持下去,企业首先应将6S活动纳入岗位责任制,使每一部门、每一人员都有明确的岗位责任和工作标准;其次,要严格、认真地搞好检查、评比和考核工作、将考核结果同各部门和每一人员的经济利益挂钩;最后,要坚持 PDCA 循环,不断提高现场的 6S 水平,即要通过检查,不断发现问题,不断解决问题。因此,在检查考核后,还必须针对问题,提出改进的措施和计划,使 6S 活动坚持不断地开展下去。

步骤四　某物流公司仓库 6S 管理规范表

某物流公司仓库 6S 管理规范如表 4-19 所示。

表 4-19　某物流公司仓库 6S 管理规范

序号	项目	规范要求
1	整理	对呆、废、滞物品进行清理
		把一个月之内计划不会使用的物品放到指定位置
		把一周之内计划要用的物品放到易取的位置
2	整顿	按仓库总提规划图进行区域标识
		物品按规划进行放置,物品放置的位置也符合规划
		物品放置整齐,易于收发
		物品放置的显著位置要有明显的标识,易于辨认
		仓库通道畅通,不被堵塞
		使用的装卸工具、运输工具、计量工具等使用后摆放整齐
		消防器材符合要求并且容易拿取
		地面、墙壁、天花板、门窗要打扫干净,无灰尘
		物品不能裸露摆放,物品的外包装要清扫干净
3	清扫	机械装卸设备及运输工具要定期进行清理和保养
		物品仓储区域要整齐、通风、明亮
		各类水源污染、油污管理等要及时进行修护
4	清洁	每天上班后、下班前各花 3min 时间做 6S 管理工作
		随时自我检查、互相检查、抽样检查
		对检查中发现的问题及时解决
		整理、整顿、清扫等工作坚持不懈地开展
5	修养	员工佩戴厂牌,穿厂服,仪容整齐、健康、大方
		员工言谈举止文明,对人大方得体
		员工工作精神饱满
		员工在组织装卸搬运商品时,小心谨慎,避免损坏商品
		员工有团队精神、互帮互助,团队 6S 管理意识强
		员工的时间观念强
6	安全	人人树立预防为主的安全意识
		仓库内严禁吸烟和带入火种
		不穿有铁掌的鞋子进入库区
		全体员工均会正确使用消防器材,会拨打 119 电话
		掌握一定的消防安全知识
		消防器材周围严禁堆放货物和杂货
		任何人无事不得动用消防器材
		仓库内外要留足消防通道,保持通道畅通
		安全责任落实到人

速达运企业视角

1. 仓库保管员要熟练掌握各种货物存储养护知识(平时要将每种货物的保管要求装订成册),按照货物保管要求,认真做好货物的日常维护工作,降低货物自然变异程度。

2. 随时了解气候变化对库存货物的影响,根据货物养护要求,适时通风,做到雨前、雨中、雨后三检查,雷雨、大风、冰雹等恶劣天气勤检查,正常天气每天早、中、晚对所保管的货物进行巡视,发现问题及时处理或向领导汇报,确保库存货物的安全与完整。

3. 加强温湿度监控,每天三次记录仓库内外温湿度情况,根据内外温湿度差异决定门窗的开启与关闭,并将每月的记录汇总交公司综合科内勤存档。

4. 货物出库后对出货区域进行清理打扫,并定时打扫库房内、外的环境卫生,保持仓库内地面干净,库房外无杂草、杂物。

5. 外来人员及提货、送货人员不得随意进入仓库,如工作需要进入仓库必须经相关领导批准。

6. 仓库保管员应掌握库存货物的数量、质量及保管要求等情况,每月底对货物进行一次全面盘存,并在盘存单上签字确认,确保货物、单据、账册、计算机数据相符。

 温故知新

不定项选择题

1. 5S 管理就是(   )。
    A. 整理   B. 整顿   C. 清扫
    D. 清洁   E. 修养

2. 下面选项中不属于 6S 管理项目是(   )。
    A. 整顿   B. 节约   C. 清洁   D. 安全

3. 开展 6S 活动的原则有(   )。
    A. 自我管理的原则   B. 互相监督的原则
    C. 勤俭的原则   D. 定期检查的原则
    E. 持之以恒原则

4. 我司 6S 管理规定适用范围有(   )。
    A. 工作现场   B. 仓库   C. 办公室   D. 员工宿舍

5. 进行整顿工作时,要将必要的东西分门别类,其目的是(   )。
    A. 塑造一目了然场所   B. 确保员工职业安全与健康
    C. 缩短寻找物品的时间   D. 清除过多的积压物品

6. 整理"要"与"不要"的分类标准中,下列(   )属于不要的范围。
    A. 不再使用的设备、工夹具、模具   B. 老旧无用的报表、账本
    C. 工作区内经常使用的物品   D. 废弃的旧指套、晶片膜

7. 下列属于 6S 管理制度"整顿"项目中的是(   )。
    A. 工作区各类物料应按规定的区域摆放整齐
    B. 不良品应设置在明显的地方,并有标识

C. 在全公司范围内进行扫除

D. 地板机台设备工作台料架等应定期清扫

8. 清扫在工作中的位置是(　　)。

　　A. 地上、料架、桌子是否干净　　　　B. 生产效率高

　　C. 有空再打扫　　　　　　　　　　　D. 消除污垢,自主保养

9. 以下行为,(　　)事件不可在工作场所出现。

　　A. 工作积极负责,服从管理和调配

　　B. 为同事张三过生日,上班时大家买了一些零食到同事张三办公室祝贺

　　C. 早上上班时,整理物品,工具归位

　　D. 把个人用品和工具定位摆放,不乱丢

10. 6S 和产品质量有关系的是(　　)。

　　A. 增加产量　　　B. 改善品质　　　C. 没多大关系　　　D. 工作方便

 职场训练

速达运可乐配送中心经理在总部的高管培训中学习了 6S 管理方法,培训中看到库房管理按照 6S 要求,货物按要求整齐放置,做到区域明确,摆放安全、整洁有序、标识清晰准确、数量、状态、规格、型号与实物一致。库房地面画线清楚,功能分区明确,通道畅通,不允许有物品占用通道,或压通道线。对比公司目前的仓库管理,差距很大,经常出现货账不符、仓库乱差的现象。作为项目经理,应如何按照要求做好 6S 管理工作?

项目五 出库作业

【知识与技能目标】

(1) 理解订单处理的基本步骤,掌握订单处理员岗位的操作技能。

(2) 理解分拣、配货、补货作业方式及步骤,掌握这些相关作业的操作技能。

(3) 理解几种典型的流通加工作业,掌握组织开展简单流通加工的技能。

(4) 理解货物出库作业流程,熟悉货物出库作业管理要求及其出库方式,掌握出库作业操作及出库交接的技能。

(5) 了解送货管理的重要性,掌握送货的基本要求及流程。

(6) 理解配送车辆积载技术,掌握车辆积载方案制订技能。

(7) 理解车辆配送路线选择技术,掌握车辆配送路线方案制订技能。

(8) 理解退货流程,能进行退货原因分析,掌握退货作业操作技能。

任务一　订单处理操作

订单处理(order processing):有关客户和订单的资料确认、存货查询和单证处理等活动(GB/T 22126—2008)。具体是指从接到客户订货开始到准备拣货为止的作为阶段,对客户订单进行品项数量、交货日期、客户日期、客户信用度、订单金额、加工包装、订单号码、客户档案、配送货方法和订单资料输出等一系列的技术工作。

(1) 在仓储配送中,接到客户订单,怎么去判断是否有效?判断的依据是什么?

(2) 当某种商品库存量无法满足 A 客户、B 客户、C 客户订单要求量时,该怎样进行分配?依据是什么?如果缺货又该如何处理?

(3) 在物流领域,顶级高手与平庸之辈的差距就在于订单处理。这是人们在多年的物流实践中得出的一个结论。那么如何提高订单处理的效率和准确性呢?

(4) 联华超市与光明乳业之间建立了自动订货系统。自动订货系统的推行,使牛奶这一冷链商品在门店销售中既保证了鲜度又扩大了销售。同样的方式,"个性生鲜"的特点逐步在联华扎根生长。电子订单传输方式对企业的影响是什么？

（5）订单处理作业可以用哪些指标进行考核？

任务实施

步骤一　理解订单处理

订单处理是开始整个物流作业的开端，也是服务质量得以保障的根本。订单处理分为人工和计算机两种方式。人工处理具有较大的弹性，但只适合少量的订单处理，一旦订单数量较多，处理将变得缓慢且易出错。计算机处理则速度快、效率高，适合大量的订单处理。

步骤二　掌握订单处理的基本步骤

一、接受订货

配送中心接受客户订货的方式主要有传统订货方式（表 5-1）和电子订货方式（表 5-2）两大类。随着流通环境及科技的发展，接受客户订货的方式也逐渐由传统的人工下单、接单，演变为计算机间直接送收订货信息的电子订货方式。

表 5-1　传统订货方式

传统订货方式	具 体 操 作
厂商补货	供应商直接将商品放在车上，一家家去送货，缺多少补多少。此种方式对于周转率较快的商品或新上市商品较常使用
厂商巡货、隔日送货	供应商派巡货人员前一天先至各客户处寻查补充之货品，隔天再予以补货的方式。此方法厂商可利用巡货人员为店面整理货架、贴标或提供经营管理意见、市场资讯等，也可促销新品或将自己的商品放在最占优势的货架上
电话口头订货	订货人员将商品名称及数量，以电话口述形式向厂商订货。但因客户每天订货的品项可能达数十项，而且这些商品常由不同的供应商供货，因此利用电话订货所费时间太长，且错误率高
传真订货	客户将缺货资料整理成书面资料，利用传真机传给厂商。利用传真机虽可快速地传送订货资料，但其传送资料品质不良常增加事后确认作业
邮寄订单	客户将订货表单，或订货磁片、磁带邮寄给供应商
客户自行取货	客户自行到供应商处看货、补货，此种方式多为以往传统杂货店因地缘近所采行。客户自行取货虽可省却物流中心配送作业，但个别取货可能影响物流作业的连贯性
业务员跑单接单	业务员至各客户处推销产品，而后将订单带回或紧急时以电话先联络公司通知客户订单

以上订货方式需人工输入资料且经常重复输入，在输入、输出间经常出现时间耽误及错误，造成无谓的浪费。现今客户更趋向于多品种、小批量、高频度的订货，要求快速、准确地送货，从而电子订货应运而生。电子订货方式是一种依靠计算机网络，借助计算机信息处理的订货方式，其传输速度快，可靠性与正确性高，但其投资及运营费用较为昂贵。

表 5-2　电子订货方式

电子订货方式	具体操作
订货簿或货架标签配合手持终端机（handy terminal, H.T）及扫描器	订货人员携带订货簿及 H.T 巡视货架，若发现商品缺货则用扫描器扫描订货簿或货架上的商品标签，再输入订货数量，当所有订货资料皆输入完毕后，利用数据机将订货资料传给供应商或总公司
POS（point of sale，销售时点管理系统）	客户设定安全库存量，每当销售一笔商品时，计算机自动扣除该商品库存，当库存低于安全存量时，即自动产生订货资料，将此订货资料确认后即可通过网路传给总公司或供应商。也有客户将每日的 POS 资料传给总公司，总公司将 POS 销售资料与库存资料比对后，根据采购计划向供应商下单
订货应用系统	客户信息系统里若有订单处理系统，可将应用系统产生的订货资料，经由特定软件转换功能转成与供应商约定的共通格式，在约定时间里将资料传送出去

二、订单确认

1. 确认货物名称、数量及日期

接受订单后，检查订单信息是否完全、准确。比如应确认货物品名、数量及送货日期等是否有遗漏、笔误或不符合公司要求的情形。尤其当要求送货时间有问题或出货延迟时，更需要再与客户确认订单内容或更正期望运送时间。

2. 确认客户信用

确认客户信用就是确定其是否有能力支付该订单的账款，一般是检查客户的应收账款是否已超过其信用额度。在订单管理系统中，可以通过输入客户代号或客户名称来查询客户信用状况，也可以通过订购货品资料进行查询。

原则上顾客的信用调查是由销售部门来负责，但有时销售部门往往为了争取订单并不太重视这种核查工作，因而也有些公司会授权由配送中心来负责，一旦核查发现客户的信用有问题，配送中心可将订单送回销售部门做进一步调查或做退回处理。

3. 确认订单形态

面对多种订单交易形态，配送中心应对不同的客户或不同的商品有不同的交易及处理方式，详见表 5-3 所示。

表 5-3　订单形态与处理方式说明

订单类别	含义	具体处理方法
一般交易订单（常见订单）	接单后按正常作业程序拣货、出货、配送、收款结账的订单	接单后，将资料输入订单处理系统，按正常的订单处理程序处理，资料处理完后进行拣货、出货、配送、收款结账等作业
现销式交易订单	与客户当场直接交易，直接给货的交易订单	订单输入前已把货物交给了客户，故订单不需再参与拣货、出货、配送等作业，只需记录交易资料，以便收取应收款项
间接交易订单	客户向配送中心订货，但由供应商直接配送给客户的交易订单	接单后，将客户的出货资料传给供应商由其代配。客户的送货单是自行制作或委托供应商制作，应对出货资料（送货单回联）加以核对确认

续表

订单类别	含义	具体处理方法
合约式交易订单	与客户签订配送契约的交易。如签订在某期间内定时配送某数量商品	约定送货日到时,将该资料输入系统处理以便出货送达,或一开始输入合约内容并设定各批次送货时间,在约定日到时系统自动处理
寄库式交易订单	客户因促销、降价等市场因素而先行订购某数量商品,以后视需要再要求出货的交易	当客户要求配送寄库商品时,系统检查是否属实,若有,则出货时要从此项商品的寄库量中扣除。注意此项商品的交易价格是依据客户当初订购时的单价计算
兑换券交易订单	客户通过兑换券所兑换商品的配送出货	系统检查是否属实,依兑换券兑换的商品及兑换条件予以出货,并扣除兑换量和回收兑换券

4. 确认订货价格

不同的客户、不同的订购量可能有不同的售价,输入价格时系统应加以核对。若输入的价格不符(输入错误或因业务员降价强接单等),系统应加以锁定,以便主管审核。

5. 确认加工包装

客户对于订购的商品是否有特殊的包装、分装或贴标签等要求,或是否有赠品的包装等资料都需要详细加以确认记录。

三、设定订单号码与建立客户档案

每一张订单均需单独设定一个订单号码,以后所有的工作说明单及进度报告均应附此号码。

将客户信息详细记录,不但便于此次交易而且利于以后增加合作机会。客户档案应包含的详细内容如下:

(1) 客户姓名、代号、等级形态(产业交易性质);
(2) 客户信用额度;
(3) 客户销售付款及折扣率的条件;
(4) 开发或负责此客户的业务员;
(5) 客户配送区域;
(6) 客户收账地址;
(7) 客户点配送路线顺序;
(8) 客户点适合的车辆形态;
(9) 客户点卸货特性;
(10) 客户配送要求;
(11) 过期订单处理指示。

四、存货查询与分配

1. 存货查询

存货查询的目的在于确认是否能满足客户需求,又称事先拣货。主要是看此商品是否缺货,若缺货则应提供商品资料或是此缺货商品是否已经采购但未入库等信息,便于接单人员与客户协调是否改订其他替代品或是允许延后出货等权宜办法,以提高人员的接单率及接单处理效率。

2. 分配存货

订单资料输入系统,确认无误后,最主要的处理作业是如何作有效的汇总分类,调拨库存,以便后续的物流作业能有效进行。库存分配模式可分为单一订单分配和批次分配两种。

(1) 单一订单分配。此种情况多为线上即时分配,即在输入订单资料时,就将存货分配给该订单。

(2) 批次分配。累计汇总数笔已输入的订单资料后,再一次分配库存。配送中心因订单数量多,客户类型等级多,且多为每天固定配送次数,因此通常采用批次分配以确保库存能作最佳分配,但需注意订单分批灵活处理的原则与方法,如表5-4所示。

表5-4 批次划分原则及说明表

批次划分原则	说 明
按接单时序	将整个接单时段划分为几个区段,若一天有多个配送批次,可配合配送批次,将订单按接单先后顺序分为几个批次处理
按配送区域路径	将同一配送区域路径的订单汇总一起处理
按流通加工需求	将需要加工处理或相同流通加工处理的订单汇总一起处理
按车辆需求	若配送商品需要特殊的配送车辆(如低温车、冷冻车、冷藏车)或客户所在地卸货特性,特殊形态车辆可汇总合并处理

确定参与批次分配的订单后,若订单的某商品总出货量大于可分配的库存量,则应如何取舍来分配这有限的库存?可根据以下原则来决定客户订购的优先性。

第一,具有特殊优先权者优先分配。前次即应允诺交换的订单如缺货补货订单、延迟交货订单、紧急订单或远期订单,或客户提前预约或紧急需求的订单,应有优先取得存货的权利。

第二,依客户等级取舍。对重要性程度高的客户进行有限分配。

第三,依订单交易量或交易金额取舍。将对公司贡献度大的订单作优先处理。

第四,依客户信用状况取舍。将信用较好的客户订单作优先处理。

存货分配方式决定了下一步的拣货作业,如果是单一订单分配,则采用单一顺序拣选;如果是批次分配,则采用批量拣选方式。

五、拣货顺序确定与拣货时间计算

拣货顺序直接影响拣货的效率,它决定了拣货人员行走距离的长短,即拣货时间长短。拣货顺序可依据仓储货位的状况及货物存放的位置确定。

由于要有计划地安排出货进程,应对每一张订单或每批订单可能花费的拣取时间进行粗略计算:首先计算每一单元(一托盘、一纸箱、一件)的拣取标准时间;其次依据每种商品的订购数量(多少单元),再配合每种商品的寻找时间,计算出每种商品拣取的标准时间;最后根据每一订单或每批订单的订货品种及考虑一些纸上作业的时间,算出整张或整批订单的拣取标准时间。

六、缺货处理

若现有存货数量无法满足客户需求,且客户又不愿以替代品替代时,则依客户意愿与公司政策来处理。存货不足的处理说明如表5-5所示。

表5-5 存货不足的处理说明

情况类型	约束条件	处理说明
客户不允许过期交货	公司无法重新调拨	删除订单上不足额的订货,或取消订单
	重新调拨	重新调拨分配订单
客户允许不足额订单	公司政策不希望分拣送货	删除订单上的不足额的部分
	等待有货时再予以补送	等待有货时再予以补送
	处理下一张订单时补送	与下一张订单合并配送
	有时限延迟交货,并一次配送	客户允许一段时间的过期交货,且希望所有订单一同配送
	无时限延迟交货,并一次配送	无论需要多久,客户皆允许过期交货,且希望所有订货一起送达,则等待所有订货到达再出货
客户希望所有订货一次配送,且不允许过期交货		取消整张订单
根据公司政策		允许过期分批补货;由于分批出货的额外成本高,不愿意分批补货,宁可客户取消订单,或要求客户推后交货日期

七、订单资料的处理输出

订单资料经由上述的处理后,即可输出或打印出货单据,比如拣货单、补货单、装箱单、出库单、发货单等,以展开后续的物流作业。拣货单在设计时应对各个项目,如货架编号、货号、数量、品名合理安排顺序,以免拣货时产生一位多物、一号多物、拣错等错误情况出现。

1. 拣货单(出库单)

拣货单可提供商品出库指示资料,并作为拣货的依据。拣货单需配合配送中心的拣货策略及拣货作业方式来加以设计,以提供详细且有效率的拣货信息,便于拣货的进行。拣货单按存货分配方式可分为分户拣货单和品种拣货单,如表5-6和表5-7所示。

表5-6 分户拣货单

拣货单编号					客户订单编号				
客户名称									
出货日期					出货货位号				
拣货时间					拣货人				
核查时间					核查人				
序号	储位号码	商品名称	规格型号	商品编码	包装单位	数量	备注

表 5-7　品种拣货单

拣货单号			包装单位			储位号码	
商品名称		数量	托盘	箱	单件		
规格型号							
商品编码			生产厂家				
拣货时间						拣货人	
核查时间						核查人	
序号	订单编号	客户名称	单位	数量		出货货位	备注
1							
2							

2. 送货单

物品交货配送时,通常需附上送货单据给客户清点签收。因为送货单主要是给客户签收、确认的出货资料,其正确性及明确性很重要,如表5-8所示。

表 5-8　送货单

收货单位				送货人员			
送达地点				送货时间			
发运物品详细内容							
商品名称	规格型号	生产厂家	单位	单价/元	数量	金额/元	备注
合　计							
收货方验收情况	验收人员			收货方负责人签字	负责人		(公章)
	日期				日期		

说明:此送货单可一式三联,第三联送财务办理结算用;第二联送仓储部提货用;第一联为货到目的地后用作签收,并由送货人员带回交给部门主管。

3. 缺货资料

库存分配后,对于缺货的商品或缺货的订单资料,系统应提供查询或报表打印功能,以便人员处理。

(1) 库存缺货商品,提供依据商品类别或供应商类别进行查询的缺货商品资料,以提醒采购人员紧急采购,如表5-9所示。

表 5-9　商品缺货表

编号:　　　　　　　　　　　　　　　　　　　　　　日期:　　年　月　日

商品名称	规格型号	生产厂家	商品编码	缺货数量	储存位置	安全库存	备注

(2) 缺货订单,提供依据客户类别或外务人员类别查询的缺货订单资料,以便相关人员处理,如表 5-10 所示。

表 5-10 缺货订单表

编号:　　　　　　　　　　　　　　　　　　　　　　　　　　日期:　　年　　月　　日

订单号	客户名称	缺货商品名称	规格型号	生产厂家	商品编码	缺货数量	备注

随着拣货、储存设备的自动化,利用计算机、通信等方式处理显示拣货信息的方式已取代部分传统的拣货表单,如配有电子标签的货架、拣货台车以及自动存取的自动化立体仓库等。采用这些自动化设备进行拣货作业,需注意拣货信息的格式与设备显示器的配合,以及系统与设备间的信息传送及处理。

步骤三　异常情况下的订单处理

掌握订单的状态变化及详细记录各阶段档案资料后,对于订单变动的处理则能更顺手。异常订单处理方法如表 5-11 所示。

表 5-11 异常订单处理方法

异常订单	处理方法
客户取消订单	客户取消订单常常会造成许多损失,因此在业务处理上需要与客户就此问题进行协商 若目前订单处于已分配未出库状态,则应从已分配未出库销售资料里找出此订单,将其删除,并恢复相关品项的库存资料(库存量/出库量);若此订单处于已拣货状态,则应从已拣货未出库销售资料里找出此笔订单,将其删除,并恢复相关品项的库存资料(库存量/出库量),且将已拣取的物品按拣货的相反顺序放回拣货区
客户增订	如果客户在出货前临时打电话来增加订购某物品,那么作业人员要先查询客户的订单目前处于何种状态,是否还未出货,是否还有时间再去拣货。 若接受增订,则应追加此笔增订资料;若客户订单处于已分配状态,则应修改已分配未出库销售资料文件里的这笔订单资料,并更改物品库存档案资料(库存量/出库量)
拣货时发生缺货	拣货时发现仓库缺货,则应从已拣货未出库销售资料里找出这笔缺货订单资料,加以修改。若此时出货单据已打印,就必须重新打印
配送前发生缺货	当配送前装车清点时才发现缺货,则应从已拣货未出库销售资料里找出此笔缺货订单资料,加以修改。若此时出货单据已打印,就必须重新打印
送货时客户拒收/短缺	配送人员送货时,若客户对送货品项、数目有异议予以拒收,或是发生少送或多送,则回库时应从在途销售资料里找出此客户的订单资料加以修改,以反映实际出货资料

步骤四　掌握订单处理作业分析指标

订单处理作业的优劣直接影响配送中心的经济效益,因而应对订单处理作业提出分析评价指标。订单处理分析指标及改善方法如表 5-12 所示。

表 5-12 订单处理分析指标及改善方法

分析指标种类	指标分析及改善方法
平均每日订单数＝订单数量÷工作天数 平均客单数＝订单数量÷下单客户数 平均客单价＝营业额÷订单数量	平均每日订单数、平均客单价指标数值不高,表明配送中心业务量不多,有待拓展业务,谋求较大的效益。改进方法是强化经营体制,加强促销,提高产品质量,经营用户欢迎的货物
订单延迟率＝延迟交货订单数÷订单数量 订单货件延迟率＝延迟交货量÷出货量	当订单延迟率较高时,表示配送中心没有按计划交货,必须对影响交货期的作业进行分析与改进。当订单延迟率较低,订单货件延迟率较高时,表示对订单件数较多的用户延迟交货率较高。解决方法是对用户进行 ABC 分析(调查各用户订购量和金额占营业额的百分比),对重点用户进行重点管理
订单速交率＝12h 内的发货订单÷订单数量	若能迅速接单和缩短交货时间,并在 12h 内能发货(配送中心也可根据自身情况确定比 12h 更短的时间),说明配送中心管理水平较高(作业流程快速、规范),效益较好
退货率＝退货数÷出货量 折扣率＝折扣数÷出货量(也可用金额表示)	当这两个指标较高,表示货物品质不良,致使用户不满,造成退货和打折。一般来说,退货和折扣的主因是包装损坏,为此,要加强各作业环节管理工作,减少货物损坏率
取消订单率＝取消订单数÷订单数量 用户意见率＝意见次数÷订单数量	当这两个指标较高时,其原因为货物品质不良、服务态度不好、未按时交货、同业竞争激烈
订单满足率＝实际交货数量÷订单货物需求数量 缺货率＝1－订单满足率或缺货数量÷订单货物需求数量	订单满足率是衡量订货实现程度及其影响的指标(GB/T 18354—2006),若缺货率太高,则易使客户流失。缺货率高的原因:库存量控制不佳、购货时机不当、上级供应商交货延误等
短缺率＝出货品短缺量÷出货量	短缺率太高,也会流失客户。其主因:按单时登录出错、拣货单打印出错、拣货时造成短货、拣货分类时出错、包装货品时出错、检查作业时失误、搬运货车时出错、配送过程中物品损耗。必须针对上述出错环节逐一整改,加强管理,提高配送中心信誉度

温故知新

不定项选择题

1. 从接到客户订单到着手准备拣货之间的作业称为(　　)。
   A. 进货作业　　　B. 订单处理作业　　　C. 拣货作业　　　D. 理货作业

2. 属于订单处理的步骤的是（　　）。
   A. 接收订单　　　　　　　　　　B. 信用审核
   C. 存货不足的订单处理　　　　　D. 订单查询及依据订单分配存货
3. 不论订单由何种方式传至公司，配送系统都必须首先查核客户的（　　）。
   A. 货品数量　　B. 财务状况　　C. 加工包装　　D. 送货时间
4. 下列属于传统订货的是（　　）。
   A. 传真订货　　　　　　　　　　B. POS 销售时点管理系统
   C. 订货应用系统　　　　　　　　D. 订货簿或货架标签配合手持终端机
5. 接单业务员到各客户处推销产品，再将订单带回公司的订单方式是（　　）。
   A. 厂商补货　　　　　　　　　　B. 口头订单
   C. 业务员跑单　　　　　　　　　D. 厂商巡货、隔日送货
6. 与客户签订配送契约的交易订单是（　　）。
   A. 现销式交易订单　　　　　　　B. 间接交易订单
   C. 一般交易订单　　　　　　　　D. 合约式交易订单
7. 在判断订单的有效性时要确认（　　）。
   A. 物品名称、数量及日期　　　　B. 客户信用
   C. 订单形态　　　　　　　　　　D. 订货价格
8. （　　）是指输入所有的订单资料后，一次分配库存。
   A. 单一订单分配　　B. 订单录入　　C. 批次分配　　D. 库存分配
9. 根据作业的不同，各配送中心的分批原则可能不同。总的来说，有（　　）等划分方法。
   A. 按接单时序划分批次　　　　　B. 按配送区域或路径划分批次
   C. 按流通加工需求划分批次　　　D. 按车辆需求划分批次
10. 缺货处理的方式（　　）。
    A. 重新调拨　　B. 删除不足余额　　C. 延迟交货　　D. 抛弃客户

职场训练

速达运公司某配送中心的情况如下。
（1）现有库存情况如表 5-13～表 5-15 所示。

表 5-13　重型（托盘）货架入库任务完成前库存信息

序号	货品名称	规格（mm）	单位	库存量
1	莲花味精	372×220×190	箱	5
2	大力工具包	500×450×150	箱	12
3	卡斯特卡拉德隆特选干红	380×300×190	箱	18
4	旺旺牛奶糖	312×250×280	箱	12
5	雀巢高钙营养奶粉	410×300×190	箱	27
6	完达山加锌奶粉	400×310×130	箱	18
7	迪森高尔夫男船袜	320×200×200	箱	15

表 5-14 电子标签货架区存储信息

序号	商品品种	库存量
1	娃哈哈苏打水 350mL	10
2	怡宝纯净水 555mL	10
3	康师傅香菇炖鸡面	10
4	康师傅老坛酸菜牛肉面	10
5	龙嫂米线红烧牛肉味	10
6	康师傅鲜果橙	10
7	康师傅冰红茶	10
8	娃哈哈桂圆莲子八宝粥	10
9	银鹭桂圆莲子八宝粥	10
10	农夫山泉矿泉水	10
11	健齿先锋(豪迈型)牙刷	10
12	健齿先锋(适用型)牙刷	10

表 5-15 阁楼货架区存储信息

序号	货品名称	库存量
1	娃哈哈饮用纯净水	10
2	怡宝纯净水 350mL	10
3	统一芒果多	10
4	水溶 C100	10
5	康师傅水晶葡萄	10
6	趣多多饼干	10
7	康师傅冰糖雪梨	10

注：每个品种存储单位：30 个/货位。

(2) 目前接到如下订单，如表 5-16～表 5-25 所示。

表 5-16 万维公司采购订单

订单编号：D201511050101　　　　　　　　　　　　　　　　　　发货时间：当天

序号	商品名称	单位	单价(元)	订购数量	金额(元)	备注
1	大力工具包	箱	200	3	600	
2	完达山加锌奶粉	箱	200	3	600	
3	旺旺牛奶糖	箱	200	6	1 200	
4	雀巢高钙营养奶粉	箱	200	1	200	
5	娃哈哈桂圆莲子八宝粥	罐	30	4	120	
6	怡宝纯净水 350mL	瓶	30	3	90	
7	怡宝纯净水 555mL	瓶	30	2	60	
8	农夫山泉矿泉水	瓶	30	2	60	
	合　计				2 930	

表 5-17　特立公司采购订单

订单编号：D201511050102　　　　　　　　　　　　　　　　　　发货时间：当天

序号	商品名称	单位	单价(元)	订购数量	金额(元)	备注
1	完达山加锌奶粉	箱	200	3	600	
2	旺旺牛奶糖	箱	200	4	800	
3	雀巢高钙营养奶粉	箱	200	4	800	
4	大力工具包	箱	200	2	400	
5	龙嫂米线红烧牛肉味	桶	30	3	90	
6	怡宝纯净水 555mL	瓶	30	3	90	
7	怡宝纯净水 350mL	瓶	30	2	60	
8	康师傅冰糖雪梨	瓶	30	3	90	
	合　计				2 930	

表 5-18　海星公司采购订单

订单编号：D201511050103　　　　　　　　　　　　　　　　　　发货时间：当天

序号	商品名称	单位	单价(元)	订购数量	金额(元)	备注
1	大力工具包	箱	200	4	800	
2	完达山加锌奶粉	箱	200	2	400	
3	迪森高尔夫男船袜	箱	200	10	2 000	
4	娃哈哈苏打水 350mL	瓶	30	5	150	
5	康师傅香菇炖鸡面	桶	30	3	90	
6	康师傅水晶葡萄	瓶	30	4	120	
	合　计				3 560	

表 5-19　双杰公司采购订单

订单编号：D201511050104　　　　　　　　　　　　　　　　　　发货时间：当天

序号	商品名称	单位	单价(元)	订购数量	金额(元)	备注
1	大力工具包	箱	200	3	600	
2	完达山加锌奶粉	箱	200	5	1 000	
3	旺旺牛奶糖	箱	200	4	800	
4	雀巢高钙营养奶粉	箱	200	3	600	
5	龙嫂米线红烧牛肉味	桶	30	4	120	
6	娃哈哈桂圆莲子八宝粥	罐	30	2	60	
7	怡宝纯净水 350mL	瓶	30	4	120	
8	康师傅冰糖雪梨	瓶	30	3	90	
	合　计				3 390	

表 5-20　杰瑞公司采购订单

订单编号：D201511050105　　　　　　　　　　　　　　　　　　发货时间：当天

序号	商品名称	单位	单价(元)	订购数量	金额(元)	备注
1	迪森高尔夫男船袜	箱	200	21	4 200	
2	中华皓白柠檬薄荷牙膏	箱	200	12	2 400	

续表

序号	商品名称	单位	单价(元)	订购数量	金额(元)	备注
3	怡宝纯净水 555mL	瓶	30	3	90	
4	娃哈哈桂圆莲子八宝粥	罐	30	1	30	
5	农夫山泉矿泉水	瓶	30	3	90	
6	康师傅冰糖雪梨	瓶	30	2	60	
	合计				6 870	

表 5-21 海联公司采购订单

订单编号:D201511050106　　　　　　　　　　　　　　　　　　发货时间:当天

序号	商品名称	单位	单价(元)	订购数量	金额(元)	备注
1	中华皓白柠檬薄荷牙膏	箱	200	9	1 800	
2	雀巢高钙营养奶粉	箱	200	4	800	
3	大力工具包	箱	200	2	400	
4	娃哈哈苏打水 350mL	瓶	30	3	90	
5	康师傅香菇炖鸡面	桶	30	5	150	
6	康师傅水晶葡萄	瓶	30	6	180	
	合计				3 420	

表 5-22 大恒公司采购订单

订单编号:D201511050107　　　　　　　　　　　　　　　　　　发货时间:当天

序号	商品名称	单位	单价(元)	订购数量	金额(元)	备注
1	雀巢高钙营养奶粉	箱	200	6	1 200	
2	卡斯特卡拉德隆特选干红	箱	200	7	1 400	
	合计				2 600	

表 5-23 同洲公司采购订单

订单编号:D201511050108　　　　　　　　　　　　　　　　　　发货时间:当天

序号	商品名称	单位	单价(元)	订购数量	金额(元)	备注
1	中华皓白柠檬薄荷牙膏	箱	200	5	1 000	
2	爱国者音箱	箱	200	3	600	
	合计				1 600	

表 5-24 长圆公司采购订单

订单编号:D201511050109　　　　　　　　　　　　　　　　　　发货时间:当天

序号	商品名称	单位	单价(元)	订购数量	金额(元)	备注
1	雀巢高钙营养奶粉	箱	200	9	1 800	
2	卡斯特卡拉德隆特选干红	箱	200	5	1 000	
	合计				2 800	

表 5-25　精达公司采购订单

订单编号：D201511050110　　　　　　　　　　　　　　　　　　发货时间：当天

序号	商品名称	单位	单价(元)	订购数量	金额(元)	备注
1	中华皓白柠檬薄荷牙膏	箱	200	7	1 400	
2	爱国者音箱	箱	200	2	400	
	合　计				1 800	

(3) 客户档案信息如表 5-26～表 5-35 所示。

表 5-26　客户 1

客户编号	2001020122		公司名称		精达公司	
法人代表	王洪	家庭地址	滁州市渔光家园		联系方式	025-88823450
证件类型	营业执照	证件编号	120213432567450		营销区域	滁州市
公司地址	滁州市裕美大厦 20-304		邮编	321349	联系人	周斌
办公电话	0550-38293647	家庭电话	0550-53468679		传真号码	0550-53493600
开户银行	招商银行		银行账号		93725289031321	
公司性质	民营	所属行业	零售	注册资金	200 万元	经营范围	日用品、食品
信用额度	10 万元	忠诚度	一般	满意度	高	应收账款	9.7 万元
客户类型	普通型	信用期限	2016.6.30		客户级别	A

表 5-27　客户 2

客户编号	2003020157		公司名称		万维公司	
法人代表	杨佳丽	家庭地址	南京市玄武区枫林别墅 12 号		联系方式	025-87918998
证件类型	营业执照	证件编号	120243132587676		营销区域	南京市
公司地址	南京市栖霞区第五大道 56 号		邮编	322567	联系人	王亮
办公电话	025-23287689	家庭电话	025-26858957		传真号码	025-23287688
开户银行	南京银行		银行账号		87965687971826	
公司性质	中外合资	所属行业	商业	注册资金	1 200 万元	经营范围	日用品、食品
信用额度	80 万元	忠诚度	高	满意度	高	应收账款	78.8 万元
客户类型	母公司	信用期限	2016.6.30		客户级别	A

表 5-28 客户 3

客户编号	210055055		公司名称		特立公司	
法人代表	李岚	家庭地址	南京市新港区紫竹苑 6-102	联系方式	025-27654878	
证件类型	营业执照	证件编号	120108776875375	营销区域	南京市	
公司地址	南京市新港区滨海新路 154 号		邮编	300754	联系人	高泽
办公电话	025-23976580	家庭电话	025-27054996	传真号码	025-23976581	
开户银行	工商银行		银行账号		8654909785	
公司性质	民营	所属行业	零售	注册资金	200 万元	经营范围	日用品、食品
信用额度	10 万元	忠诚度	一般	满意度	较高	应收账款	9.9 万元
客户类型	普通型	信用期限	2016.6.30	客户级别	B		

表 5-29 客户 4

客户编号	2003020106		公司名称		海星公司	
法人代表	赵光明	家庭地址	南京市玄武区渔光家园 5-505	联系方式	025-33557890	
证件类型	营业执照	证件编号	120213432567876	营销区域	南京市	
公司地址	南京市玄武区裕美大厦 20-3-4		邮编	321349	联系人	王彬
办公电话	025-38293647	家庭电话	025-53468679	传真号码	025-38293600	
开户银行	招商银行		银行账号		93725289031384	
公司性质	民营	所属行业	零售	注册资金	300 万元	经营范围	日用品、食品
信用额度	12 万元	忠诚度	一般	满意度	较高	应收账款	9.7 万元
客户类型	普通型	信用期限	2016.6.30	客户级别	C		

表 5-30 客户 5

客户编号	2003020222		公司名称		长圆公司	
法人代表	孙大力	家庭地址	滁州市玄武区渔光家园 5-505	联系方式	0550-33557899	
证件类型	营业执照	证件编号	120213432567909	营销区域	滁州市	
公司地址	滁州市宏图大厦 20-4		邮编	321349	联系人	张晓彬
办公电话	0550-38222647	家庭电话	0550-38558679	传真号码	0550-38111600	
开户银行	招商银行		银行账号		93725289031112	
公司性质	民营	所属行业	零售	注册资金	100 万元	经营范围	日用品、食品
信用额度	11 万元	忠诚度	一般	满意度	高	应收账款	9.7 万元
客户类型	重点型	信用期限	2016.6.30	客户级别	A		

表 5-31　客户 6

客户编号	2004030123		公司名称		双杰公司	
法人代表	王永红	家庭地址	南京市鼓楼区佳和家园 5-2-502	联系方式	025-66554489	
证件类型	营业执照	证件编号	120106754788763	营销区域	南京市	
公司地址	南京市鼓楼区星河路 243 号		邮编	300875	联系人	任程程
办公电话	025-28654896	家庭电话	025-64338906	传真号码	025-28654897	
开户银行	农业银行		银行账号			
公司性质	民营	所属行业	零售业	注册资金	800 万元	经营范围	食品、办公用品
信用额度	50 万元	忠诚度	一般	满意度	高	应收账款	42 万元
客户类型	普通型		信用期限	2016.6.30	客户级别	A

表 5-32　客户 7

客户编号	2009081602		公司名称		海联公司	
法人代表	王熠	家庭地址	南京市鼓楼区临海街西湖里 4-201	联系方式	025-73415468	
证件类型	营业执照	证件编号	58966324770041	营销区域	南京市	
公司地址	南京市鼓楼区第五大道 77 号		邮编	300468	联系人	王志刚
办公电话	025-89912861	家庭电话	025-73415468	传真号码	025-89912880	
开户银行	南京银行		银行账号	1574784563131450		
公司性质	国有	所属行业	商业	注册资金	400 万元	经营范围	服装、食品
信用额度	15 万元	忠诚度	一般	满意度	高	应收账款	13 万元
客户类型	普通型		信用期限	2016.6.30	客户级别	B

表 5-33　客户 8

客户编号	2004040106		公司名称		同洲公司	
法人代表	李光明	家庭地址	滁州市玄武区渔光家园 5-505	联系方式	050-11557890	
证件类型	营业执照	证件编号	110213432567876	营销区域	滁州市	
公司地址	滁州市国光大厦 20-3-4		邮编	321349	联系人	王彬斌
办公电话	0550-38293600	家庭电话	0550-53468600	传真号码	0550-38293000	
开户银行	招商银行		银行账号	93725289031384		
公司性质	民营	所属行业	零售	注册资金	300 万元	经营范围	日用品、食品
信用额度	12 万元	忠诚度	一般	满意度	高	应收账款	11.6 万元
客户类型	普通型		信用期限	2016.6.30	客户级别	C

表 5-34　客户 9

客户编号	2009012403		公司名称		杰瑞公司	
法人代表	李文和	家庭地址	南京市下关区霞光街水岸渔村 3-301	联系方式	025-33438679	
证件类型	营业执照	证件编号	120103789346338	营销区域	南京市	
公司地址	南京市下关区新民道 93 号		邮编	300026	联系人	李凯
办公电话	025-82641893	家庭电话	025-37827463	传真号码	025-82641890	
开户银行	北京银行		银行账号		1566331510296580	
公司性质	民营	所属行业	零售	注册资金	300 万元	经营范围	食品、日用百货
信用额度	50 万元	忠诚度	高	满意度	高	应收账款	48.4 万元
客户类型	重点型		信用期限	2016.6.30	客户级别	B

表 5-35　客户 10

客户编号	2008160902		公司名称		大恒公司	
法人代表	薛瑾	家庭地址	南京市南口区林南苑 11-3-803	联系方式	025-27655865	
证件类型	营业执照	证件编号	120108754377888	营销区域	南京市	
公司地址	南京市栖霞区晚霞路 43 号		邮编	200587	联系人	范威
办公电话	025-23876590	家庭电话	025-28657973	传真号码	025-23876591	
开户银行	宁波银行		银行账号		5357899765569	
公司性质	中外合资	所属行业	零售业	注册资金	400 万元	经营范围	食品、日用品
信用额度	20 万元	忠诚度	一般	满意度	高	应收账款	18 万元
客户类型	伙伴型		信用期限	2016.6.30	客户级别	A

要求：以速达运公司库存工作人员的身份，完成以下任务。

（1）对以上订单进行有效性分析，并从忠诚度、满意度、客户类型、客户级别四个方面分析客户的优先权，对客户按照优先权级别由高到低进行排序（进行客户信用审核时，主要看累计应收账款是否超过信用额度）。

（2）根据库存情况和订单对货物的需求情况，为客户分配货物，制订库存计划分配表。

任务二　分拣作业

随着货品经济的发展，用户需求向小批量多品种方向发展，配送企业配送货品的种类和数量急剧增加，分拣作业在配送企业作业中所占的比例越来越大，是最耗费人力和时间的作业，因此分拣就成为配送企业的核心工序，也成为直接影响配送企业作业效率和经营效益的重要因素。

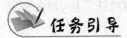

(1) 一个由原始仓库改建的配送中心，由于长期以来主要以仓储为主，因此配送中心的其他作业效率均不高。尤其是分拣作业，效率非常低，经常出现找不着货、分拣商品出错等情况。分拣优化的基本思路是什么？通常有哪些做法可以提高分拣效率？

(2) "暴力分拣"何时休？一些快递企业"暴力分拣"的恶习为人们诟病已久。而2013年3月15日期间央视《第一时间》栏目对圆通、韵达、顺丰3家快递企业深圳分支机构存在暴力分拣行为的集中曝光，更是将一些企业"暴力分拣"问题集中暴露出来，强化治理已迫在眉睫。如何能根治"暴力分拣"问题呢？

步骤一　了解分拣作业管理工艺流程

分拣作业（order picking）是按订单或出库单的要求，从储存场所拣出物品，并放置在指定地点的作业（GB/T 18354—2006）。具体是根据客户订货单所规定的商品品名、数量和储存仓位，将商品从货垛或货架上取出，并分放在指定货位，完成用户的配货要求的活动。分拣作业流程如图5-1所示。

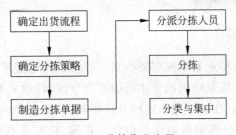

图5-1　分拣作业流程

步骤二　形成分拣信息

分拣信息的主要目的是指示拣货操作如何进行，分拣信息来源于顾客的订单或配送中心的送货计划，再根据配送中心储存与分拣的货物包装单位、分拣与信息传递设备、配送中心平面布置等，在保证拣货正确、快速、低成本的原则上形成的。

一、拣货单位

拣货单位是指拣货作业中拣取货物的包装单位。通常拣货单位可分为单品（小包装）、箱（外包装）、托盘以及特殊物品四种形式。

(1) 单品：拣货的最小单位，可由箱中取出，可以用人手单手拣取。

(2) 箱：由单品所组成，可由栈板上取出，必须用双手拣取。

(3) 托盘：由箱叠栈而成，无法用人手直接搬运，必须利用堆高机或拖板车等机械设备进行搬运。

(4)特殊物品:部分体积大、形状特殊或必须在特殊条件下作业的特殊货物,如大型家具、桶装油料、长杆形货物、冷冻货品等,无法按托盘、箱归类。

拣货单位的选择是根据订单分析结果而决定的。如果订货的最小单位是箱,则拣货单位最少是以箱为单位。对于体积大、形状特殊的无法按托盘和箱来归类的特殊品,则用特殊的拣货方法。通常储存单位必须大于或等于分拣单位,见表5-36。

表 5-36 储存单位与分拣单位组合

模式	储存单位	分拣单位	记录	模式	储存单位	分拣单位	记录
Ⅰ	托盘	托盘	P→P	Ⅴ	箱	箱+单品	C→C+B
Ⅱ	托盘	托盘+箱	P→P+C	Ⅵ	箱	单品	C→B
Ⅲ	托盘	箱	P→C	Ⅶ	单品	单品	B→B
Ⅳ	箱	箱	C→C				

注:P=托盘(pallet);C=箱(case);B=单品(bulk)。

二、分拣与信息传递设备

配送中心的送货对象多为多品种、中小批量、高频率商品。在整个分拣作业过程中使用到的设备非常多,如储存设备、搬运设备、信息处理设备等,这些设备要相互协调高效地完成分拣任务。储存设备可选托盘货架、轻型货架、重力式货架、高层货架、旋转货架、储柜等,要配合储存与分拣包装单位而配置。

步骤三 制定分拣策略

分拣策略是影响分拣作业效率的重要因素。在拣货前应先考虑对不同的订单需求采取不同的分拣策略。决定分拣策略的四个主要因素为分区、订单分割、订单分批、分类,而这四个因素之间存在互动关系,在确定运用何种分拣策略时,必须按一定的顺序,才能使其复杂程度降到最低。图5-2是分拣策略运用的组合示意图,从左至右是分拣策略运用时所考虑的一般次序,可以相互配合的策略方式用箭头连接,所以任何一条由左至右可通的组合链就表示一种可行的分拣策略。

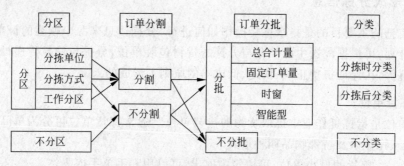

图 5-2 分拣策略运用组合

一、分区策略

分区就是将拣取作业场地进行区域划分,每一个作业员负责拣取固定区域内的商品。

1. 按货物特性分区

根据货物原有的性质，将需要特别储存搬运或分离储存的货物进行区隔，以保证货物的品质在储存期间保持一定。可按商品性质、储存要求、搬运要求等分区。

2. 按分拣单位分区

在同一储存区内分区时，要将储存单位与分拣单位分类统一，以方便拣取与搬运作业多元化。如 AS/RS 自动存储系统及托盘货架都是以托盘为储存单位的，AS/RS 自动仓储系统又以托盘为取出单位，而托盘货架则以箱作为分拣单位，因此可按分拣单位的差异再作分区设计。

3. 按分拣方式分区

分拣方式在此除有批量分拣和按单分拣的区别外，还包括搬运、分拣机器设备等差异。如想在同一分拣单位分区之内采取不同的分拣方式或设备，就必须考虑分拣方式的分区，如电子标签货架拣货区、RF 拣选区、台车拣选区。

4. 按工作分区

由一个或一组固定的拣货人员负责拣货区域内的货物，如图 5-3 所示。优点是能减少拣货人员所需记忆的存货位置及移动距离，短时间内共同完成订单的拣取，但必须要注意工作平衡的问题。例如接力式分拣，先决定出分拣员各自分担的产品项目或料架的责任区域范围后，各个分拣员只拣取分拣单中自己所负责的部分，然后以接力的方式交给下一位分拣员。

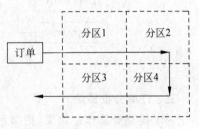

图 5-3 按工作分区拣取示意

二、订单分割策略

当一张订单所订购的商品项目较多，或欲设计一个讲求及时快速处理的分拣系统时，为了使其能在短时间内完成分拣处理，可利用此策略将订单切分成若干子订单，交由不同的分拣人员同时进行分拣作业以加快分拣的速度。

订单分割策略必须与分区策略联合运用才能有效发挥作用。订单分割的原则按分区策略而定，分区完成之后，再决定订单分割的大小范围。

1. 按分拣单位分区的订单分割策略

按分拣单位分区的订单分割策略如图 5-4 所示。

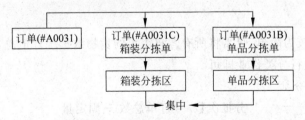

图 5-4 按分拣单位分区的订单分割策略

2. 按分拣方式分区的订单分割策略

按分拣方式分区的订单分割策略如图 5-5 所示。

3. 按工作分区的订单分割策略

按工作分区的订单分割策略如图 5-6 所示。

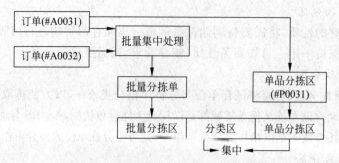

图 5-5　按分拣方式分区的订单分割策略

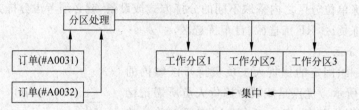

图 5-6　按工作分区的订单分割策略

三、订单分批策略

为了提高分拣作业效率,把多张订单集合成一批,进行批次分拣作业。订单分批的原则和批量的大小是影响分拣效率的主要因素。一般可以根据表 5-37,按配送客户数、订货类型及需求频率三项条件选择合适的订单分批方式。

表 5-37　订单分批方式与使用情况

分批方式适用情况	配送客户数	订货类型	需求频率
总合计量分批	数量较多且稳定	差异小而数最大	周期性
固定订单分批	数量较多且稳定	差异小且数量不大	周期性或非周期性
时窗分批	数量多且稳定	差异小且数量小	周期性
智能型分批	数量较多且稳定	差异较大	非即时性

1. 总合计量分批

总合计量分批较为简单,只需将所有客户需求的货物数量统计汇总,由仓库中取出各项货物需求总量,再进行分类作业即可。

2. 固定订单量分批

$$分批次数 = 订单总数 \div 固定量$$

采取先到先处理的基本原则,按订单到达的先后顺序作批次安排,当累计订单数到达设定的固定量时,再开始进行分拣作业,如图 5-7 所示。较先进的方法是利用智能分批的原则,将订货项目接近的订单同批处理,以缩短分拣移动的距离。

3. 时窗分批

$$分批次数 = 作业总时间 \div 时窗$$

按时间分批,固定时间称为时窗(如 1h、30min 等)。重点在于时窗大小的确定,确定的主因是客户的预期等候时间及单批订单的预期处理时间,如图 5-8 所示。此分批方式较适合密集频繁的订单,且能应付紧急插单的要求。

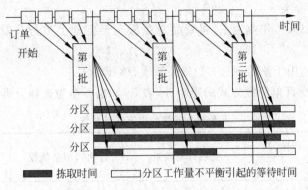

图 5-7　固定订单量分批拣选

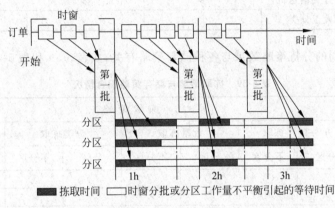

图 5-8　时窗分批拣选

4. 智能型分批

智能型分批方式是技巧性较高的一种分批方式,适合仓储面积较大、储存物项目多的分拣区域。订单通常在前一天汇集之后,经过计算机处理,将订货项目相近或分拣路径一致的货物分为同批,求得最佳的订单分批,以缩短分拣寻找的时间及移动的距离。

要做到智能型分批,最重要的就是货物储放位置和货位编码的相互配合,使订单输入货物编号后就可凭借货物货位编号了解货物储放位置的情况,再根据分拣作业路径的特性,找出订单分批的法则。

四、分类策略

采取批量分拣作业方式时,拣选完后还必须进行分类,而且不同的订单分批方式其分类作业的方式也有所不同。也就是说,决定分类方式的主要因素是订单分批的方式。分类方式有两种：分拣时分类与分拣后集中分类。

1. 分拣时分类

（1）在分拣的同时将货品按各订单分类；

（2）常与固定量分批或智能型分批方式联用；

(3) 需使用计算机辅助台车作为拣选设备,加快分拣速度;

(4) 较适用于少量多样的场合。

2. 分拣后集中分类

一般做法:①以人工作业为主,将货品总量搬运至空地上进行分发;②利用分类输送系统进行集中分类。

适用情况:①适用于整箱拣选;②货品较重、体积较大。

分类方式除了受订单分批方式的影响外,表5-38也可作为选择分类方式的参考依据。

表5-38 各种分类方式的特性

分类方式	特性	处理订单数量	订购货物品项数	货物重复订购频率
分拣时分类		多	少	较低
分拣后分类	分类输送机	多	多	变化较大
	人工分类	少	少	较高

以上各种不同的分拣策略效果与各种储存策略有关,如表5-39和表5-40所示。

表5-39 拣取策略与储存策略配合情况

储存策略	拣货策略						接力式拣取	订单分割拣取
	单一顺序拣取		批量拣取		分类拣取			
	分区	不分区	分区	不分区	分区	不分区		
定位储存	○	○	○	○	○	○	○	○
随机储存	×	×	△	×	×	×	×	○
分类储存	○	○	○	○	○	○	○	○
分类随机储存	△	×	○	○	○	○	△	○

注:○——适合;△——尚可;×——不适合。

表5-40 各种分拣策略对比

拣货策略		优 点	缺 点
分区	拣货单位分区	可依各区不同的商品特性,设计储存、搬运方式,自动化的可行性增加	与入库储存单位不同时,补货作业需求增高,设备费用可能增加,空间需求加大
	拣货方式分区	可依商品需求的频率,设计分区拣货作业方式,使商品拣货处理趋于合理化	拣货信息处理较为复杂,系统设计难度增加
	工作分区	缩短拣货人员移动距离和寻找时间,增加拣货的速率	分区工作平衡必须时常检讨,拣货信息处理必须加快
订单分割		与分区策略配合,各区同时进行拣货,缩短完成时间。分区工作平衡性,对系统效率影响较接力式拣取小	集货作业需求增高

续表

拣货策略		优 点	缺 点
订单分批	总合计量分批	以总合计量一次拣出商品总量,可使平均拣货距离最短,提高拣货效率	必须经过功能较强的分类系统完成分类作业,订单数不可过多
	时窗分批	将密集频繁的订单利用时窗分批处理,在拣货效率与前置时间中求得平衡点	时窗内订单数量变化不宜过大,订单品项数(EN)最好在个位数
	固定订单量分批	维持稳定的拣货效率,使自动化的拣货,分类设备得以发挥最大功效	每批订单的商品种量变化不宜太大。且单项品项总量(IQ)过大时,形成分类作业的不经济性
	智能型分批	分批时考虑到订单的类似性及拣货路径的顺序,使拣货效率更进一步提高	智能型分批的软件技术层次较高不易达成,且信息处理的前置时间较长
分类	拣取时分类	节省拣货后再分类的识别及取放时间	每批订单订货数量(EQ)及单项品项总量(IQ)小较为适合,同时必须利用计算机辅助来降低错误发生
	集中后人工分类	作业弹性较大,较不受订单商品总量(GIQ)变化的影响	若无适当的作业设计或核对,错误率可能较高,且费时、费人、费力
	集中后输送机分类	替代人工操作,正确及稳定性较高	设备费用昂贵,较不具弹性,当订单、订货数量(EQ)差异大时效率减低

步骤四 选择分拣作业方式

分拣方式可以从以下不同的角度进行分类。

按订单组合,可以分为按单分拣和批量分拣。

按人与货物的位置关系,可以分为人至货前的分拣和货至人前的分拣。

按分拣信息与应用设备,可以分为贴标签分拣、电子标签辅助分拣、RF 辅助分拣、自动分拣等。

一、按订单组合分类

1. 按单分拣

按单分拣又称"摘果式""人到货前式""订单别拣选"或"单一顺序拣选"等,是指分别按每份订单拣货,即分拣完一个订单后,再分拣下一个订单。其作业原理是分拣人员或分拣工具巡回于各个储存点,按订单所列商品及数量,将客户所订购的商品逐一由仓库储位或其他作业区中取出,然后集中在一起的一种传统拣货方式,如图5-9所示。

针对每张拣货单(一个客户的一张订单),作业员巡回于仓库货架间,按照拣货单上所列项目,将客户所订购的商品逐一由仓储货架中挑拣出来的方式,是传统的拣货方式。

其优点是作业方法简单,前置时间短,作业人员责任明确,派工容易、公平;拣货后不用再进行分类作业,适用于大量订单的处理。相应的缺点是当商品品种太多时,拣货行走路径加长,拣取效率降低。而且当拣货区域比较大时,搬运系统设计困难。

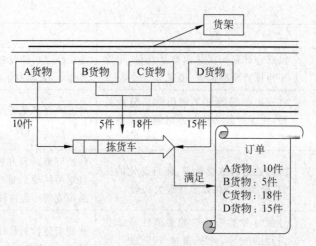

图 5-9　按单分拣作业原理

为了克服摘果式分拣作业中存在的问题,有以下的一些应对策略。

(1) 协同合作拣取。当一名分拣人员按照拣货单进行拣货时,由于一边看拣货单一边拣货交替进行,影响了拣货效率,也容易出错。所以建议两名分拣人员采用协同合作的拣货方式,即一人唱名,一人拣货,则效率会比一个人边看边拣的效率及正确性高。

(2) 对拣货单列进行有效标示。拣货单上相邻两行的货物品种或数量相近,拣货单不清晰,拣货时拣货人员经常容易看错行,造成拣货错误,影响拣货效率。所以拣货单相邻两行可印制不同颜色来明显区分拣货品种,以避免因视觉混淆造成重复拣取或疏漏某品种的拣货。

(3) 合理规划拣货路线。分拣单未合理分类归纳排序或未按照最短行动路线打印,造成拣货员无效走动、重复走动,使行走路线过长,造成拣货时间的浪费。所以,可按照货架的位置重新对拣货单上的货品进行排序,采取由远而近的拣取顺序,即先拣取离出入口最远的货架上的货品。按照 S 形路线行走,再分别拣取离出入口较近的货架上的货品,最后返回入口,完成全部拣货任务。

(4) 分区拣取。分拣单未合理分类归纳排序,拣货单中货品品种多且货品存储区域分布广,拣货人员寻找时间及行走时间长,影响拣货效率,这时就可以采用分区作业的策略。所谓分区作业,就是将拣取作业场地做区域划分,每个拣货人员负责拣取固定区域内的商品。在做拣货分区时也要考虑储存分区,必须先了解储存分区的规划,才能使拣货分区更加合理。

(5) 接力拣取。此种方法与分区拣取类似,先决定出拣货员各自分担的货品项目或货架的责任范围后,每个拣货员只拣取拣货单中自己所负责的部分,然后以接力的方式交给下一位拣货员。

(6) 订单分割拣取。当一张订单所订购的商品项目较多,或者某个订单需要快速处理时可以通过订单分割将一个订单切分成若干个订单,交由不同的拣货人员同时拣货以加速订单执行的速度。

按单分拣作业的特点及应用范围如表 5-41 所示。

表 5-41 按单分拣作业的特点及应用范围

特　　点	应用范围
易于实施,配货准确度高,不易出错; 各客户分拣相互没有约束; 分拣完一个货单,货物便配齐,货物不再落地暂存,可直接装车配送; 客户数量不受限制,可在很大范围内波动; 对机械化、自动化没有严格要求,不受设备水平限制	不能建立相对稳定的用户分货货位的情况; 用户之间共同需求差异较大的情况; 用户需求种类较多,增加统计和共同取货难度的情况; 用户配送时间要求不一的情况。传统的仓库改造为配送中心,或新建的配送中心初期运营时

2. 批量分拣

批量分拣又称"播种式",是一般把多张订单集合成一批,依据商品类别将数量相加后再进行拣取,之后依据客户订单再作分类处理,如图 5-10 所示。

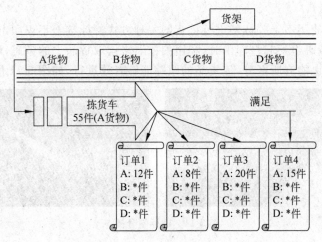

图 5-10 批量分拣作业原理

批量分拣作业方法特点及应用范围如表 5-42 所示。

表 5-42 批量分拣作业方法特点及应用范围

特　　点	应用范围
集中取出众多用户需要的货物,再将货物分放到事先规划好的用户货位上,该工艺难度较高,计划性强; 有利于车辆的合理调配,规划配送路线,可以更好地利用规模效益; 对到来的订单无法做出及时反应,必须等订单达到一定数量时才能进行一次处理,因此会有停滞的时间	用户稳定,且用户数量较多的情况; 各用户需求具有很强的共同性,差异较小,在需求数量上有一定的差异,但需求的种类差异很小; 适用于用户需求种类有限,易于统计和不至于分货时间太长的情况; 用户配送时间要求没有严格限制或轻重缓急的情况

其优点为适合订单数量庞大的系统,可以缩短拣取时行走搬运的距离,增加单位时间内的拣货量。相应的缺点有,对订单的到来无法做即刻的反应,必须等订单累积到一定数量时才做一次处理,因此会有停滞的时间产生。只有根据订单到达的状况做等候分析,决定出适当的批量大小,才能将停滞时间减到最低。

二、按人与货物的位置关系分类

1. 人至货前的分拣

人至货前的分拣是指物品位置固定,拣货人员至物品存放位置处将物品拣出的作业方式,通常用各种货架做存储设备,用各种台车、牵引车、堆高机等做搬运设备。

2. 货至人前的分拣

货至人前的分拣与人至货前分拣相反,拣货时人员只需停在固定位置,等待设备将欲取出的物品运至面前,然后拣货人员进行拣货作业的方式。因而货至人前分拣的拣货设备自动化水准较高,其储存设备本身需要具备动力,才能移动货品储存位置或将货品取出。通常用带有水平或垂直旋转功能的货架作为存储设备,用堆高机、动力输送带和无人搬运车作为搬运设备。

三、按分拣信息与应用设备分类

1. 贴标签分拣

贴标签分拣是使用不干胶标签进行拣货的一种方式。标签上不仅印出货品名称及存放货品的位置,若连条码也一起打印出时,利用扫描器来读取货品上的条码,即使是同一产品,但交货厂商不同时也能有所区分,使货品的跟踪能够有效进行,如图 5-11 所示。

图 5-11 贴标签分拣

作业过程:订单处理信息人员通过标签打印机打印出一串标签,每个标签代表一件商品,并且是按照货位排序打印的;拣货员根据标签上打印的货位顺序从相应的货位上拣取出货品,将对应标签粘贴在货品外包装上并放置到拣货车上,直至拣货员手上的标签全粘贴完毕。贴标签分拣方式总结如表 5-43 所示。

表 5-43 贴标签分拣方式总结

特点	流程简单,拣货员容易掌握,多用于摘果式拣货作业
优点	结合拣取与贴标签的动作,缩短整体作业时间; 可实现拣取时即清点拣取量,拣取完成则标签也应该贴完,提高了拣货的正确性; 能够比较及时地与信息系统进行库存同步,非常方便统计拣货人员工作量
缺点	若要同时印出价格标签,必须与下游的销售商统一商品的价格及标签形式; 价格标签必须贴在单品上,对于单品以上的包装作业则比较困难
要求及适用	要求仓库场地或拣选场地能够做到有效地规划(良好的拣货路线规划非常重要); 这种方法投资较低、应用简单,比较适合单个客户需要的货物品种分散,并且每个品种都有要货的拣货作业

2. 电子标签辅助分拣

电子标签辅助分拣是一种计算机辅助的无纸化的分拣系统,其原理是在每一个货位上安排数字显示器,利用计算机将订单信息传输到数字显示器,分拣人员根据数字显示器所显示的数字分拣,拣完货之后按确认按钮即完成分拣工作,如图 5-12 所示。

图 5-12　电子标签辅助分拣

(1) 这种分拣方式适合货物品项不太多时,否则会使成本提高,因此常被应用在 ABC 分类的 A、B 类上。它可以即时处理,也可以批次处理。电子标签分拣的分拣生产力每小时约为 500 件,分拣的前置时间约为 1h,其优点如下。

① 沿特定分拣路径,看电子标签灯亮就停下来,并按显示数字分拣,不容易拣错货,错误率可减少到 0.01% 左右。

② 可省去来回寻找待拣货物的时间,分拣速度可提高 30%～50%。

③ 只要寻找到电子标签灯亮的货物,并按显示数字分拣即可,即使不识货物的新手也能分拣。

(2) 电子标签辅助拣货系统根据两种不同的作业方式,可分为摘果式拣货系统和播种式拣货系统,并都可以采用接口方式和 WMS 系统进行对接。其作业过程如下。

① 摘果式拣货系统:电子标签安装在货架储位上,一个储位放置一种产品,即一个电子标签代表一种产品,以一张拣货单位为一次处理的单位,系统会将拣货单中所有拣货商品所代表的电子标签逐一亮起,拣货人员依照灯号与显示的数字将货品从架上取出放进拣货箱内。

② 播种式拣货系统:每一个电子标签代表一个客户或是一个配送对象,以每一种货品为一次处理的单位,拣货人员先将货品的应配总数取出,并将商品信息输入,系统会将代表有订购此项货品的客户的电子标签点亮,配货人员只要依电子标签的信号与显示数字将货品分配给客户即可。

3. RF 辅助分拣

RF 辅助分拣的原理是利用掌上计算机终端、条码扫描器及 RF 无线电控制装置的组合,将订单资料由计算机主机传输到掌上终端,分拣员根据掌上终端所指示的货位,扫描货位上的条码,如与计算机的分拣资料一致就会显示分拣数量,根据所显示的分拣量分拣,分拣完成之后按确认按钮完成分拣工作;分拣信息利用 RF 传回计算机主机,同时将库存扣除。它是一种无纸化和即时的处理系统,如图 5-13 所示。

RF 辅助分拣可以利用在按单分拣和批量分拣方式中,成本低且作业弹性大,尤其适用于货物品项很多的场合,故常被应用在多品种少量订单的分拣上,与拣选台车(如图 5-14 所示)搭配使用最为常见。RF 辅助分拣的分拣生产力每小时为 300 件左右,而分拣错误率为 0.01% 左右,拣货的前置时间为 1h 左右。

图 5-13　RF 辅助分拣

图 5-14　拣选台车

4. 自动分拣

自动分拣的动作由自动的机械负责,电子信息输入后自动完成分拣作业,无须人手介入,如图 5-15 所示。对于整托盘出货可以使用升降叉车或巷道堆垛起重机拣取货物,置于自动分类输送机上;人工拣取小件、小批量货物时,则由人工取货置于货架前传输带上进入自动分类输送机。自动分类输送机通过控制装置、识辨分类装置、输送装置、分拣道口完成分拣作业过程。

图 5-15　自动分拣

自动分拣方式的设备成本非常高,此种分拣方式常被利用于高价值、出货量大且频繁的 A 类货物上。自动分拣生产效率非常高,分拣错误率非常低。

配送中心采用哪种分拣方式,主要考虑服务时间要求、准确率要求、成本要求等方面。表 5-44 是以上四种分拣方式优势的对比情况。

表 5-44 四种分拣方式的优势对比

分拣方式	贴标签分拣	电子标签辅助分拣	RF 辅助分拣	自动分拣
所需设备	标签打印机、ID 卡设备	全套电子标签拣货系统	全套无线网络和手持终端设备	全套自动化分拣输送、分类、识别等装置
拣货效率	较高	较高	一般	非常高
拣货差错	很低	低	极低	非常低
信息及时性	较好	较好	好	好
工作量统计	方便	较方便	方便	方便
投资情况	较低	高	高	非常高
仓库规划要求	拣货动线规划;安装标签打印机	拣货流水线规划;安装电子标签;使用流利货架或搁板式货架	拣货动线规划;安装无线局域网	拣货动线规划
应用场合	超市、便利物流仓库整件拣货	超市、批发物流仓库整件拣货	超市、批发物流仓库整件拣货	高价值、出货量大且频繁的 A 类货物
拣货员使用	拣货员双手得到部分解放;对拣货员要求低,上手快,培训简单	拣货员双手得到完全解放;对拣货员要求较低,只需一般培训即可	拣货员双手得不到解放;对拣货员要求高,需要经过专业的培训	无须人手介入

步骤五 输出分拣清单

分拣清单是配送中心将客户订单资料进行计算机处理,生产并打印出分拣单。分拣单上标明储位,并按储位顺序来排列货物编号,作业人员据此分拣可以缩短分拣路径,提高分拣作业效率。

步骤六 确定分拣路径及分派分拣人员

配送中心根据分拣单所指示的商品编码、储位编号等信息,能够明确商品所处的位置,确定合理的分拣路线,安排分拣人员进行分拣作业。

合理的分拣路径必须满足操作方便、行走路线短、准确快速、低成本等要求,常用的拣选路径有两种。

1. 无顺序路径

由拣选人员根据分拣单自行决定在物流配送中心各储货区内的分拣顺序。这种类型适合于品种单一、量大的货物拣选,但缺点是拣选人员可能会花费大量时间寻找货物,增大分拣行走距离,降低分拣效率。

2. 有顺序路径

分拣人员按分拣单所示货物存放的货物号或储区出入口顺序来确定分拣路径。按这种路径,分拣人员可以单向循环行走全程,一次性将所有货物拣出。这样缩短反复行走路径和分拣时间,减少拣货误差率,提高拣选效率。

步骤七 拣取商品

拣取的过程可以由手工或机械辅助作业或自动化设备完成。拣取货物必须确认被拣货物的品名、规格、数量等内容是否与分拣信息传递的指示一致。这种确认可通过人目视读取信息和无线传输终端机读取条码由计算机进行对比,后一种方式大幅降低拣货的错误率。拣货信息被确认后,拣取的过程可以由人工或自动化设备完成。

手工方式拣取:通常小体积、少批量、搬运重量在人力范围内、拣出货频率不是特别高的,可以采取手工方式拣取;

机械辅助作业:对于体积大、重量大的货物可以利用升降叉车等搬运机械辅助作业;

自动拣货系统:对于出货频率很高的可以采取自动拣货系统。

步骤八 商品分类集中

经过拣取的商品根据不同的客户或送货路线分类集中。有些需要进行配送加工的商品还需根据加工方法进行分类,加工完毕再按一次性方式分类出货。多品种分货的工艺过程较复杂,难度也大,容易发生错误,必须在统筹安排形成规模效应的基础上,提高作业的精确度。在物品体积小、重量轻的情况下,可以采取人力分拣,也可以采取机械辅助作业,或利用自动分拣机自动将拣取出来的货物进行分类与集中。分类完成后,货物经过查对、包装便可以出货、装运、送货了。

分拣作业完成后,要阶段性地对其效率、错误率地方等进行分析改进,可以从对分拣人员、设备、方式、时间、成本、质量等方面的检查和考核来进行评价,分析评价的目的是找出存在的问题,改进系统设计与管理,进而提高效率。分拣作业分析指标如表 5-45 所示。

表 5-45 分拣作业分析指标

分析指标种类	指标的计算	指标分析及改善方法
分拣人员作业效率	① 每人时分拣品种数=分拣单总数÷(分拣人员数×每日分拣时数×工作天数) ② 每人时分拣件数=累积分拣总件数÷(分拣人员数×每日分拣时数×工作天数) ③ 每笔货物分拣移动距离=总分拣行走(移动)距离÷总分拣笔数	① 人工分拣或机械化程度较低时,或出货多属于少批量多品种的配送作业时,可采用"每人时分拣品种数"来评价人员分拣效率 ② 自动化程度较高或出货多属大批量少品种的配送作业时,多采用"每人时分拣件数"来衡量分拣效率 ③ "每笔货物分拣移动距离"指标反映目前分拣区布局是否合理,分拣作业策略与方式是否得当,如果指标太高,则表示分拣消耗的时间和精力太多,可以从改进拣货区布局及分拣策略与方式等方面入手来提高分拣作业效率

续表

分析指标种类	指标的计算	指标分析及改善方法
分拣设备使用效率	① 分拣人员装备率＝分拣设备投资成本÷分拣人员数 ② 分拣设备成本产出率＝出货商品总体积÷分拣设备成本	①"分拣人员装备率"指标衡量配送中心对分拣设备的投资情况,装备率越高说明配送中心机械化、自动化程度越高,但装备率高并不等于设备使用效率越高 ②"分拣设备成本产出率"指标反映单位分拣设备成本所拣取的商品体积数,因此,设备成本产出率越高,说明设备的使用效率越高
分拣时间与速度	① 单位时间处理订单数＝订单数量÷(每日分拣时数×工作天数) ② 单位时间分拣品种数＝(订单数量×每张订单平均商品品种数)÷(每日分拣时数×工作天数)	两项指标反映单位时间处理订单份数和拣取商品品种数的能力,其指标数值越高,说明分拣系统处理订单的能力越强,作业速度越快
分拣成本核算	① 每份订单投入的平均分拣成本＝分拣投入成本÷订单份数 ② 订单每笔货物投入分拣成本＝分拣投入成本÷订单上货物的总笔数	两项指标反映处理一份订单和处理一笔商品需消耗的分拣成本,其数值越高,投入成本越多,因此当这一指标上升时,说明效益正在下降,必须采取措施抑制成本上升
分拣质量控制指标	分拣错误率＝分拣作业错误笔数÷同期订单累计总笔数	当这两个指标较高时,其原因为:货物品质不良、服务态度不好、未按时交货、同业竞争激烈

温故知新

不定项选择题

1. 按订单或出库单的要求,从储存场所选出物品,并放置在指定地点的作业是(　　)。
   A. 分货　　　　B. 拣选　　　　C. 流通加工　　　　D. 保管
2. 不是拣货单位的是(　　)。
   A. 单品　　　　B. 托盘　　　　C. 特殊物品　　　　D. 罐
3. 不属于拣选策略的是(　　)。
   A. 分区　　　　B. 订单分割　　　　C. 订单分批　　　　D. 批量分批
4. (　　)分拣方式是将数量较多的同种货物集中运到发货场,然后根据每个货位货物的发送量分别取出货物,并分别投放到每个代表用户的货位上,直到配货完毕。
   A. 摘取式　　　　B. 播种式　　　　C. 插葱式　　　　D. 分拣式
5. 摘果法订单拣取的优点是(　　)。
   A. 订单处理简单　　　　　　　　B. 缩短拣货行走的距离
   C. 适用于订单数量多、品项少的拣货　　D. 人员素质要求高
6. 播种式拣选的优点是(　　)。
   A. 对订单能够做出及时反应　　　　B. 适合订单数量庞大的系统

C. 缩短拣取的行走搬运距离　　　　　　D. 作业方法简单，订货前置期短

7. 拣货方式可以最简单的划分为订单别拣取、（　　）及复合拣取三种方式。

　　A. 摘果式拣取　　B. 播种式拣取　　C. 批量拣取　　D. 指令式拣取

8. （　　）是安排拣货作业的货物数量、设备及人工使用、投入时间及出产时间。每一拣货作业计划，详细规定每一拣货环节在某一时期内应完成的拣货任务和按日历进度安排的拣货进度。

　　A. 拣货作业方式　　B. 拣货作业策略　　C. 拣货作业路径　　D. 拣货作业计划

9. 拣货信息的来源包括（　　）。

　　A. 拣货单　　B. 送货单　　C. 传票　　D. 标签

10. 将订单按拣货区域进行分解的过程称为订单分割。所以订单分割一般是与（　　）相对应的。

　　A. 拣货分区　　B. 拣货分批　　C. 拣货分类　　D. 货物特性分区

 职场训练

作为速达运公司的仓库工作人员，在表 5-13 至表 5-25 的基础上，制订出了库存计划分配表后，请生成并打印出拣货单，其中包括重型货架拣货单、阁楼货架拣货单和电子标签拣货单，并高效完成该批订单的拣取操作。

任务三　补货作业

 任务描述

补货作业（replenishment）：从仓库保管区将物品移到拣货区，并作相应信息处理的活动（《物流中心作业通用规范》GB/T 22126—2008）。详细指配送中心拣货区的存货低于设定标准的情况下，将货物从仓库保管区搬运到拣货区的作业活动。其主要包括：确定所需补充的货物，领取商品，做好上架前的各种打理、准备工作，补货上架。所以补货作业的主要目的即是保证拣货区随时有货可拣。

 任务引导

（1）分拣与补货的关系是怎样的？

（2）拣货区存量不足如何开展补货？补货有哪些方式？

（3）应该选择什么时机开展补货作业呢？

 任务实施

步骤一　区分保管储区与动管储区

1. 保管储区

保管储区是仓库中最大最主要的保管区域，商品在此区域以比较大的存储单位进行保

管,而且保管时间最长。

2. 动管储区

动管储区是在拣货作业时所使用的区域,此区域的商品大多在短时期即将被拣取出货,其商品在储位上流动频率很高所以称为动管储区。由于这个区域的功能是提供拣货的需求,为了让拣货时间及距离缩短、降低拣错率,就必须在拣取时能很方便迅速地找到商品所在位置。

步骤二 选择补货时机

1. 补货时机

（1）批次补货。于每天或每一批次拣取前,经由计算机计算所有货品的总拣取量,再相对查看动管拣货区的货品量,于拣取前一特定时点补足货品。此为"一次补足"的补货原则,较适合一日内作业量变化不大,紧急插单不多,或是每批次拣取量大并事先掌握的情况。

（2）定时补货。将每天划分为数个时点,补货人员于时段内检视动管拣货区货架上货品存量,若不足即马上将货架补满。此为"定时补足"的补货原则,较适合分批拣货时间固定,且处理紧急时间也固定的公司。

（3）随机补货。指定专门的补货人员,随时巡视动管拣货区的货品存量,有不足随时补货的方式。此为"不定时补足"的补货原则,较适合每批次拣取量不大,紧急插单多以至于一日内作业量不易事前掌握的情况。

2. 补货时机决策

以配送中心外部补货为例,补货时机决策即确定拣货区商品数量在怎样的标准时启动补货工作,首先需要确定当时的拣货区存量,然后根据业务的进展情况,确定补货与否。

（1）确定现有存货水平。对现有存货水平的检测是配送中心补货系统工作的起点。具体来说,对现有存货的监测主要有两种方法：定期和连续的检测方法。定期检测是按照一定的周期对存货进行检查的方法,周期的具体确定可以依据实际情况而定,可以是几小时、几天、一周检查一次。连续检测要求存货管理者连续记录存货的进出,每次存货处理都要检测各产品的数量。

（2）确定补货点。订购点是补货系统的启动机制。只要现有库存（拣货区库存）水平低于指定的量,就立即发出补货指令。确定时要考虑补货操作期间的库存需求量。

（3）确定补货数量。补货点确定下来以后,还要确定补货的数量。订购数量的确定有多种方法,可以根据以往的经验确定或通过经济订货批量模型（EOQ）得出。

（4）补货作业。根据拣货作业的要求,对于拣货区需要补充的存货进行补充,也就是将存放在储存区的存货转移到拣货区。

步骤三 选择补货方式

按照补货时物品移动的特性区分,补货方式可分为整箱补货、整托盘补货和货架之间的补货。

1. 整箱补货

整箱补货是一种由货架保管区补货至流动架的动管区的补货方式,如图5-16所示。保管区为货架存放,动管区为两面开放式的流动式货架。其补货方式为作业员至货架保管区取货箱,以手推车载箱至拣货区。比较适合体积小且少量多样出货的物品。

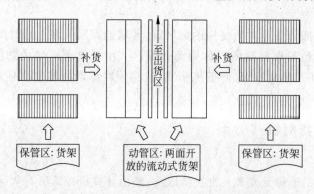

图 5-16　货架保管区补货到流动式货架动管区的整箱补货

2. 整托补货

整托补货是以托盘为单位进行补货。根据补货的位置不同,又分为两种情况,一种是地板至地板;另一种是地板至货架。

(1) 地板至地板的整托盘补货。如图 5-17 所示,托盘直接堆放于地板上。保管区的面积较大,存放物品量较多,而拣货的动管储区面积较小,存放物品量较少。作业人员用叉车以托盘平置堆叠的保管区搬运托盘至同样是托盘平置堆叠的拣货区。比较适合体积大或出货量多的物品。

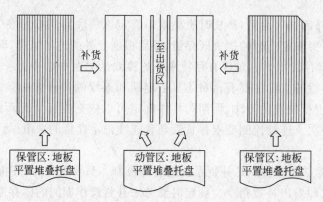

图 5-17　地板至地板的整托盘补货

(2) 地板至货架的整托盘补货。如图 5-18 所示,保管区是以托盘为单位地板平置堆叠存放,拣货的动管区则为托盘货架存放。作业人员使用叉车从地板平置堆叠的保管区搬取托盘,送至动管区托盘货架上存放。比较适合体积中等或中量(以箱为单位)出货的物品。

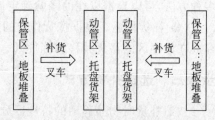

图 5-18　地板至货架的整托盘补货

3. 货架之间的补货

如图 5-19 所示,保管储区与动管储区属于同一货架,也就是将货架上的双手方便拿取之处(中下层)作为动管储区,不容易拿取之处(上层)作为保管储区。进货时便将动管储区放不下的多余货箱放至上层保管储区。对动管拣取区的物品进行拣货,而当动管储区的存货低于水准之下则可利用叉车将上层保管储区的物品搬至下层动管储区补货。比较适合体积不大,每品项存货量不高,且出货多属中小量(以箱为单位)的物品。

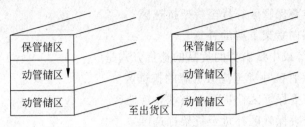

图 5-19　货架之间的补货

步骤四　补货注意事项

补货注意事项如表 5-46 所示。

表 5-46　补货注意事项

取货注意事项	补货上架注意事项	其他注意事项
核对取货位、货品代码、名称; 发现包装损坏,内装不符、数量不对,应及时反馈给信息员处理; 维护好周转区的货品; 按规定动作开箱; 轻拿轻放,取货完成后整理货位上的货品; 作业标准及时、准确	从周转区取货品时核对取货位、货品代码,名称; 一种货品对应一个拣货位; 尽量全部补到拣货位上; 把货品整齐放到拣货位上	主动补货; 及时查询,及时补充; 结束后清洁卫生; 作业标准及时、准确

温故知新

不定项选择题

1. 拣货完成后发现拣货区存货量不足,则必须进行(　　)。
   A. 配货作业　　　　B. 补货作业　　　　C. 送货作业　　　　D. 配装作业
2. 补货作业是将货物从(　　)搬运到(　　)的工作。
   A. 月台　仓库　　　　　　　　　　　B. 仓库　配送中心
   C. 仓库保管区域　拣货区　　　　　　D. 暂存区　拣货区
3. 补货作业中,可供选用的补货时机的方式有(　　)。
   A. 批次补货　　　B. 定时补货　　　C. 定量补货　　　D. 随机补货
4. 适合体积小且少量多样出货的货品的补货方式是(　　)。
   A. 由货架保管区补货至流力货架的拣选区
   B. 由地板堆叠保管区补货至地板堆叠拣选区
   C. 由地板堆叠保管区补货至货架拣选区
   D. 货架上层向货架下层的补货

5. 适合体积大或出货量多的商品的补货方式是（　　）。
   A. 由货架保管区补货至流力货架的拣选区
   B. 由地板堆叠保管区补货至地板堆叠拣选区
   C. 由地板堆叠保管区补货至货架拣选区
   D. 货架上层向货架下层的补货

6. 适合体积中等或中量出货的货品的补货方式是（　　）。
   A. 由货架保管区补货至流力货架的拣选区
   B. 由地板堆叠保管区补货至地板堆叠拣选区
   C. 由地板堆叠保管区补货至货架拣选区
   D. 货架上层向货架下层的补货

7. 适合体积不大每品项存货量不高，且出货多属中小量的货品的补货方式是（　　）。
   A. 由货架保管区补货至流力货架的拣选区
   B. 由地板堆叠保管区补货至地板堆叠拣选区
   C. 由地板堆叠保管区补货至货架拣选区
   D. 货架上层向货架下层的补货

8. 补货作业的目的是（　　）。
   A. 让消费者了解　　　　　　　　B. 保证拣货区随时有货可拣
   C. 让其保管时间更长　　　　　　D. 降低作业效率

9. 补货应注意的事项是（　　）。
   A. 准确把握补货时机　　　　　　B. 补货时轻拿轻放，防止摔坏商品
   C. 货物摆放整齐，便于拣货　　　D. 坚持先进先出的原则

10. 取货注意事项包括（　　）。
    A. 取货时要仔细核对取货位、货品代码、名称等信息
    B. 在补货时，如发现包装损坏、内装与名称不符、数量不对时，应及时反映给信息员处理
    C. 补货员要维护好周转区货品
    D. 补货员补货时要按规定动作开箱，以免划坏货品，补货员取货要轻拿轻放
    E. 取货完后要整理货位上的货品

职场训练

速达运公司配送中心有托盘就地堆放区和托盘货架区两个保管区域，以及一个拆零分拣区域。客户订单处理后，以整箱为单位的货物直接从托盘就地堆放区出货，以件、盒、瓶等为单位的货物要从拆零分拣区拣货出货。该配送中心通常每天早上8点开始拣货、配货，9点发车送货至客户指定地点。

现配货员小李在拣货区配货：娃哈哈纯净水、好奇尿不湿、安踏运动鞋（男）。经过这次配货后，发现其在拣货区所剩余的存货量过低，已经低于了安全库存量，需要及时补货，你作为补货员应如何完成这次补货作业？该配送中心应如何确定补货时机呢？并请设计此配送中心的补货方式？

任务四　流通加工作业

中华人民共和国国家标准物流术语(GB/T 18354—2001)将"流通加工"(distribution processing)定义为：物品在从生产地到使用地的过程中，根据需要施加包装、分割、计量、分拣、组装、价签贴付、标签贴付、商品检验等简单作业的总和。它是为了提高物流速度和物品的利用率，在物品进入流通领域后，按客户的要求进行的加工活动，即在物品从生产者向消费者流动的过程中，为了促进销售、维护商品质量和提高物流效率，对物品进行一定程度的加工。随着经济增长，国民收入增多，消费者的需求出现多样化，在流通领域开展流通加工已变得越来越普遍。

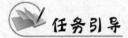

（1）只要我们留意超市里的货柜就可以看出，那里摆放的各类洗净的蔬菜、水果、肉末、鸡翅、香肠等，这些商品的分类、清洗、贴商标和条形码、包装、装袋等是进入货柜之前就已进行了加工作业，这些流通加工都不是在产地开展的，而是脱离了生产领域，进入了流通领域中进行的。这样的食品流通加工项目还有哪些呢？

（2）对食品进行流通加工，其作用与价值体现在哪里？

（3）假如你正经营着一个蔬果配送中心，现在欲拓展相关业务，其中一项是准备开展流通加工业务。那么就必须准备一些加工设备，应该添置哪些方面的加工设备呢？

（4）假如你想通过电子商务平台来销售蔬果，你认为发展的瓶颈主要在哪里？通过配送过程中的流通加工是否可以解决这些问题？

步骤一　理解流通加工

流通与加工是两个不同的范畴。加工是指改变物质的形状和性质，形成一定产品的活动；流通则是改变物资的空间状态与时间状态的过程。流通加工属于加工的范畴，是加工的一种。它是生产加工在流通领域中的延伸，也可以看成流通领域为了更好地提供服务，在职能方面的扩大。也就是说，物流领域的流通加工是为了方便流通、运输、储存、销售、方便用户及物资充分利用、综合利用而进行的加工活动。

流通加工具有生产制造活动的一般性质，与一般的生产加工在加工方法、加工组织、生产管理等方面并无显著区别。但是，在加工对象、加工程度等方面却差别较大，具体区别如表5-47所示。

表 5-47 流通加工与生产加工的区别

对比角度	流通加工	生产加工
从加工对象看	流通加工的对象是进入流通领域的商品	生产加工的对象是原材料、零配件或半成品
从加工程度看	流通加工大多是简单加工	复杂加工
从价值观点看	流通加工的目的在于完善其使用价值	生产加工的目的在于创造价值及使用价值
从加工责任人看	流通加工的组织者是从事流通工作的人员	生产工人
从加工目的看	为流通创造条件	为实现利润创造条件

流通加工在生产、流通、消费领域的位置,如图 5-20 所示。

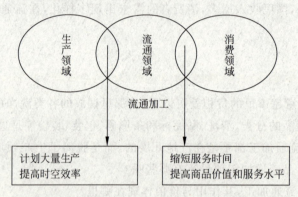

图 5-20 流通加工在生产、流通、销售领域的位置

步骤二 选择流通加工形式

1．食品的流通加工

为了便于保存,提高流通效率,食品的流通加工是不可缺少的。比如水产品和肉类的流通加工;牛奶、蔬菜、水果等食品的流通加工;生鲜食品和副食品流通加工;酒类、饮料的流通加工。

2．水泥熟料的流通加工

变运成品水泥为运进熟料这种半成品,并在该地区的流通加工点(磨细工厂)磨细,并根据当地资源和需要的情况掺入混合材料及外加剂,制成不同品种及标号的水泥供应给当地用户,这是水泥流通加工的重要形式之一。

3．机电产品的组装加工

采用半成品(部件)包装出厂,在消费地拆箱组装的流通加工方式。这是因为机电设备不易包装,运输装载困难,效率低,但装配较简单,装配技术要求不高,装配后不需进行复杂检测及调试。

4．钢板剪板及下料加工

热连轧钢板和钢带、热轧厚钢板等板材最大交货长度常可达 7~12m,有的是成卷交货。对于使用钢板的用户来说,大型企业由于消耗批量大,可设专门的剪板及下料设备,按生产需要进行剪板;对使用量不大的多数中、小型企业,可利用钢板剪板及下料的流通加工达到使用要求。

5. 木材的流通加工

(1) 磨制木屑、压缩输送:木材是容重轻的物质,所以可选择在林木生产地就地将原木磨成木屑,然后压缩使之成为容重较大、容易装运的形状进行运输。根据经验,采取这种方法比直接运送原木能节约一半的运费。

(2) 集中开木下料:将原木截成各种规格锯材,同时将碎木、碎屑集中加工成各种规格板,甚至还可以进行打眼、凿孔等初级加工。实行集中下料、按用户要求供应规格料,可以使原木利用率提高到95%,出材率提高到72%左右。

6. 煤炭及其他燃料的流通加工

(1) 除矸加工是以提高煤炭纯度为目的的加工形式。为了多运"纯物质",少运矸石,充分利用运力,降低成本,可以采用除矸的流通加工排除矸石。

(2) 为管道输送煤浆进行的煤浆加工:用运输工具载运煤炭,运输中损失浪费较大,又容易发生火灾。将煤炭制成煤浆采用管道运输是一种新兴加工技术。

(3) 配煤加工:在使用地区设置集中加工点,将各种煤及一些其他发热物质,按不同配方进行掺配加工,生产出各种不同发热量的燃料,称为配煤加工。

(4) 天然气、石油气等气体的液化加工:在产出地将天然气或石油气压缩到临界压力之上,使之由气体变成液体,然后再用容器装运,这样使用机动性较强。

7. 平板玻璃的流通加工

按用户提供的图纸对平板玻璃套裁开片,向用户供应成品,用户可以将其直接安装到采光面上。这种方式的好处是:平板玻璃的利用率可由不实行套裁时的62%~65%提高到90%以上;可以实现从工厂向套裁中心运输大包装平板玻璃。

8. 加工定制

企业委托外厂进行加工和改制,是弥补企业加工能力不足或商店不经营的一项措施,如非标准设备、工具、配料、半成品等,可分为带料加工和不带料加工。前者为使用单位供料,加工厂负责加工;后者为加工厂包工包料。

步骤三 开展包装作业

物流企业的包装主要是指运输包装,是保护商品在流通过程中质量完好和数量完整的重要措施。

1. 包装分类

(1) 以包装容器形状分类:可分为箱、桶、袋、包、筐、捆、坛、罐、缸、瓶等。

(2) 以包装材料分类:可分为木制品、纸制品、金属制品、玻璃、陶瓷制品和塑料制品包装等。

(3) 以包装货物种类分类:可分为食品、医药、轻工产品、针棉织品、家用电器、机电产品和果菜类包装等。

(4) 以安全为目的分类:可分为一般货物包装和危险货物包装等。

2. 物流包装材料

物流运输领域常用的包装材料有缠绕膜、气泡膜、编织袋、纸箱、集装箱充气袋、柔性打包带,及配套的打包机、打包扣等。

温故知新

不定项选择题

1. 关于流通加工理解正确的是(　　)。
   A. 流通加工的对象是不讲入流通过程的商品,不具有商品的属性,因此流通加工的对象不是最终产品,而是原材料、零配件、半成品
   B. 一般来讲,如果必须进行复杂加工才能形成人们所需的商品,那么,这种复杂加工应专设生产加工过程,而流通加工大多是简单加工,而不是复杂加工,因此流通加工可以是对生产加工的取消或代替
   C. 从价值观点看,生产加工的目的在于创造价值及使用价值,而流通加工则在于完善其使用价值并在不做大改变情况下提高价值
   D. 流通加工的组织者是从事流通工作的人,能密切结合流通的需要进行这种加工活动,从加工单位来看,流通加工与生产加工则都由生产企业完成

2. 下面属于实现流通加工合理化的途径有(　　)。
   A. 加工和配送相结合　　　　　　B. 加工和配套相结合
   C. 加工和合理运输相结合　　　　D. 加工和节约相结合

3. 下列属于流通加工不合理的表现的是(　　)。
   A. 地点设置不合理　　　　　　　B. 方式选择不当
   C. 加工内容过于简单　　　　　　D. 加工成本过高

4. 下列不是按加工对象分的是(　　)。
   A. 食品的流通加工　　　　　　　B. 生活用品的流通加工
   C. 生产资料的流通加工　　　　　D. 机电的流通加工

5. 流通加工的主要作用是(　　)。
   A. 优化物流系统　　　　　　　　B. 弥补生产加工的不足,提高加工效率
   C. 进行初级加工　　　　　　　　D. 提高原材料利用率

6. 在食品中心将牛、羊肉进行肉、骨分离,其中肉送到零售店,骨头送往饲料加工厂,这一活动称为(　　)。
   A. 流通加工　　　B. 配送　　　C. 物流　　　D. 输送

7. 关于运输包装,下列说法不正确的是(　　)。
   A. 也称为商品的大包装或外包装
   B. 常用的包装材料由箱、捆包、袋及桶
   C. 通常不随商品卖给顾客
   D. 必须满足商品运输、装卸、储存及销售的要求

8. 下列不属于流通加工的类型的是(　　)。
   A. 为弥补生产领域的加工不足的深加工
   B. 为保护产品所进行的加工
   C. 为促进销售的流通加工

D. 降低原材料利用率的流通加工

9. 根据流通加工定义,下列属于流通加工的是( )。

A. 某工厂采购布匹、纽扣等材料,加工成时装并在市场上销售

B. 某运输公司在冷藏车皮中保存水果,使之在运到目的地时更新鲜

C. 杂货店将购时的西红柿按质量分成每斤1元和每斤2元两个档次销售

D. 将马铃薯通过洗涤、破碎、筛理等工艺加工成淀粉

10. 下列( )适宜于盛装不怕挤压的商品。

A. 专用包装　　　B. 软质包装　　　C. 通用包装　　　D. 硬质包装

职场训练

(1) 速达运公司某配送中心同时接到六项加工任务的通知:冷冻海鲜、糕点计量与包装、水果加工、猪肉加工、自行车装配、礼品包装。加工主管召集各加工小组的成员,商讨如何开展这次加工任务。

① 不同类产品加工的流程如下。

冷冻海鲜:去废、保存(腌)、捞味、成形、蒸煮、冷冻、包装、出货;

糕点计量与包装:称重计量、选用包装、无菌操作、温度控制等;

水果加工:分级、清洗、去皮、整修、切分、包装等;

猪肉加工:分级(分为一等肉、二等肉、三等肉、等外肉)、分割、斩碎、冷却、包装等;

自行车装配:拆箱、组装、安装、调试等;

礼品包装:选用礼品包装纸和装饰带(根据形状、情感、主题等确定大小、宽窄、色彩等)、确定包装方法(基本蝴蝶结、翻面蝴蝶结、基本十字架、双斜线、V字形、双蝴蝶结等)。

② 各项任务的加工时间及预定交货期如表5-48所示。

表5-48　各项任务的加工时间及预定交货期　　　　　　　　　　单位:h

任务编号	J1	J2	J3	J4	J5	J6
任务名称	冷冻海鲜	糕点计量与包装	水果加工	猪肉加工	自行车装配	礼品包装
所需加工时间	5	8	2	7	9	3
预定交货期	26	22	23	8	34	24

请以配送中心流通加工主管的身份来合理安排该加工任务。

(2) 在配送中心,主管要求小王配货后,负责该批货物后面包装及出库交接的一系列工作,作为小王现在应如何使用仓库包装设备完成该批货物的包装任务?要求:

① 进行捆包打包机操作要领如下:

- 开机前,检查捆包机是否安装好捆包带,检查电源是否正常,检查零部件是否存在松动现象;
- 开机后,机器预热几分钟,使打包时捆包带能有很好的黏合;
- 利用打包带将包装物缠绕并拉紧固定;
- 将打包带一端插入导向板中缝,受力后松开;
- (本步骤为机器自动操作)切刀切断带子,并将带头推向烫头,打包带表面受热熔化,

两层塑料带在承压板上冷却凝固,两带黏合;
- 打包工作完毕后,去除机内的灰尘和其他的屑末,保持清洁,而且要时常在运动部件加润滑油以有效延长机器寿命。

② 进行手动打包机操作要领如下:
- 调整好拉紧器,将包装带两端分别放入前、后夹压紧;
- 用手推动拉紧器手柄,使包装带收紧;
- 用铁扣套上包装带的接头;
- 用卡钳钳紧铁扣;
- 松开前、后带夹、取出拉紧器。

任务五 出库交接业务操作

出库过程管理是指仓库按照货主的调拨出库凭证或发货凭证(提货单、调拨单)所注明的货物名称、型号、规格、数量、收货单位、接货方式等条件,进行的核对凭证、备料、复核、点交、发放等一系列作业和业务管理活动。仓库必须建立严格的出库和发运程序,严格遵循"先进先出,推陈储新"的原则,尽量一次完成,防止差错。

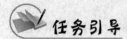

(1) 假设小王完成了出库交接工作,但是其中一个客户收到货后,发现仓库将 2L 可乐 10 箱错当作 1.5L 可乐发给了客户,请问小王该如何处理该事件?
(2) 该事件给公司造成了怎样的损失?应该在出库环节如何避免呢?

仓库不论在任何情况下,都不得擅自动用、变相动用或外借货主的库存商品。

步骤一　明确出库的要求

物品出库要求做到"三不、三核、五检查"。"三不",即未接单据不翻账,未经审单不备库,未经复核不出库;"三核",即在发货时要核实凭证、核对账卡、核对实物;"五检查",即对单据和实物要进行品名、规格、包装、数量、重量五方面的检查。商品出库要求严格执行各项规章制度。

步骤二　选择出库方式

出库方式是指仓库用什么样的方式将货物交付用户。选用哪种方式出库,要根据具体条件,由供需双方事先商定。

1. 送货上门

仓库根据货主单位的出库通知或出库请求,通过发货作业把应发物品交由运输部门送达收货单位或使用仓库自有车辆把物品运送到收货地点的发货形式,就是通常所称的送货制。仓储部门运输部门的交接手续是在仓库现场办理完毕的,而运输部门与收货人的交接手续是根据货主与收货人签订的协议,一般在收货人指定的地点办理。

送货上门具有多方面的好处:仓库可预先安排作业,缩短发货时间;收货单位可避免因人力、车辆等不便而发生的取货困难;在运输上,可合理使用运输工具,减少运费。

2. 收货人自提

由收货人或其代理人持仓单,自备运输工具直接到仓库提取货物,仓库凭单发货,这种发货形式通常称为提货制。它具有"提单到库,随到随发,自提自运"的特点,为划清交接责任,仓库发货人与提货人在仓库现场,对出库货物当面交接并办理签发手续。

3. 代办托运

代办托运是指仓库接收客户的委托,依据货主开具的出库凭证上所列商品的品种、规格、质量、数量和价格等,办理出库手续,通过运输部门如公路、铁路、水路和航空等,把商品发运到用户指定地点的一种出库方式。这种方式较为常见,也是仓库推行优质服务的措施之一。适用于大宗、长距离的商品运输。

4. 过户

过户是一种就地划拨的出库形式,物品实物虽未出库,但是所有权已从原货主转移到新货主的账户中。仓库必须根据原货主开出的正式过户凭证,才办理过户手续。日常操作时,往往是仓单持有人的转让,这种转让要经过合法手续。

5. 取样

取样是货主出于对货物质量检验、样品陈列等需要,到仓库提取货样而形成部分货物的出库。货主取样时必须持有仓单,仓库也必须根据正式取样凭证才发给样品,并做好账务登记和仓单记录。

6. 转仓

货主为了方便业务开展或改变储存条件,需要将某批库存货物自某仓储企业的 A 库转移到该企业的 B 库,这就是转仓的发货形式。转仓时货主必须出示仓单,仓库根据货主递交的正式转仓申请单,给予办理转仓手续,并同时在仓单上注明有关信息资料。转仓只是在同一仓储企业不同仓库进行。若需要将货物从甲企业的某仓库转移到乙企业的某仓库,应该办理正常的出库和入库手续。

步骤三 绘制出库作业流程图

不同仓库在出库的操作程序上会有所不同,操作人员的分工也各异,但就整个发货作业的过程而言,一般都按照出库步骤图(图 5-21)来进行。

一、出库前的准备

一方面是计划工作,即根据货主提出的出库计划或出库请求,预先做好物品出库的各项安排,包括货位、机

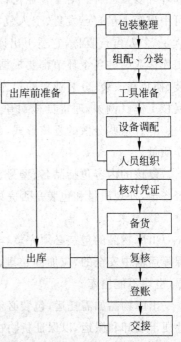

图 5-21 一般出库作业流程图

械设备、工具和工作人员,提高人、财、物的利用率;另一方面是要做好出库物品的包装和标志标记。发往异地的货物,需经过长途运输,包装必须符合运输部门的规定,如捆扎包装、容器包装等,成套机械、器材发往异地,事先必须做好货物的清理、装箱和编号工作。在包装上挂签(贴签)、书写编号和发运标记(去向),以免错发和混发。

二、出库程序

1. 核单备货

仓库接到出库凭证(仓单)后,仓库管理人员要对以下内容进行审核。

(1) 审核出库凭证的合法性、真实性、凭证日期,有无涂改与污损;

(2) 审核出库凭证手续是否齐全,内容是否完整;

(3) 核对出库货物的品名、型号、规格、单价、数量是否与库存货物相符;

(4) 核对收货单位、到货站、开户行和账号是否齐全和准确;

(5) 提货人身份核对、签章核对。

出库单通常一式四联,第一联存根,第二联保管员留存,第三联仓库记账,第四联提货人留存(随货通行)。出库物品应附有质量证明书或副本、磅码单、装箱单等,机电设备、电子产品等物品,其说明书及合格证应随货同付。

备货时应本着"先进先出,推陈储新"的原则,易霉易坏的先出,接近失效期的先出。备货过程中,凡计重货物,一般以入库验收时标明的重量为准,不再重新计重。需分割或拆捆的应根据情况进行。

2. 复核

为了保证出库物品不出差错,备货后应进行复核。复核形式主要有个人复核、相互复核和环环复核三种。对于专业化程度较高的仓库,由于品种比较单一,同一商品发货批量大,可由保管人员自己发货、个人复核;相互复核是指两个人相互分工协助,即一个人据单备货,一个人再行复核,它适于出库业务繁多,品种零星的商品出库复核;环环复核指商品在出库作业中的各个环节都要根据单证和商品进行反复的核对。它对于那些有加工、整理、拼装、换装和改装、分装业务的出库尤其必要。除此之外,在发货作业的各道环节上,都贯穿着复核工作。例如,理货员核对单货,守护员(门卫)凭票放行,账务员(保管会计)核对账单(票)等。这些分散的复核形式,起到分头把关的作用,都十分有助于提高仓库发货业务的工作质量。

复核的内容包括品名、型号、规格、数量是否同出库单一致,配套是否齐全,技术证件是否齐全,外观质量和包装是否完好。

3. 包装

出库物品的包装必须完整、牢固,标记必须正确清楚,如有破损、潮湿、捆扎松散等不能保障运输中安全的,应加固整理,破包破箱不得出库。各类包装容器上若有水渍、油迹、污损,也均不能出库。

出库物品如需托运,包装必须符合运输部门的要求,选用适宜的包装材料,其重量和尺寸便于装卸和搬运,以保证货物在途的安全。包装时,严禁互相影响或性能互相抵融的物品混合包装。包装后,要写明收货单位、到站、发货号、本批总件数、发货单位等。

4. 点交

出库物品经过复核和包装后,需要托运和送货的,应由仓库保管机构移交调运机构,属于用户自提的,则由保管机构按出库凭证向提货人当面交清。

5. 登账

点交后,保管员应在出库单上填写实发数、发货日期等内容,并签名。然后将出库单连同有关证件资料,及时交货主,以便货主办理货款结算。保管员将留存的一联出库凭证交实物明细账登记做账。

6. 现场和档案的清理

现场清理包括清理库存商品、库房、场地、设备和工具等。回收用过的苫垫材料,以待循环利用,同时保持仓库的整洁、干净。档案清理是指对收发、保养、盈亏数量和垛位安排等情况进行分析。

在整个出库业务程序过程中,复核和点交是两个最为关键的环节。复核是防止差错的重要和必不可少的措施,而点交则是划清仓库和提货方两者责任的必要手段。

速达运企业视角

速达运企业货物出库流程图如图 5-22 所示。

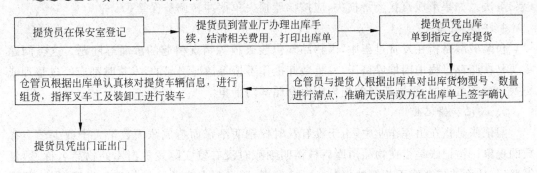

图 5-22 速达运企业货物出库流程图

步骤四 物资出库中发生问题的处理

1. 出库凭证(提货单)上的问题

(1) 凡出库凭证超过提货期限的,用户前来提货必须先办理相关手续,按规定交足逾期仓储保管费后方可发货。

(2) 凡发现出库凭证有疑点以及出库凭证发现有假冒、复制、涂改等情况时,应及时与仓库保卫部门以及出具出库单的单位或部门联系,妥善处理。

(3) 商品进库未验收,或者期货未进库的出库凭证,一般暂缓发货并通知货主,待货到并验收后再发货,提货期顺延。

(4) 如客户因各种原因将出库凭证遗失,客户应及时与仓库发货员和账务人员联系挂失;如果挂失时货已被提走,保管人员不承担责任,但要协助货主单位找回商品;如果货还没有提走,经保管人员和账务人员查实后做好挂失登记,将原凭证作废,缓期发货。

2. 提货数与实存数不符

若出现提货数与商品实存数不符的情况，一般是实存数小于提货数。造成这种问题的原因主要有以下几方面。

（1）商品入库时，由于验收问题，增大了实收商品的签收数量，从而造成账目数大于实存数。

（2）仓库保管人员和发货人员在以前的发货过程中因错发、串发等差错而形成实际商品库存量小于账目数。

（3）货主单位没有及时核减开出的提货数，造成库存账目数大于实际储存数，从而开出的提货单提货数量过大。

（4）仓储过程中造成了货物的毁损。

3. 串发货和错发货

串发货和错发货主要是指发货人员由于对物品种类规格不是很熟悉，或者由于工作中的疏漏把错误规格、数量的物品发出库的情况。

如果物品尚未离库，应立即组织人力重新发货。如果已经离开仓库，保管人员应及时向主管部门和货主通报串发和错发货的品名、规格、数量、提货单位等情况，会同货主单位和运输单位共同协商解决。一般在无直接经济损失的情况下由货主单位重新按实际发货数冲单（票）解决。如果形成直接经济损失，应按赔偿损失单据冲转调整保管账。

4. 包装破漏

包装破漏是指在发货过程中，因物品外包装破损等情况引起的渗漏等问题。这类问题主要是在储存过程中因堆垛挤压，发货装卸操作不慎等情况引起的，发货时都应经过整理或更换包装方可出库，否则造成的损失应由仓储部门承担。

5. 漏记和错记账

漏记账是指在出库作业中，由于没有及时核销明细账而造成账面数量大于或少于实存数的现象。错记账是指在物品出库后核销明细账时没有按实际发货出库的物品名称、数量等登记，从而造成账实不相符的情况。一经发现，除及时向有关领导如实汇报情况外，还应根据原出库凭证查明原因调整保管账，使账实相符。如果给货主单位、运输单位和仓储部门造成了损失，应予赔偿，同时应追究相关人员的责任。

步骤五　制作提货单、装箱单

提货单、装箱单如表 5-49 和表 5-50 所示。

表 5-49　提货单

提货单位：　　　　　　　　　　　　　　发货日期：　　年　　月　　日

货号	品名	规格	牌号	单位	数量	说明

财务审核：　　　　　　　　　　制单人：

表 5-50　装箱单

毛重：		净重：		箱号：		
发货凭证号	品名	规格	单位	数量	备注	

装箱日期：　　年　　月　　日　　　　　　　　　　装箱人：

步骤六　复核检查工作

货物备好后，为了避免和防止备货过程中可能发生的差错，出库人员对照出库凭证，比如出库单或提货单，对出库货物进行再次核对。核对包括如下内容。

（1）商品品名、规格是否相符。
（2）商品数量是否准确无误。
（3）出库商品各种凭证是否齐全。
（4）商品包装是否牢固、安全。
（5）包装标志是否齐全、正确。

步骤七　登账、交接

当货物出库完毕后，仓管员应及时将货物从仓库保管账上核销，更正垛牌，以保证仓库账账相符、账卡相符、账物相符，并将留存的仓单（提货凭证）、其他单证、文件等存档。

经过复核无误后，与运输人员办理好交接手续，当面点清，由对方签章，以便划清责任。

　速达运企业视角

提货人根据顾客要求，凭有效提货单据和本人身份证或驾驶证到业务科办理提货手续，业务员必须认真核对提货单、提货人有效身份证件及运输工具等相关证件，确认无误后在收到所提货物的相关费用后，在管理系统中进行货物出库的相关操作，打印出库单，装卸指令单。

（1）提货人凭提货单到业务科办理货物出库手续，凭出库单到仓库提取货物，仓库保管员凭出库单发货，并对提货人身份及承运车辆进行确认。

（2）按出库单的要求在库内进行组货，组货完毕通知叉车驾驶员进行出货。

（3）对装上车难以点清数量的物资必须在车下进行交货，验货后方可装车。装车前应检查承运车辆车厢是否完好、干净，遮盖捆扎工具是否齐全。如不符合要求，仓库有权拒绝发货，并通知相关部门及货主。

（4）仓库保管员应督促装卸人员满足承运车驾驶员安全行车的需要进行货物的合理装载。

(5) 仓库保管员在接到出库单后及时组货,装车时间单车不超过3h,超长车不超过4h。

(6) 仓库保管员有义务督促提货人将货物捆扎牢固,雨布盖好,并要求捆扎不能损坏货物的包装,未捆扎、未盖油布的车辆不得出门(厢式车除外)。

(7) 货物交接完毕后提货人需在出库单提货人栏签字确认。仓库保管员在发货人栏签字,提货人凭出门证到保安室办理货物出门手续。

温故知新

不定项选择题

1. 仓储经管人根据存货人或仓单持有人所持有的仓单,按其所列物品的编号、名称、规格、型号、数量等项目,组织物品出库的一系列活动的是( )。
  A. 物品入库作业　　B. 出库作业　　C. 盘点作业　　D. 拣选作业

2. 对有加工、整理、拼装、换装和改装、分装业务的仓库,应采用( )。
  A. 单证复核　　B. 相互复核　　C. 实物复核　　D. 环环复核

3. 物品出库时间必须按照( )规定的时间,或依据货主开出的出库通知或请求,做出物品出库的安排。
  A. 出库单　　B. 仓单　　C. 发货单　　D. 订单

4. 货主出于对物品的质量检查、样品陈列等需要,到仓库提取货样而形成部分物品出库的形式是( )。
  A. 取样　　B. 过户　　C. 转仓　　D. 提货

5. 物品出库要做到"三核",即在发货时,要核对( )。
  A. 包装　　B. 凭证　　C. 账卡　　D. 实物

6. 在整个出库业务程序中,最为关键的环节包括( )。
  A. 核单备料　　B. 复核　　C. 点交
  D. 包装　　E. 登账

7. 物品出库要做到的"三"不是指( )。
  A. 未接单据不翻账　　B. 未经核对不入账
  C. 未经审核不备货　　D. 未经复核不出库

8. 属于"五检查"内容的是( )。
  A. 数量　　B. 重量　　C. 品名
  D. 规格　　E. 包装

9. 属于出库方式的是( )。
  A. 收货人自提　　B. 过户　　C. 转仓
  D. 取样　　E. 送货

10. 商品出库程序中的清理环节,可分为现场清理和( )。
  A. 库位清理　　B. 商品清理　　C. 废品清理　　D. 档案清理

职场训练

速达运公司某仓库收到了一张提货单(表5-51),作为该仓库的库存工作人员,如何按货物出库要求准备好出库?如何判断出库凭证内容完整无误?如何完成货物的发货作业?并根据本次货物的出库形式,做好相关交接记录。

表 5-51 提 货 单

冠达金属材料有限公司
　　××市××区国际金属物流园区 20 号
　　电话:××××　传真:××××　　NO.20180130002

购货单位		益新钢材有限公司			地址	××市××区××街3号		客户电话	××××
厂家	商品名称	规格型号	材质	单位	辅助计量		单价	金额	备注
					件数	吨位			
江开	高线	Φ8	HPB235	t	16	33.311	4 870	162 224.57	上车价(过磅)
合计金额(大写):壹拾陆万贰仟贰佰贰拾肆元伍角柒分							￥162 224.57		
注:A. 本提货单需加盖本单位章,有效期为三天; B. 提货前请与仓库联系,以免放空; C. 提货仓库。					敬告	A. 质量异议有效期,自提货日起七日内有效,逾期不予受理; B. 请妥善保管好样品、吊牌及标签; C. 撰写质量异议报告(批号、包装号、钢号、卷号等)。			

购货单位签章:
提货人:　　　　　　提货车号:　　　　　承运人签收:　　　　制单人:
本提货单一式四联,白联:存根;红蓝两联:保管;黄联:客户联。

任务六　送货作业

任务描述

　　送货作业是指利用配送车辆把用户订购的货品从制造厂、生产基地、批发商、经销商或配送中心送到用户手中的过程,是配送业务的最后一个环节。送货作业过程中受到各种情况的影响,因此送货作业前需要进行周密安排,以保证送货作业的顺利完成。

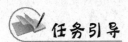

任务引导

　　(1)百胜物流是肯德基、必胜客等国际连锁餐饮企业的物流配送提供商。对于连锁餐饮企业来说,由于原料特征及客户要求基本稳定,因此送货成本始终是企业降低成本的焦点。据百胜物流统计,在连锁餐饮企业的配送业务中,送货运输成本占到总体配送成本的60%左右,而在这60%中,有55%~60%是可以通过各种手段控制的。因此,该公司把降低成本的核心锁定在送货运输这个核心环节。那么送货作业管理的核心内容是什么?

(2) 送货过程中会有哪些因素影响？
(3) 按什么顺序进行送货？
(4) 可以采取怎样的措施提高送货效率，降低成本？

任务实施

步骤一　理解送货管理的重要性

配送作业管理的困难在于其可变因素太多，且因素与因素间往往又相互影响，因而很容易遇到下列问题。

(1) 从接受订货至出货非常费时。
(2) 配送计划难以制订。
(3) 配送路径的选择不顺利。
(4) 装卸货时间太长，导致配送效率低下。
(5) 无法按时配送交货。
(6) 配送业务的评价基准不明确。
(7) 驾驶员的工作时间不均，产生抱怨。
(8) 物品配送过程的毁损与遗失。
(9) 送货费用过高，影响整个配送中心的运作成本。

上述这些问题的发生，会严重影响到配送质量，影响配送服务水平，由于配送作业环节直接面对客户，因而显得更加重要。

步骤二　了解送货服务要求

配送是配送中心作业最终及最具体直接的服务表现，其服务要求如下。

1. 时效性

时效就是要确保能在指定的时间内交货，由于配送是从客户订货至交货各阶段中的最后一阶段，也是最容易无计划性延误时程的阶段（配送中心内部作业的延迟较易掌握，可随时调整），一旦延误便无法弥补。如司机本身原因、配送路径路况不当、中途客户点卸货不易、客户未能及时配合等都可能影响送货时效。

2. 可靠性

可靠性是指将物品完好无缺地送达目的地，这主要取决于配送人员的责任心和素质。以配送而言，要达到可靠性目标，关键在于以下原则。

(1) 装卸货时的细心程度。
(2) 运送过程对物品的保护。
(3) 对客户地点及作业环境的了解。
(4) 配送人员的素质。

若配送人员能随时注意这几项原则，物品就能以最好的品质送到客户手中。

3. 沟通性

配送人员不仅仅是把物品交送到客户手中，也是客户最直接接触的人员。因而其能否有效与客户沟通、能否具有良好的服务态度，这将对维护公司的形象、巩固客户的忠诚度起

到至关重要的作用。

4. 便利性

配送最主要是要让顾客觉得方便,因而对于客户要求的送货计划,应采取较灵活性的系统,才能够随时提供便利的服务,例如紧急送货、信息传送、顺道退货、辅助资源回收等。

5. 经济性

满足客户的服务需求,不仅品质要好,价格也是客户重视的要项。因而若能让配送中心本身运作有效率,成本控制得当,自然对客户的收费也会低廉,也就更能以经济性来抓住客户了。

步骤三 明确送货的基本作业流程

送货作业的基本流程及影响因素如图 5-23 所示。

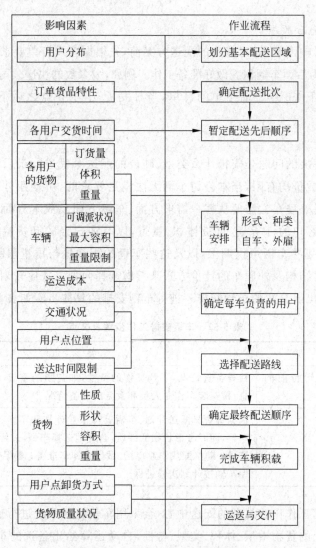

图 5-23 送货作业的基本流程图

1. 划分基本配送区域

为使整个配送有一个可循的基本依据，应首先将客户所在地的具体位置作一系统统计，并将其作区域上的整体划分，将每一客户囊括在不同的基本配送区域中，以作为下一步决策的基本参考。如按行政区域或依交通条件划分不同的配送区域，在这一区域划分的基础上再作弹性调整来安排配送。

2. 车辆配载

由于配送货物品种、特性各异，为提高配送效率，确保货物质量，必须首先对特性差异大的货物进行分类。接到订单后，按货物不同的类型，以分别采取不同的配送方式和运输工具，如按冷冻食品、速食品、散装货物、箱装货物等分类配载；其次，配送货物也有轻重缓急之分，必须初步确定哪些货物可配于同一辆车，哪些货物不能配于同一辆车，以做好车辆的初步分配工作。

3. 暂定配送先后顺序

在考虑其他影响因素，做出确定的配送方案前，先根据客户订单要求将配送的先后作业次序做初步排定，为后面车辆积载做好准备工作。例如，大多数的快递公司往往规定下午3点为发货界限，当日下午3点之前下单的订单，当日发货，下午3点之后下单的订单，第二天发货。

4. 车辆安排

车辆安排要解决的问题是安排什么类型、吨位的配送车辆进行最后的送货。一般企业拥有的车型、车辆数量均有限，当本公司车辆无法满足要求时，可使用外雇车辆。所以是使用自有车量？还是外雇车？需要从客户需求方面、车辆方面及成本方面综合考虑。在客户方面，需要考虑各客户的订货量、订货体积、重量，以及客户点的卸货特性限制；在车辆方面，要知道到底有哪些车辆可供调派，以及这些车辆的积载量与重量限制；在成本方面，必须依自用车的成本结构及外雇车的计价方式来考虑选择何种方式比较划算。由此三方面的信息配合，才能做出最合适的车辆安排。进行车辆安排的具体步骤如表5-52所示。

表5-52 车辆安排工作步骤及要点

序号	步骤	要点
1	检查车辆运行前的准备工作	检查备货情况，了解货物的特性，如货物的重量、体积、外形尺寸等信息，检查装车作业人员和设备的准备情况
2	现场调度	根据货物日配送计划、车辆运行作业计划和车辆状态选择需要调度的车辆，同时考虑货物的性质，合理地选择车型，进行车辆调度，签发行车路单；勘察配载作业现场，做好装卸车准备；督促驾驶员按时出车；督促车辆按计划送修进保

大多车辆调度工作比较复杂的配送中心，会采用车辆管理系统进行辅助调度，车辆管理系统会根据订单上的货物重量、体积、类型、特性，自动运算给出备选的车型和车辆数，再根据车辆的忙闲状态，给出备选车辆的车号。车辆调度员就可以根据系统给出的调度方案，同时考虑各车辆的工作量和驾驶员的劳动强度给出具体的车辆、驾驶员安排。

5. 选择配送线路

如何选择配送距离短、配送时间短、配送成本低的线路,需根据客户地点的具体位置、沿途的交通情况等做出优先选择和判断。另外,还须考虑客户或其所在地点环境对送货时间、车型等方面的特殊要求,如有些客户不愿在中午或晚上收货,有些道路在某高峰期实行交通管制等。

6. 确定最终的配送顺序

做好车辆安排及选择好最佳的配送线路后,依据各车负责配送的具体客户的先后,即可将客户的最终配送顺序加以明确的确定。

另外,对于多个配送点的配送顺序的计算,需要借助计算机建立数学模型,以求得最佳路线,这方面的知识这里就不做详细分析,读者可参考其他相关资料。

7. 完成车辆积载

车辆的积载就是如何将货物装车,以什么次序装车的问题。原则上,只需将货物依"后送先装"的顺序装车即可。但有时为了有效利用空间,可能还要考虑货物的性质(怕震、怕压、怕撞、怕湿)、形状、体积及重量等做出弹性调整。

8. 运送与交付

货物运送到客户的指定地点后,需要组织卸货作业,卸货作业可以由送货员组织或送货员自行卸货,也可以由客户自行组织。如果客户是大型配送中心,卸货作业往往是由配送中心组织;如果客户是最终用户,卸货作业往往由送货员组织或由送货员自行卸货。在卸货的过程中或卸货后,需要客户对货物进行清点验收,验收无误后,客户需要在送货单上签收,并留下客户联。如果验收后产品有误需要退货,还需要客户签退货单。最后由客户完成货物的入货位或上货架作业。运送与交付的流程如图 5-24 所示。

图 5-24 运送与交付流程

步骤四 提高送货效率

配送中心的运作费用中送货费用比例最高,占 35%～60%。因而若能降低送货费,对配送中心的收益应有极大贡献。送货作业的主要分析指标如表 5-53 所示。

表 5-53 送货作业分析指标

指标类型	指 标	指 标 分 析
人员负担	人均送货量＝出货量÷配送人数 人均送货距离＝送货总距离÷配送人数 人均送货重量＝送货总重量÷配送人数 人均送货车次＝送货总车次÷配送人数	这四个指标可以充分了解送货作业人员的工作量,并根据实际情况及时调整送货作业人员数量;也可以反映送货人员的作业贡献,从而对相关人员进行绩效考核
车辆负荷	每车周转量＝(送货总距离×总吨数)÷送货车辆总数 每车配送距离(或重量)＝送货总距离(或总重量)÷送货车辆总数	该指标可以评估送货车辆的负荷大小,如果车辆负荷过大就需要增加车辆;负荷过小说明配送业务量小,需要增加业务量

续表

指标类型	指标	指标分析
车辆安排	空驶率＝回程空驶车次÷总车次 送货车辆开动率＝送货总车次÷（车辆数量×工作天数） 送货平均速度＝送货总距离÷送货总时间	车辆空驶率是指货运车辆在返程时处于空载状态的辆次占总货运车辆辆次的比率（《物流术语》GB/T 18354—2006）。当空驶率较高时，表明有部分车"回程空驶"，这时配送成本较高。车辆开动率反映车辆的利用率。如果利用率过高，表明车辆负荷较重，应增加车辆；如果利用率太低，则应该减少车辆或增加配送货物。送货平均速度可以反映送货路线是否最佳，路线上的交通状况是否良好
时间效益	送货时间比率＝送货总时间÷（送货人数×工作天数×每天工作时数） 单位时间送货量＝出货量÷送货总时间	这两个指标用于分析单位时间对于送货量的贡献率
配送成本	送货成本比率＝车辆送货成本÷物流总费用 每吨（车次或千米）送货成本＝车辆送货成本÷总送货吨位（车次或里程）	用于分析配送成本，通过与绩效指标水平对比，从而采取一定的措施，提高效益降低成本
配送质量	送货延误率＝送货延误车次÷送货总车次	送货延误率较高，会对企业信誉造成严重影响。造成该指标较高的原因可能是车辆故障、路况不良等，要根据具体原因逐一进行改进

目前多数客户都要求配送中心采取准时化的配送，以实现"距离最小""时间最小""成本最小"三个目标，应从提高每次输配送量、提高车辆运行速率、削减车辆使用台数、缩短运输配送距离及适当配置物流设施据点等方面考虑。提高送货作业效率的措施，具体如表5-54所示。

表5-54 提高送货作业效率的措施

措施	要点
缓和交错输送	可采用缓和交错输送的方式，例如，将原直接由各工厂送至各客户的零散路线以配送中心来做整合并调配转送，如此可以舒缓交通网路的复杂程度，且大大地缩短输配送距离
直配、直送	厂商与零售商做直接交易，零售商的订购单可通过信息网络直接传给厂商，因此各工厂的产品可从厂商的配送中心直接交货到各零售店
共同配送	指多家企业共同参与但只由一家运输公司独自进行的配送作业，这种模式的形成要点在于参与配送者要能认清自身的条件、定位、未来成长的目标，并加强各自体系的经营管理与物流设备设置
建立完整的信息系统	建立完善的运输管理与配送管理系统，要求该系统能够依交货配送时间、车辆最大积载量、客户的订货量、个数、重量选择一个最经济的输配送方法；依货物的形状、容积、重量及车辆的运输能力等，自动安排车辆、装载方式；依最短距离原则找出各客户的最便捷路径
改善运行中载运工具的通信	运行中的车辆具有即时通信功能，能够把握车辆及司机的状况；传达道路信息或气象信息；把握车辆作业状况及装载状况；进行作业指示；传达紧急的信息；提高运行效率及安全运转；把握运行车辆的所在地

续表

措　施	要　点
控制出货量	采用给予大量订货客户折扣；确定最低订货量；调整交货时间；对于季节性的变动尽可能引导客户提早预约等方式使出货量尽量平准化
配送规划	规划中需要考虑静态的，如配送客户的分布区域、道路交通网络、车辆通行限制（单行道、禁止转弯、禁止货车进入等）、送达时间的要求等因素；动态的，如车流量变化、道路施工、配送客户的变动、可供调度车辆的变动等诸多因素

温故知新

不定项选择题

1. （　　）是配送活动的核心，也是备货和理货工序的延伸。
   A. 买货　　　　　B. 结算　　　　　C. 送货　　　　　D. 退货
2. 送货作业管理的核心内容是（　　）。
   A. 满足客户需求
   B. 控制送货成本
   C. 保证货质量
   D. 满足客户需求与送货成本两者的均衡控制
3. 在送货作业流程中，送货路线及车辆配载方案确定后，下一步骤应该是（　　）。
   A. 货物装车　　　　　　　　　B. 车辆出发
   C. 送货监控　　　　　　　　　D. 拟订送货作业计划
4. 送货作业管理人员主要的工作内容应该是（　　）。
   A. 制订作业计划　　　　　　　B. 安排送货线路
   C. 安排送货人员　　　　　　　D. 合理制订送货作业计划并调度实施
5. 在送货作业进行过程中必须进行有效的控制，以下不属于需要控制的内容的是（　　）。
   A. 监督和指导货物的配载装运过程　　B. 监控车辆按时出车
   C. 监控汽车按时到达装卸货地点　　　D. 送货人员的一举一动
6. 配送送货作业的特点包括（　　）。
   A. 范围广　　　　B. 距离短　　　　C. 批量小　　　　D. 频率高
7. 送货准确率属于（　　）方面的指标。
   A. 配送作业效率　　　　　　　B. 配送作业安全
   C. 客户服务效果　　　　　　　D. 配送作业质量
8. 送货作业绩效评价指标不包括（　　）。
   A. 空驶率　　　　　　　　　　B. 外车比例
   C. 每千米送货成本　　　　　　D. 缺货率
9. 配送路线合理与否对（　　）影响很大。
   A. 配送速度　　　B. 配送成本　　　C. 配送准确性　　D. 配送效益
10. 制订送货作业计划的主要依据有（　　）。
    A. 客户订单

B. 客户分布、运输路线、距离
C. 货物的体积、形状、重量、性能、运输要求
D. 运输、装卸条件

 职场训练

速达运公司可乐仓库的配送区域主要是南通大区,包括各县市,每天早上10点前要完成各门店的送货要求,送货员小李欲完成该送货任务需要考虑的因素是什么?请替该可乐配送中心设计送货作业的考核指标。

任务七 车辆配送路线方案制订

 **任务描述**

配送路线是指各送货车辆向各个用户送货时所要经过的路线。配送路线合理与否对配送速度、车辆的合理利用和配送费用都有直接影响,因此配送线路的优化问题是配送工作的主要问题之一。所以采用科学合理的方法来确定配送路线是配送活动中非常重要的一项工作。

 任务引导

(1) UPS 快递司机一天中几乎有无数条路可供选择,对于配送成本来讲,司机每天少开1英里,公司便可以节省5 000万美元。因此,找到最佳的路线是很必要。如何寻找最佳路线呢?
(2) 路线安排时应该考虑什么因素呢?
(3) 路线安排有什么好方法?

 任务实施

步骤一 确定配送路线目标

目标的选择是根据配送的具体要求、配送中心的实力及客观条件来确定的。由于目标有多个,因此可以有多种选择方法。
(1) 以效益最高为目标的选择,就是指以利润的数值最大为目标值。
(2) 以成本最低为目标的选择,实际上也是选择了以效益为目标。
(3) 以路程最短为目标。
(4) 以吨公里数最小为目标的选择。
(5) 以准确性最高为目标的选择,它是配送中心重要的服务指标。
(6) 其他还有以运力利用最合理、劳动消耗最低等为目标。

步骤二 确定配送路线约束条件

一般配送的约束条件如下。

(1) 满足所有收货人对货物品种、规格、数量的要求。
(2) 满足收货人对货物发到时间范围的要求。
(3) 在允许通行的时间内进行配送。
(4) 各配送路线的货物量不超过车辆容积和载重量的限制。
(5) 在配送中心现有运力允许的范围内。

步骤三　优化配送路线

随着配送的复杂化,配送路线的优化一般要结合数学方法及计算机求解的方法来制订合理的配送方案,目前确定优化配送方案的一个较成熟的方法是节约法,也叫节约里程法。利用节约法确定配送路线的主要出发点是:根据配送中心的配送能力(包括车辆的多少和载重量)和配送中心到各个用户以及各个用户之间的距离来制订使总的车辆运输的吨公里数最小的配送方案。利用节约法制订出的配送方案除了使配送总吨公里数最小外,还满足以下条件:①方案能满足所有用户的要求;②不使任何一辆车超载;③每辆车每天的总运行时间或行驶里程不超过规定的上限;④能满足用户对到货时间的要求。

1. 节约里程法的基本思想

如图 5-25(a)所示,假设 P_0 为配送中心,A 和 B 为客户接货点,各点相互的运输距离分别用 a、b、c 表示,比较两种运输路线方案。

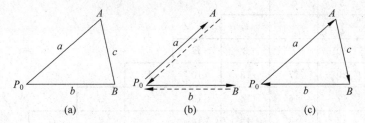

图 5-25　节约里程法的基本思想　　　　　　节约里程法的原理

第一种是派两辆车分别为客户往 A、B 点送货,如图 5-25(b)所示,其总的运输里程为 $2(a+b)$。第二种是将 A、B 两地的货物装在同一辆车上采用巡回配送方式进行配送,如图 5-25(c)所示,其总的运输里程为 $a+b+c$。第二种方案与第一种方案总运输里程之差为 $2(a+b)-(a+b+c)=a+b-c$。

按照三角形原理,两边之和大于第三边,因此第二种方案比第一种方案节约 $(a+b-c)$ 的里程数,这个节约量称为"节约里程",节约里程法就是按照以上原理对配送网络的运输路线进行优化计算。

2. 算例

某连锁零售企业,下设有一个配送中心 P 和 9 个连锁门店 $A \sim I$,配送中心和各连锁门店及各连锁门店之间的位置关系如图 5-26 所示,线路上的数字为两点间的最短距离(单位:km),括号里的数字为各连锁分店的输送量(单位:t)。该商品由配送中心统一采购并进行配送运输,配送中心有最大装载量为 2t 和 5t 的货车,并限定车辆一次运行距离不超过 35km,设送到时间均符合用户要求。求配送中心的最优配送运输方案。

解:第一步,利用前面所述的最短路径法,计算出网络各节点间的最短距离。计算结果如表 5-55 所示。

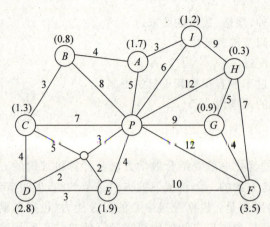

图 5-26 配送网络图

节约里程法的应用

表 5-55　配送网络节点最短途径　　　　　　　　　　　　　单位：km

节点	P	A	B	C	D	E	F	G	H	I
A	5	A								
B	8	4	B							
C	7	7	3	C						
D	5	10	7	4	D					
E	4	9	10	7	3	E				
F	12	17	20	17	13	10	F			
G	9	14	17	16	14	13	4	G		
H	12	12	16	19	17	16	7	5	H	
I	6	3	7	10	11	10	16	14	9	I

第二步，由最短距离表，利用"节约里程法"计算出各连锁分店之间的节约里程，做节约里程表，如表 5-56 所示，计算结果有正负，负数无实际意义。

表 5-56　节约里程表　　　　　　　　　　　　　　　　　单位：km

节点	A	B	C	D	E	F	G	H	I
B	9	B							
C	5	12	C						
D	0	6	8	D					
E	0	2	4	6	E				
F	0	0	2	4	6	F			
G	0	0	0	0	0	17	G		
H	5	4	0	0	0	17	16	H	
I	8	7	3	0	0	2	1	9	

第三步,将节约里程由大到小顺序排列,以便使节约里程最多的节点组合装车配送,如表5-57所示。

表 5-57 节约里程由大到小排列 　　　　　　　　　　　　　单位:km

序号	连接点	节约里程	序号	连接点	节约里程
1	F→G	17	12	E→F	6
2	F→H	17	13	A→C	5
3	G→H	16	14	A→H	5
4	B→C	12	15	B→H	4
5	A→B	9	16	C→E	4
6	H→I	9	17	D→F	4
7	A→I	8	18	C→I	3
8	C→D	8	19	B→E	2
9	B→I	7	20	C→F	2
10	B→D	6	21	F→I	2
11	D→E	6	22	G→I	1

初始解:从 P 点向各个门店接货点配送,如图 5-27 所示,共有 9 条,总的运行距离为 136km,需要 2t 汽车 7 辆,5t 汽车 2 辆。

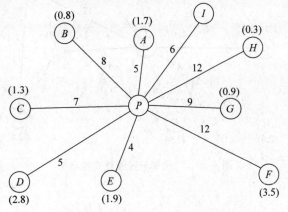

图 5-27 初始解配送线路安排结果

二次解:按照节约里程的大小顺序连接 FG、FH,如图 5-28 所示。此时配送运输路线为 7 条,总运行距离为 $2\times(5+8+7+5+4)+(9+4+7+12)=90(km)$,需要 2t 车 5 辆,5t 车 2 辆。配送路线Ⅰ($P\to G\to F\to H\to P$)运行距离为 32km,装载量为 4.7t。配送路线Ⅰ不能继续添加节点,否则会超过运行距离和最大装载量的限制条件。

三次解:连接 BC、AB、AP,如图 5-29 所示,尝试将 I 加入线路Ⅰ,但因载重和运行距离均超过实际限制,不予连接。此时由 $P\to A\to B\to C\to P$ 形成配送运输路线Ⅱ,其运行距离为 $5+4+3+7=19(km)$,载重量为 $1.7+1.3+0.8=3.8(t)$。

四次解:连接 AI 到配送路线Ⅱ,如图 5-30 所示,此时配送线路Ⅱ为 $P\to I\to A\to B\to C\to P$,其运行距离为 $6+3+4+3+7=23(km)$,载重量为 $1.2+1.7+0.8+1.3=5(t)$,因载重的限制,配送路线Ⅱ不能继续添加。此时,总的配送路线为 4 条,需要 5t 车 3 辆,2t 车 1 辆,总运行里程为 $32+23+2\times(5+4)=73(km)$。

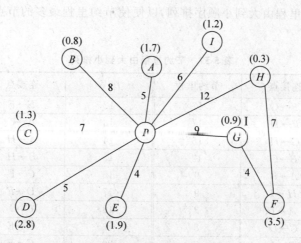

图 5-28 二次解配送线路安排结果

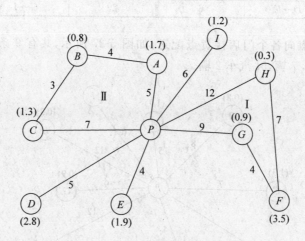

图 5-29 三次解配送线路安排结果

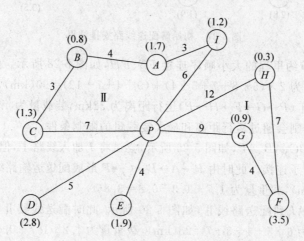

图 5-30 四次解配送线路安排结果

最终解：连接 DE，形成配送线路Ⅲ，即为 $P \to D \to E \to P$。该条线路的运行距离为 $5+3+4=12(\mathrm{km})$，装载量为 $2.8+1.9=4.7(\mathrm{t})$。

这样就完成了全部的配送路线设计，总共有 3 条配送路线，运行距离为 67km，5t 车 3 辆。其中，配送路线Ⅰ：运行距离 32km，装载量 4.7t；配送路线Ⅱ：运行距离 23km，装载量 5t；配送路线Ⅲ：运行距离 12km，装载量 4.7t。

最终配送线路安排结果如图 5-31 所示。

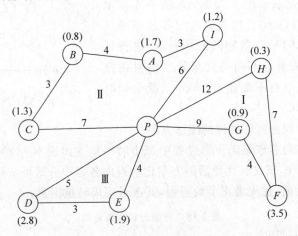

图 5-31　最终配送线路安排结果

温故知新

不定项选择题

1. 节约里程法的基本思想是（　　）。
   A. 三角形的两边之和总是大于第三边　　B. 各点间运送的总里程最短
   C. 各点间运送的总时间最少　　　　　　D. 服务的客户数量最多
2. 在节约法计算过程中，客户之间的距离越近，而且它们距离配送中心越远，则节约的里程（　　）。
   A. 越多　　　　　B. 越少　　　　　C. 视客户需求而定　　　D. 不确定
3. 节约法计算过程中，当计算出两两客户之间的可节约距离后，下一步应该做的是（　　）。
   A. 按节约距离的大小两两连接各客户之间的线路
   B. 按节约距离从大到小顺序进行排列
   C. 按节约距离大小安排送货顺序
   D. 按节约距离大小安排送货车辆的类型
4. 节约里程法计算时（　　）不是必须给的。
   A. 车辆类型　　　B. 配送距离　　　C. 各门店间距离　　　D. 节约距离
5. 节约法的适用条件（　　）。
   A. 适用于有稳定客户群的配送中心
   B. 各配送线路的负荷要尽量均衡
   C. 要考虑客户要求的交货时间
   D. 货物总量不能超过车辆的额定重量

职场训练

速达运公司配送中心 P 向本地客户送货,请用合理方法进行路线优化。配送中心与本地客户 A(万维公司)、B(特立公司)、C(海星公司)、D(双杰公司)、E(杰瑞公司)、F(海联公司)、G(大恒公司)7 家公司的位置关系如图 5-32 所示,图中连线上的数字表示公路里程(km)。根据所选定各公司的订单(见表 5-58～表 5-64),对货物的需求量(t)进行计算。配送中心备有载重量不同的汽车若干辆可供使用,且汽车一次巡回里程不能超过 28km。设送到时间均符合用户要求,求:

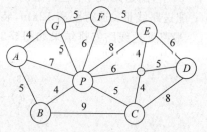

图 5-32 配送网络示意图

(1)试用节约里程法制订最优的配送方案。

(2)配送中心在向客户配送货物过程中每小时平均支出成本为 200 元,假定卡车行驶的平均速度为 40km/h,试比较优化后的方案比往返向各客户分送可节约多少费用?

在线路优化设计时,优先考虑节约里程,其次考虑周转量因素。

表 5-58 万维公司采购订单

订单编号:D201511050101　　　　　　　　　　　　　　　　发货时间:当天

序号	商品名称	单位	单价(元)	订购数量	金额(元)	备注
1	大力工具包	箱	200	3	600	
2	完达山加锌奶粉	箱	200	3	600	
3	旺旺牛奶糖	箱	200	6	1 200	
4	雀巢高钙营养奶粉	箱	200	1	200	
5	娃哈哈桂圆莲子八宝粥	罐	30	4	120	
6	怡宝纯净水 350mL	瓶	30	3	90	
7	怡宝纯净水 555mL	瓶	30	2	60	
8	农夫山泉矿泉水	瓶	30	2	60	
	合　　计				2 930	

表 5-59 特立公司采购订单

订单编号:D201511050102　　　　　　　　　　　　　　　　发货时间:当天

序号	商品名称	单位	单价(元)	订购数量	金额(元)	备注
1	完达山加锌奶粉	箱	200	3	600	
2	旺旺牛奶糖	箱	200	4	800	
3	雀巢高钙营养奶粉	箱	200	4	800	
4	大力工具包	箱	200	2	400	
5	龙嫂米线红烧牛肉味	桶	30	3	90	
6	怡宝纯净水 555mL	瓶	30	3	90	
7	怡宝纯净水 350mL	瓶	30	2	60	
8	康师傅冰糖雪梨	瓶	30	3	90	
	合　　计				2 930	

表 5-60　海星公司采购订单

订单编号：D201511050103　　　　　　　　　　　　　　　　　　　　发货时间：当天

序号	商品名称	单位	单价（元）	订购数量	金额（元）	备注
1	大力工具包	箱	200	4	800	
2	完达山加锌奶粉	箱	200	2	400	
3	迪森高尔夫男船袜	箱	200	10	2 000	
4	娃哈哈苏打水 350mL	瓶	30	5	150	
5	康师傅香菇炖鸡面	桶	30	3	90	
6	康师傅水晶葡萄	瓶	30	4	120	
	合　计				3 560	

表 5-61　双杰公司采购订单

订单编号：D201511050104　　　　　　　　　　　　　　　　　　　　发货时间：当天

序号	商品名称	单位	单价（元）	订购数量	金额（元）	备注
1	大力工具包	箱	200	3	600	
2	完达山加锌奶粉	箱	200	5	1 000	
3	旺旺牛奶糖	箱	200	4	800	
4	雀巢高钙营养奶粉	箱	200	3	600	
5	龙嫂米线红烧牛肉味	桶	30	4	120	
6	娃哈哈桂圆莲子八宝粥	罐	30	2	60	
7	怡宝纯净水 350mL	瓶	30	4	120	
8	康师傅冰糖雪梨	瓶	30	3	90	
	合　计				3 390	

表 5-62　杰瑞公司采购订单

订单编号：D201511050105　　　　　　　　　　　　　　　　　　　　发货时间：当天

序号	商品名称	单位	单价（元）	订购数量	金额（元）	备注
1	迪森高尔夫男船袜	箱	200	21	4 200	
2	中华皓白柠檬薄荷牙膏	箱	200	12	2 400	
3	怡宝纯净水 555mL	瓶	30	3	90	
4	娃哈哈桂圆莲子八宝粥	罐	30	1	30	
5	农夫山泉矿泉水	瓶	30	3	90	
6	康师傅冰糖雪梨	瓶	30	2	60	
	合　计				6 870	

表 5-63　海联公司采购订单

订单编号：D201511050106　　　　　　　　　　　　　　　　　　　　发货时间：当天

序号	商品名称	单位	单价（元）	订购数量	金额（元）	备注
1	中华皓白柠檬薄荷牙膏	箱	200	9	1 800	
2	雀巢高钙营养奶粉	箱	200	4	800	
3	大力工具包	箱	200	2	400	
4	娃哈哈苏打水 350mL	瓶	30	3	90	
5	康师傅香菇炖鸡面	桶	30	5	150	
6	康师傅水晶葡萄	瓶	30	6	180	
	合　计				3 420	

表 5-64　大恒公司采购订单

订单编号：D201511050107　　　　　　　　　　　　　　　　　　　　发货时间：当天

序号	商品名称	单位	单价（元）	订购数量	金额（元）	备注
1	雀巢高钙营养奶粉	箱	200	6	1 200	
2	卡斯特卡拉德隆特选干红	箱	200	7	1 400	
	合　　计				2 600	

任务八　车辆积载方案制订

车辆积载是指车辆根据货物配载计划所进行的装载过程。由于需要配送的货物的比重、体积以及包装形式各异，在积载时，既要考虑车辆的载重量，又要考虑车辆的容积，使车辆的载重和容积都能得到有效的利用。而配送中心的货物品种多样，为了提高运输工具的使用效率，进一步降低运输总成本，为客户提高利润空间，增强市场竞争力，科学、合理的车辆积载尤其重要。

（1）大家平时出去旅游或者假期回家，都得整理行李，使行李箱能够整齐地装纳行李。这时会考虑哪些因素？
（2）车辆积载应该考虑哪些因素？
（3）如何积载？

步骤一　了解影响车辆积载的因素

（1）货物特性因素，如轻泡货物使吨位利用率降低。
（2）货物包装情况，如车厢尺寸不与货物包装容器的尺寸呈整倍数关系，则无法装满车厢。
（3）不能拼装运输，比如有些危险品必须减载运送才能保证安全。
（4）装载技术原因，造成不能装足吨位。

步骤二　了解车辆积载的原则

（1）轻重搭配的原则。车辆装货时，必须将重货置于底部，轻货置于上部，避免重货压坏轻货，并使货物重心下移，从而保证运输安全。
（2）大小搭配的原则。货物包装的尺寸有大有小，为了充分利用车厢的内容积，可在同一层或上下层合理搭配不同尺寸的货物，以减少箱内的空隙。

（3）货物性质搭配的原则。拼装在一个车厢内的货物，其化学性质、物理属性不能互相抵触。如不能将散发臭味的货物与具有吸臭性的食品混装；不将散发粉尘的货物与清洁货物混装。

（4）到达同一地点的适合配装的货物应尽可能一次积载。

（5）确定合理的堆码层次及方法，可根据车厢的尺寸、容积，以及货物外包装的尺寸来确定。

（6）装载时不允许超过车辆所允许的最大载重量。

（7）装载易滚动的卷状、桶状货物，要垂直摆放。

（8）货与货之间，货与车辆之间应留有空隙并适当衬垫，防止货损。

（9）装货完毕，应在门端处采取适当的稳固措施，以防开门卸货时，货物倾倒造成货损。

（10）尽量做到"后送先装"。

（11）符合国家公路运输管理的相关法规。

步骤三　掌握装载与卸载技能

（1）装车前需对车辆进行清扫、清洗、消毒，达到规定的要求。

（2）根据货物的性质及包装特点，选择最适当的装卸方法。

（3）合理配置和使用装卸机具，力求减少装卸次数和缩短装卸路径。

（4）防止货物装卸时的混杂、散落、漏损、砸撞，特别要注意危险货物不得与普通货物混装，性质相抵触及灭火方法不同的货物不能混装。

（5）货物应捆扎牢靠，码放、堆放整齐，标志向外，箭头向上。

（6）成件货物集装化、粉粒状货物散装化，这不仅可以提高作业效率，同时可以减少作业次数，降低事故风险。

（7）合理布局和设计作业场地、进出口通道、作业流程、人机配置等，并做好现场的组织管理工作。

步骤四　装车堆积

装车堆积是在具体装车时，为充分利用车厢载重量、容积而采用的方法。一般是根据所配送货物的性质和包装来确定堆积的行、列、层数及码放的规律。

（1）堆码方式要有规律、整齐。

（2）堆码高度不能太高。车辆堆装高度一是受限于道路高度限制；二是道路运输法规规定，如大型货车的高度从地面起不得超过 4m；载重量 1 000kg 以上的小型货车不得超过 2.5m；载重量 1 000kg 以下的小型货车不得超过 2m。

（3）货物在横向不得超出车厢宽度，前端不得超出车身，后端不得超出车厢长度，长度具体规定：大货车不超过 2m；载重量 1 000kg 以上的小型货车不得超过 1m；载重量 1 000kg 以下的小型货车不得超过 50cm。

（4）堆码时应重货在下，轻货在上，包装强度差的应放在包装强度好的上面。

（5）货物应大小搭配，以利于充分利用车厢的载容积及核定载重量。

（6）按顺序堆码，先卸车的货物后码放。

步骤五 绑扎

(1) 绑扎时主要考虑以下几点：①绑扎端点要易于固定而且牢靠；②可根据具体情况选择绑扎形式；③应注意绑扎的松紧度，避免货物或其包装损坏。

(2) 绑扎的形式：①单件捆绑；②单元化、成组化捆绑；③分层捆绑；④分行捆绑；⑤分列捆绑。

速达运企业视角

1. 捆绑和遮盖器材的选择

捆绑和遮盖器材应根据该车货物的特性、数量、重量、包装形式等，可采用绳索、钢丝绳、葫芦、尼龙宽带紧束器、大于该车货物体积的完好的油布和绳网对该车货物进行捆绑和遮盖。

2. 捆绑、遮盖方式

(1) 如该车货物的包装为木质或纸质的，可采用绳索或尼龙宽带紧束器从前向后端与车厢或车板一侧的挂钩或车厢上的紧绳器连接。另一端同样与紧绳器或挂钩连接，通过紧绳器或尼龙宽带紧束器对货物横向垂直进行多道捆绑，如所装货物的高度超出车厢栏板高度或用平板车所装以上包装形式的货物还须根据每件包装箱的体积、横向所装的数量采用绳索或尼龙宽带紧束器纵向多道对货物进行捆绑，捆绑时要根据货物包装的材质进行紧束，不能因受力过大而造成包装箱损坏或包装箱内的货物受损。

如该车货物的包装是纸质材料的，捆绑时还须用竹片或木板放置在捆绑点的纸箱上，防止因受力过大造成纸箱损坏。

如客户明确对该车货物不需要遮盖的，捆绑完毕后还须用绳网对整车货物进行罩扣。如客户明确对该车货物需要遮盖的，必须用完好的油布，从车厢或车板的最前端向后至两侧，将货物遮盖在完好油布内，同时要将油布扣紧再用绳网罩扣（绳网罩扣优点：如货物的包装体积小，一旦捆绑松动，绳网可以起到保护作用，防止货物从车上掉落造成货损或伤人）。

(2) 如该车货物为一件或多件，高度(重心)高的木质或铁质材料包装的或裸装的设备，用绳索捆绑不能保证运输安全的，可采用钢丝绳与车板挂钩连接，通过手拉葫芦进行捆绑。如捆绑时钢丝绳可能会伤及到未包装设备表面的，必须在捆绑点放置橡皮，防止设备受损，捆绑的方式可根据货物的体积、重量采用交叉捆绑的方式进行，防止货物前后移动。

(3) 大米、面粉、农药、棉花、纸质材料包装等不能受潮的货物或客户明确规定要进行遮盖的货物，装车捆绑后必须要用完好的油布进行遮盖到位，绝不允许不遮盖或遮盖不到位而造成商务质量事故的发生。

(4) 捆绑加固（桶装货的捆绑加固、钢瓶的捆绑加固、袋装固体的加固）。

栏板车最重要的运输条件是捆绑，绳索捆绑注意事项如下：

① 使用绳索捆绑加固货物时必须两人以上配合操作，一部分人理顺绳索走向，一部分人不断收拉绳索，必须使之紧实有力。也可使用紧线器收拉绳索。

② 禁止在提钩杆和制动手闸拴结。拴结需经过提钩杆和制动手闸等时,不得妨碍提钩杆和制动手闸等正常使用。

③ 敞车装载的货物,禁止绳索在车侧拴结点上拴结,应绕过货物侧面、顶面和端面与车端拴结点拴结的交叉捆绑。

④ 禁止使用绳索仅绕过货物侧面和端面,而不绕过货物顶面的捆绑。

⑤ 横向下压捆绑绳索不允许有接头;端部交叉捆绑和纵向下压捆绑绳索,每道允许有一个接头。

⑥ 绳头余尾只准许缠绕自身绳杆,禁止攀拉其他绳杆。

(5) 装车完毕后必须将捆绑、遮盖的情况拍照带回公司留存。

3. 装车

1) 装车前

(1) 进入易燃、易爆危险货物装卸作业区应:禁止随身携带火种、关闭随身携带的手机等通信工具和电子设备、严禁吸烟、穿着不产生静电的工作服和不带铁钉的工作鞋。

(2) 雷雨天气装卸时,应确认避雷电、防湿潮措施有效。

(3) 运输危险货物的车辆在一般道路上最高车速为 60km/h,在高速公路上最高车速为 80km/h,并应确认有足够的安全车间距离。如遇雨天、雪天、雾天等恶劣天气,最高车速为 20km/h,并打开示警灯,替示后车,防止追尾。

(4) 运输过程中,应每隔 2h 检查一次。若发现货损(如丢失、泄漏等),应及时联系当地有关部门予以处理。

(5) 驾驶人员一次连续驾驶 1h 应休息 20min 以上;24h 内实际驾驶车辆时间累计不得超过 8h。

(6) 运输危险货物的车辆发生故障需修理时,应选择在安全地点和具有相关资质的汽车修理企业进行。

(7) 禁止在装卸作业区内维修运输危险货物的车辆。

(8) 对装有易燃易爆的和有易燃易爆残留物的运输车辆,不得动火修理。确需修理的车辆,应向当地公安部门报告,根据所装载的危险货物特性,采取可靠的安全防护措施,并在消防员监控下作业。

(9) 驾驶员检查导静电拖地带、阀门关闭情况、关闭电源总开关。

(10) 驾驶人员、押运人员应检查随车携带的"道路运输危险货物安全卡"是否与所运危险货物一致。

(11) 根据所运危险货物特性,应随车携带遮盖、捆扎、防潮、防火、防毒等工、属具和应急处理设备、劳动防护用品。

2) 装车时

(1) 驾驶员装货时不允许离开车辆,做好监护,如发现对方卸料管有膨包等情况应立即通知现场操作人员停止装车。

(2) 装车时驾驶员要耳听八方,听到有异常响声,马上要判断从哪里来的,有紧急情况时立即停止装车。

3) 装车后

(1) 装车完毕后,驾驶员要对所有连接车辆的管道以及接地线全部与厂方的接地线断开后方可移动车辆。

(2) 对栏板物货的堆码、遮盖、捆扎等安全措施及对影响车辆启动的不安全因素进行检查，确认无不安全因素后方可起步。

 温故知新

不定项选择题

1. 配货和配装作业的关系描述错误的是(　　)。
   A. 先配货再配装　　　　　　　　B. 先配装再配货
   C. 配货以配装为参考　　　　　　D. 配装以配货为前提
2. 车辆积载中应该遵循的基本原则主要有(　　)。
   A. 大小搭配原则　　　　　　　　B. 货物性质搭配的原则
   C. 轻重搭配的原则　　　　　　　D. 合理的堆码层次与方法
   E. 最大载重量
3. 合理配载是提高运输工具(　　)的一种有效形式。
   A. 装卸效率　　B. 运输效率　　C. 装载率　　D. 实载率
4. 配载作业过程中，装货人员最常采用的配载方法是(　　)。
   A. 经验法　　B. 容重法　　C. 数学模型计算　　D. 软件模拟
5. 车辆配装时应避免出现的现象是(　　)。
   A. 重不压轻，大不压小
   B. 后送先装
   C. 为尽量利用车辆容积，货与货之间不应留空隙
   D. 装载易滚动的桶状货物要垂直摆放
   E. 散发粉尘的货物与清洁货物混装
6. 车辆配载的依据是(　　)。
   A. 客户分布情况　　　　　　　　B. 客户订单送货时间
   C. 配送商品特性　　　　　　　　D. 交通状况
7. 在采用经验法进行配载时,也要用简单的数学计算来验证(　　)。
   A. 货物的数量
   B. 是否按客户要求装载了需要的货物
   C. 装载的货物是否满足车辆在载重量及容积方面的限制
   D. 装载时间是否满足要求
8. 为了满足多品种少批量和少批量多频度的配送要求，需要以托盘、箱或单品作为配送单位进行作业，下列(　　)主要考虑进行托盘配货。
   A. 多品种少批量　　　　　　　　B. 中品种多批量
   C. 少品种多批量　　　　　　　　D. 少品种少批量
9. 在进行车辆配载时，下列哪项不是应遵循的原则(　　)。
   A. 充分利用车辆的有效容积和载重量
   B. 重不压轻，大不压小，货物堆放要前后、左右、上下重心平衡

        C. 尽量做到"先送先装"
        D. 货物标签朝外,方便装卸
   10. 以下车辆配载时的注意事项正确的有(   )。
        A. 外观相近、容易混淆的货物分开装载
        B. 切勿将渗水货物与易受潮货物一同存放
        C. 不将散发粉尘的货物与清洁货物混装,危险货物要单独装载
        D. 包装不同的货物视车辆空间可以混装

职场训练

在安排好送货路线后,要进行车辆积载方案的制订,现根据前面出库商品的包装及性质,选择 1 200mm×1 000mm 的平栈板进行载货,以车厢内尺寸为 5 140mm×2 300mm×2 100mm 为例,该如何进行车辆积载?

任务九 退货作业操作

任务描述

退货是指配送中心按配送合同将货物发出后,由于某种原因,客户将商品退回公司。商品退货会大幅度增加成本、减少利润,因此在销售业务中,应尽可能地避免退货。

任务引导

(1)商品退货如何处理?
(2)退货给配送中心带来诸多不便,如何加强平时管理以减少或消除退货现象的发生?

任务实施

步骤一 分析退货的原因

商品退货是指仓库按订单或合同将货物发出后,由于某种原因,客户将商品退回仓库。可能的原因主要有:协议退货;有质量问题的退货;搬运途中损坏退货;商品过期退回;商品送错退回等。无论哪种原因造成的退货业务,都应该及时填写退货单。

步骤二 熟悉退货作业程序

1. 接收退货

接到客户传来的退货申请信息后,明确退货原因,并根据合同服务范围判断退货要求是否在服务范畴之内。如在范畴内,要求客户提供接货时间、发票等资料,资料核实后,填写退货单,详细列明退货原因。及时将退货信息传达质量管理部门及相关部门,质量管理部门做好重新检验的准备;运输部门安排取回货品的时间和路线;仓库人员做好货品接收准备。一般情况下,退货由送货车带回配送中心。批量较大的退货,要经过审批程序确定派车。如

不在范畴内,应向客户说明。如果客户接受,则请客户取消退货要求;如果客户仍坚持退货,应以"降低公司损失至最小,且不损及客户关系"为原则加以处理。

2. 重检品质

对于接收的退回商品,由质量管理部门进行重新检验。

(1) 质量检查部门让质检人员熟悉基本的产品质量标准,依据标准检验,并清楚检验的注意事项。

(2) 按照检验人员提供的产品明细表,在配送系统中录入退货产品信息,并使货品进入受控状态。

(3) 将货品分类放在专门的场地或库房,对其进行分类,统一管理。①退货分类时一定要按照分类标准和原则操作,细致认真;②根据场地或库房存储量状况,要事先做好规划,实行分区、分类和定位保管;③放置物品时,要按照货品状态做明显标记,防止位置错乱。

(4) 调整库存量。重新制定库存的订购点、订购量、库存基准。退货后,销售部门制作退货受理报告书,财务人员依据报告书调整账面上的"应收账款余额"和"存货余额"。

检验后,对于合格商品,则进入储存或分拣环节(按一般配送中心的作业流程进行处理);若属于问题商品(如运输不当、拣货出错等),贴拒收标签,单独存放,这些由配送中心负责;若为产品质量问题则退回供应商。

3. 重新入库

退回商品要进行严格的重新入库登记,及时输入企业信息系统,核销客户应收账款,并通知货品供应商。

4. 财务结算

退货发生后,给整个供应系统造成的影响是非常大的,如对客户端的影响、仓库在退货过程中发生的各种费用,商品要承担相应货品的成本等。如果客户已经支付了货品费用,财务要将相应的费用退给客户。同时,由于销货和退货的时间不同,同一货物价格可能出现差异,同质不同价、同款不同价的问题时有发生,故仓库的财务部门在退货发生时要进行退回货品货款的估价,将退货商品的数量、销货时的商品单价以及退货时的商品单价信息输入企业的信息系统,并依据销货退货单办理扣款业务。

5. 跟踪处理

退货发生时,要跟踪处理客户提出的意见,统计退货发生的各种费用,通知供应商退货的原因并退回原产地或履行销毁程序。退货发生后,首先要处理客户端提出的意见。由于退货所产生的货品短缺、对质量不满意等客户端的问题是业务部门要重点解决的,退货所产生的物流费用比正常送货高得多,所以要认真统计,及时总结,将此信息反馈给相应的管理部门,以便制定改进措施。退回仓库的货品要及时通知供应商,退货的所有信息要传递给供应商,如退货原因、时间、数量、批号、费用、存放地点等,以便供应商能将退货商品取回,并采取改进措施。

步骤三 掌握退货处理方法

1. 无条件重新发货

对于因为发货人未按订单发货发生的错误,则应由发货人重新调整发货方案,将错发货物调回,重新按原正确订单发货,中间发生的所有费用应由发货人承担。

2. 货运部门赔偿

对于因为运输途中产品受到损坏而发生退货的,根据退货情况,由发货人确定所需的修理费用或赔偿金额,然后由货运部门负责赔偿。

3. 收取费用,重新发货

对于因为客户订货有误而发生退货的,退货所有费用由客户承担,退货后,再根据客户新的订货单重新发货。

4. 重新发货或替代

对于因为产品有缺陷,客户要求退货,仓库接到退货指示后,工作人员应安排车辆收回退货商品,将货物集中到仓库退货处理区进行处理。

5. 瑕疵品回收

对于变质、过期或者鼠虫咬坏的货物,以及搬运损坏无法回收的货物,有废物利用价值,则当成废弃物回收,没有回收价值的,直接报废,同时在会计上登记相关费用;对于搬运损坏的货物,能够修复的修复,不能修复的当成废弃物回收,无回收利用价值的报废;对于部分损坏的,则将损坏部分处理,其余搬运入库。

步骤四　制作退货单

退货单如表 5-65 所示。

表 5-65　退货单

客户名称:　　　　　　传真单号:　　　　　　退货日期:

材料编号	品名	规格	数量	出货单号	签名
退货管理					

　　　　　　　　　　　　　　　　　　　　　主管:　　　　填表:

温故知新

不定项选择题

1. 错发货退回的处理办法是(　　)。
   A. 接受退货,退回货物不再入库　　B. 需财务处理及费用结算
   C. 完成退货、赔偿处理后就结束　　D. 退回的货物不需验收

2. 造成逆向物流的原因包括(　　)。
   A. 顾客退货　　B. 产品召回　　C. 环保要求
   D. 价值发现　　E. 降低成本

3. 收退作业是正向物流的一部分（　　）。
   A. 正确　　　　　　　B. 错误
4. 临近保质期、货品滞销都可能导致退货事件的发生。（　　）
   A. 正确　　　　　　　B. 错误
5. 对于送货发生错误的情形要无条件重新送货。（　　）
   A. 正确　　　　　　　B. 错误

职场训练

（1）熟练编制出库单和退货单。

① 上海某电动车厂（上海武汉路 135 号）向上海机械进出口公司发出一批型号为 QA-U 的花蝴蝶牌电动机，每辆单价为 1 900 元，共计 3 000 辆，该事情由王民负责编制出库单证。

② 上海机械进出口公司以该送货单为依据进行验收审查，盛华验货后发现有 3 辆由于在运输装卸中不小心出现了损坏，不能接收，给予退货处理。

（2）速达运公司可乐配送中心周一接到 5 箱由客户退回的 500mL 1×12 怡泉＋C，你将如何完成这次退货处理作业？

CASE 案例集锦

案例一　奥康鞋业的物流运作模式

奥康集团创建于 1998 年,是一家从 3 万元起家,发展至拥有 6 亿多元资产,年销售额达到 10.7 亿元的民营企业。奥康是浙江省重点骨干企业,中国百强民营企业,该公司产品获得首批国家免检产品称号,并连续三届蝉联中国真皮鞋王称号。奥康拥有三大针对不同目标市场的品牌:奥康、康龙和美丽佳人。据统计,奥康 15 年来生产量足以使浙江每人都拥有一双奥康鞋。

面对中国皮鞋业供大于求的不争事实,奥康集团通过对公司物流系统不断地改革与完善,终使奥康跨过了众多企业难以解决的物流瓶颈问题,使企业步入良性循环的发展轨道。

1. 物流模式演进变革

奥康在物流系统的建设的道路上有过几次反复。1998 年以前奥康基本上是沿用"以产定销"的经营模式,总部生产部门生产什么,营销人员就推销什么,代理商就卖什么,这一套物流模式在奥康发展过程中起过比较重要的作用。因为这样总部的"主动权"比较大,但在运作这套模式的过程中,矛盾也逐步暴露了出来:由于总部信息的片面性,形成了"以我为主""自己说了算",最后导致与市场需求的脱离,特别是导致了库存的加大,利润的降低。

1999 年,奥康生产、营销两分离,即生产部门生产什么,不是生产部门说了算,而是营销部门说了算,而营销部门则根据市场的信息、分公司的需求、代理商的订单进行信息整合,最后形成需求;向生产部门下订单,即订单制,也叫以销定产。这种订单制的实施,实质上就是把生产部门变成了营销部门的 OEM(加工厂家),这样,奥康的订单制,以客户为中心的物流运作模式得以慢慢形成。在整体思路以订单制为中心的物流模式中,奥康还通过对其中的几个"关键词"进行了改造,使整个系统的运行有了保障。

2. 物流运作"无网不胜"

很多消费者可能都有这样一种经历,电视台上有些大打广告的产品,当你心动准备去购买时,跟遍了所在城市的每一个角落,也找不到他们的踪影。这是一个典型的终端不完善的表现,也是物流"不流""难流"的原因之一。

在这个"网络为主"的时代,谁拥有了完善而健全的终端,谁的终端渗透能力强,谁就能够不断适应消费者的需求,从而在市场的变化中占领先机。奥康现在除了在我国台湾、香港、澳门三地没有营销机构外,在全国 31 个省、直辖市、自治区都拥有了自己的营销机构外,在全国 31 个省、直辖市、自治区都拥有了自己的营销网络,106 个营销机构,2 800 多家连锁专卖店,1 000多家店中店,并在意大利的米兰成立了境外分公司,在西班牙的马德里设立办事处。强大的终端网络,促使奥康物流"能流""速流"。现在奥康产品,三天之内就可以通过专卖店及商场专供等终端出现在消费者面前,实现了营销工作的第一步"买得到"。

3. 物流运作速度为王

现代市场的竞争,就是比谁看得准,谁下手狠。特别是对皮鞋行业而言,许多是季节性的产品。对于这种类型的产品,就在于比时间,比速度,对于一些畅销的品种,如果你能抢先于你的对手一星期上货、一个月出货,就能够抢先占领了市场。而对于市场的管理终极目的也在于此,如果你的产品慢于对手一步,就会形成积压。所以说市场的管理说到底是对库存的管理。

传统的库存管理主要是通过手工做账与每月盘点的方法来实现,这种方法在企业处于中小阶段还能适应,但是企业发展到一定阶段后,特别是面对当今市场高速运行,皮鞋季节分化日益明显的态势,不能及时清晰地对库存结构及数量做出准确的反应,就会在企业的运营中出现非常被动的局面。有时你的库存处于警戒线后,你必须在一个月后,经过全国大盘点后才可以得知,而这时,当你想进行调整时已经有些晚了。

为此,奥康与中国最大的软件商之一用友公司进行合作,着手建立了全国营销的分销系统,对每个分公司、办事处配备计算机,并与总部计算机进行链接,使各网点与总部进行联网,最后达到信息快速共享的目的。这样,总部与分公司、分公司与终端网点的信息沟通、反馈及处理就全部在计算机上操作完成,形成一个快速的信息反应链。这样每个销售分公司的销售网点,其每天的销售就一目了然。现在,无论是奥康全国任何一个分公司、办事处的任何一台计算机上,都可以了解到公司产品的库存总数、当天销售、累计销售、某一类型产品的数量及尺码,总部对一些畅销品种就能马上做出反应,打好时间战,产品的南货北调迅速完成,促进了总部的决策活动与全国物流整体把握,把全国物流风险降低,提高整体经济效益。

4. 物流运作信息至上

在奥康的内部有一种共识,在金钱贪污、物品贪污、信息贪污中,最可怕的是信息贪污。

信息的重要性由此可见一斑,为此,奥康设立专职的信息部门,负责收集全国信息。现在的奥康总部专门设立了一个由20多人组成的信息部门,负责收集分析研究全国的市场信息,为公司的生产、营销、开发提供依据。同时,每个分公司、每个专卖店也落实卖家负责信息工作,并与总部进行对接。信息人员依据工作分工,每天收集不同季节、不同类型的产品信息,并实时反馈到开发部门,为开发工作提供依据;常年收集市场终端信息,为公司的市场规划提供依据。总部则每天利用晨会,对信息筛选、分析并分流后,交由相关部门处理,并对前一天的信息处理结果进行反馈。公司还通过每天的《信息汇总》、每周的《信息汇总》、每月两期的《营销快讯》、E-mail等载体将信息落实传达到相关人员,为他们的工作提供依据。特别值得一提的是,每天全国每个专卖店、商场专供都将当天的销售情况经由一级的渠道层级反馈到总部。为此,总部每天都能及时而又准确地了解到当天产品的销售情况,从而对市场做出迅速而又准确的反应。

这样,奥康通过对信息的收集和有效的处理,对市场的需求做出准确的反应,从而不断调整自己的物流工作,进而降低了库存,提高了效益,市场的竞争能力不断增强,企业效率连年递增。

现在的奥康,企业经营实现了三个零:物流管理零库存、企业经营零运营资本、物流配送零距离。企业的市场占有率得到了进一步提高,2002年,据全国商业信息中心统计,奥康皮鞋市场占有率位居全国第二位。

案例来源:http://www.wangxiao.cn/wl/48781564585.html。

企业案例分析——鞋业市场需求相对饱和,企业销售额如何做到每年递增66.7%,奥康鞋业无"网"不胜。

思考:对奥康鞋业的物流运作模式谈谈你的看法。

案例二 安利物流运作模式

同样面临物流资讯奇缺、物流基建落后、第三方物流公司资质参差不齐的实际情况,国内同行物流成本居高不下,而安利(中国)的储运成本仅占全部经营成本的4.6%,安利(中国)大中华区储运/店营运总监许绍明透露了安利降低物流成本的秘诀,即全方位物流战略的成功运用。

1. 非核心环节通过外包完成

据许绍明介绍,安利的"店铺+推销员"的销售方式,对物流储运有非常高的要求。安利的物流储运系统,其主要功能是将安利工厂生产的产品及向其他供应商采购的印刷品、辅销产品等先转运到位于广州的储运中心,然后通过不同的运输方式运抵各地的区域仓库(主要包括沈阳、北京及上海外仓)暂时储存,再根据需求转运至设在各省市的店铺,并通过家居送货或店铺等销售渠道推向市场。与其他公司所不同的是,安利储运部同时还兼管全国近百家店铺的营运、家居送货及电话订货等服务。所以,物流系统的完善与效率,在很大程度上影响着整个市场的有效运作。

但是,由于目前国内的物流资讯极为短缺,他们很难获得物流企业的详细信息,如从业公司的数量、资质和信用等,而国内的第三方物流供应商在专业化方面也有所欠缺,很难达到企业的要求。在这样的状况下,安利采用了适应中国国情的"安利团队+第三方物流供应商"的全方位运作模式。核心业务如库存控制等由安利统筹管理,实施信息资源最大范围的共享,使企业价值链发挥最大的效益。而非核心环节,则通过外包形式完成。如以广州为中心的珠三角地区主要由安利的车队运输,其他绝大部分货物运输都是由第三方物流公司来承担。另外,全国几乎所有的仓库均为外租第三方物流公司的仓库,而核心业务,如库存设计、调配指令及储运中心的主体设施与运作则主要由安利本身的团队统筹管理。目前已有多家大型第三方物流公司承担安利公司大部分的配送业务。公司会派员定期监督和进行市场调查,以评估服务供货商是否提供具竞争力的价格,并符合公司要求的服务标准。这样,既能整合第三方物流的资源优势,与其建立坚固的合作伙伴关系,同时又通过对企业供应链的核心环节——管理系统、设施和团队的掌控,保持安利的自身优势。

2. 仓库半租半建

从安利的物流运作模式来看,至少有两个方面是值得国内企业借鉴的。

首先是投资决策的实用主义。在美国,安利仓库的自动化程度相当高,而在中国,很多现代化的物流设备并没有被采用,因为美国土地和人工成本非常高,而中国这方面的成本比较低。两相权衡,安利弃高就低。"如果安利中国的销售上去了,有了需要,我们才考虑引进自动化仓库。"许绍明说。刚刚启用的安利新的物流中心也很好地反映出安利的"实用"哲学。新物流中心占地面积达 40 000m²,是原来仓库的 4 倍,而建筑面积达 16 000m²。这样大的物流中心如果全部自建,仅土地和库房等基础设施方面的投资就需要数千万元。安利采取和另一物业发展商合作的模式,合作方提供土地和库房,安利租用仓库并负责内部的设施投入。只用了 1 年时间,投入 1 500 万元,安利就拥有了一个面积充足、设备先进的新物流中心。而国内不少企业,在建自己的物流中心时将主要精力都放在了基建上,不仅占用了企业大量的周转资金,而且费时费力,效果并不见得很好。

其次是在核心环节的大手笔投入。安利单在信息管理系统上就投资了 9 000 多万元,其中主要的部分之一,就是用于物流、库存管理的 AS400 系统,它使公司的物流配送运作效率得到了很大的提升,同时大大地降低了各种成本。安利先进的计算机系统将全球各个分公司的存货数据联系在一起,各分公司与美国总部直接联机,详细储存每项产品的生产日期、销售数量、库存状态、有效日期、存放位置、销售价值、成本等数据。有关数据通过数据专线与各批发中心直接联机,使总部及仓库能及时了解各地区、各地店铺的销售和存货状况,并按各店铺的实际情况及时安排补货。在仓库库存不足时,公司的库存及生产系统也会实时安排生产,并预定补给计划,以避免个别产品出现断货情况。

总之,物流成本管理的有效实施,为安利带来了更多的利益。

思考:(1) 安利公司为什么选择物流外包?

(2) 安利的物流运作模式有哪些是值得国内企业借鉴的?

案例三　台湾雀巢与家乐福的供应商管理库存系统

从雀巢与家乐福的 VMI 供货商管理库存系统的应用情况来看,如果信息的运用与电子商务知识单纯地将既有作业电子化与自动化,只能带来作业成本的减少等效益,其本身意义并不大,只有针对经营的本质做改善,才能产生大幅度的效益提升。

一、背景介绍

雀巢公司为世界最大的食品公司之一,由亨利·雀巢(Henri Nestle)设立于 1867 年,总部位于瑞士威伟市(Vevey),行销全球超过 81 个国家和地区,200 多家子公司,超过 500 座工厂,员工总数全球约有 22 万名,主要产品涵盖婴幼儿食品、乳制品及营养品类、饮料类、冰激凌、冷冻食品及厨房调理食品类、巧克力及糖果类、宠物食品类与药品类等。台湾雀巢成立于 1983 年,为国内最大的外商食品公司,产品种类包括婴幼儿奶粉、米麦粉、奶粉、乳制品、咖啡、即溶饮品、冰品、快餐汤及粥、厨房调理食品、巧克力及糖果与宠物食品等。台湾雀巢的销售通路主要包括现代型通路(特别是量贩店)、军公教代送商(23 家)与专业经销商(14 家),以及非专业经销商(如餐饮业者,约 100 多家)等通路。

家乐福公司为世界第二大的连锁零售集团,1959 年设立于法国,全球有 9 000 多家店,24 万名员工。台湾家乐福为台湾量贩店龙头,拥有 23 家店。

1. 雀巢与家乐福的关系现状

雀巢和家乐福现有关系只是一种单纯的买卖关系,家乐福是雀巢的一个重要客户,家乐福对买卖方式具有充分的决定权,决定购买的产品种类及数量,雀巢对家乐福设有专属的业务人员。并且在系统方面,双方各自有独立的内部 ERP 系统,彼此间不兼容,在推动计划的同时,家乐福也正在进行与供货商以 EDI 方式联机的推广计划,而雀巢的 VMI 计划也打算以 EDI 的方式进行联机。

2. 雀巢与家乐福对于 VMI 供货商管理库存系统的认同

雀巢与家乐福双方都认识到 VMI 是 ECR 中的一项运作模式或管理策略,主要的概念是供货商依据实际销售及安全库存的需求,替零售商下订单或补货,涉及销售的需求则是供货商依据由零售商提供的每日库存与销售资料加以统计等方式预估出来的,整个运作上通常由供货商用一套管理系统来做处理。

这样的做法可大幅缩短供货商面对市场的响应时间,较早获得市场确实的销售情报;降低供货商与零售商用以适应市场变化的不必要库存,在引进与生产市场所需的商品、降低缺货率上取得理想的成绩。这种理想的运作方式在现实中却可能会因供货商与零售商的价格对立关系以及系统和运作方式的不同,而很难实施和运用。

3. 雀巢与家乐福达成合作的意向

雀巢与家乐福公司在全球均为流通产业的领导厂商,在有效客户响应(efficient consumer response,ECR)方面的推动都是不遗余力的。1999 年两家公司签订协议决定在 ECR 方面做更密切的合作,台湾地区分公司进行供货商管理库存(vender management inventory,VMI)示范计划,并计划把相关成果移转至其他厂商。台湾雀巢也积极开始与家乐福公司合作,建立整个计划的运作机制,总目标是:增加商品的供应率,降低客户(家乐福)库存持有天数,缩短订货前置时间以及降低双方物流作业的成本。

二、VMI 供货商管理库存系统实施

1. VMI 供货商管理库存系统的前期计划阶段

(1)确定计划范围。首先,确定计划的时间。整个计划主要是要在一年之内,建立一套 VMI 的运作环境并且可以顺畅地不断执行下去。具体而言,分为系统与合作模式建立阶段以及实际实施与改善阶段。第一个阶段约占半年的时间,包括确立双方投入资源、建立评估指标或评估表(scorecard)、分析与协议所需的条件,确立整个运作方式以及系统建置。第二个阶段为后续的半年,以先导测试方式不断修正,使系统与运作方式趋于稳定,并根据评估指标不断寻找问题并加以改善,一直到不需人工介入为止。

其次,确定计划的人力投入。在人力投入方面,雀巢与家乐福双方分别设置有一个全职的对应窗口,包括如物流、业务对采购以及信息对信息的团队运作方式。

其三,经费的投入。在家乐福方面主要是建置 EDI 系统的花费,没有其他额外的投入;雀巢方面除了建置 EDI 外,还引进了一套 VMI 运作模式及系统,花费了约 250 万新台币(约合 60 万元人民币)。

(2)确定计划目标。计划目标主要是建设一套可行的 VMI 运作模式及系统,而且还要依据自行制定的评估表以达到如下的目标:

雀巢对家乐福物流中心产品到货率达 90%,家乐福物流中心对零售店面产品到货率达 95%,家乐福物流中心库存持有天数下降至预设标准,以及家乐福对雀巢建议订货单修改率下降至 10% 等。另外雀巢也期望将新建立的模式扩展至其他渠道上运用,特别是对其占有重大销售比率的配送渠道,以加强调控能力并获得更大规模的效益。相对的家乐福也会持续与更多的主要供货商来进行相关的合作。

2. VMI供货商管理库存系统实施的子计划阶段

VMI供货商管理库存系统在计划的实际执行上,除了有两大计划阶段外,还可细分至五个子计划阶段,这五个子计划阶段的说明如下。

(1) 评估双方的运作方式与系统在合作上的可行性。合作前双方评估各自的运作能力及系统整合与信息实时程度等以及彼此配合的步调是否一致来判定合作的可行性。

(2) 高层主管承诺与团队建立。双方在最高主管的认可下,由部门主管出面协议细节以及取得内部投入的承诺,并且建立初步合作的范畴和对应的窗口,开始进行合作。

(3) 密切的沟通与系统建立。双方合作的人员开始进行至少每周一次的密集会议讨论具体细节,并且逐步建置合作方式与系统,包括补货依据、时间、决定方式、评估表建立、系统选择与建置等。

(4) 同步化系统与自动化流程。不断地测试,使双方系统与作业方式和程序趋于稳定,成为每日例行性工作,并针对特定问题做处理。

(5) 持续性训练与改进。回到合作计划的本身,除了使相关作业人员熟练作业方式和不断改进作业程序外,对库存的管理与策略也不断寻找问题症结以求改进,并坚持长期进行下去,针对促销产品进一步做策略研究。

在系统建设方面,针对数据传输部分,雀巢与家乐福公司均采用了EDI加网络的方式来进行传输,而在雀巢公司的VMI管理系统部分,则均采取外购产品的方式来建设。雀巢先前曾评估过Manugistics和Infule等公司的产品,最终选用Infule的EWR的产品,一是因为家乐福推荐,二是因为法国及其他国家雀巢公司的建议,以及该系统可以满足其计划需求等因素所致。

3. VMI供货商管理库存系统运作方式的步骤

目前整个VMI供货商管理库存系统运作方式,分为五个步骤,具体说明如下。

(1) 每日9:30前家乐福将结余库存与出货资料等信息用EDI方式传送至雀巢公司。

(2) 9:30~10:30雀巢公司将收到的资料合并至EWR的销售数据库系统中,并产生预估的补货需求,系统将预估的需求量写入后端的Bpcs ERP系统中,以实际库存量计算出可行的订货量,产生所谓的建议订单。

(3) 10:30前雀巢公司将建议订单以EDI方式传送给家乐福。

(4) 10:30~11:00家乐福公司确认订单并进行必要的修改(量与品项)后转至雀巢公司。

(5) 11:30雀巢公司以确认后的订单进行拣货与出货。

三、总结

1. 实施VMI供货商管理库存系统的经验教训

雀巢和家乐福虽然在国际上均承诺要推动VMI计划,但落实在执行层面,却有许多问题存在,表现在:首先,彼此的执行人员均习惯于过去的买卖关系而较难有对等及信任的态度;其次,在VMI计划本身大部分的参与人员并未有完整的相关知识与实务经验;最后,彼此既有的运用方式与系统的显著差异存在都增加了计划执行的复杂性与难度。

所以,在VMI供应商管理库存系统漫长的发展过程中,从团队形成开始,经历了冷淡、争吵与对立等过程,直到彼此有共同的认知并开始乐意分享,而计划就在这种过程中逐步推进。参与人员也从中互相学习,并有小小的成果。但是,未来这一计划的进一步发展,仍需要双方组织运作与系统的调整配合,难以轻言顺利。

2. 实施 VMI 供货商管理库存系统所取得的效益

(1) 在具体的成果上的体现。在成果上,除建置了一套 VMI 运作系统与方式外,在经过近半年的实际上线执行 VMI 运作以来,在具体目标达成上也已有显著的成果,雀巢对家乐福物流中心产品到货率由原来的 80% 左右提升至 95%(超越目标值),家乐福物流中心对零售店面产品到货率也由 70% 左右提升至 90% 左右而且仍在继续改善中,存货天数由原来的 25 天左右下降至目标值以下,在订单修改率方面也由 60%~70% 的修改率下降至现在的 10% 以下。

(2) 双方合作关系上的体现。除了在具体成果的展现上,对雀巢来说最大的收获却是在与家乐福合作的关系上:过去与家乐福是单向的买卖关系,顾客要什么就给他什么,甚至是尽可能的推销产品,彼此都忽略了真正的市场需求,导致卖得好的商品经常缺货,而不畅销的商品却有很高的库存量。经过这次合作,双方更为互相了解,也愿意共同解决问题,并使原本各项问题的症结点一一浮现,有利于根本性改进供应链的整体效率。另一方面雀巢也进一步考虑降低各店缺货率以及促销合作等计划的可能性。

从雀巢与家乐福的 VMI 供货商管理库存系统的应用情况来看,如果信息的运用与电子商务知识单纯地将既有作业电子化与自动化,只能带来作业成本的减少等效益,其本身意义并不大,只有针对经营的本质做改善,才能产生加大幅度的效益提升。

对流通业而言,经营本质的改善就是实施 ECR,雀巢与家乐福的 VMI 计划即为其中的一种应用,透过经营模式的改变而逐步改善库存管理与配置的效益。就供应链的角度而言,ECR 更能影响整个后端的工厂制造与前段店面生产与库存效率的提升。然而这些应用最难的仍在创造合作的第一步,只有上下游双方均有宏观的思考,愿意共同合作,才会有进步的可能,雀巢与家乐福的合作计划虽然仍有很长的路要走,但仍不失为一个很好的示范,值得其他公司与产业认真思考。

案例来源: http://www.chinawuliu.com.cn/information/201607/25/313852.shtml。

思考:(1) 台湾雀巢和家乐福的 VMI 计划是如何实施的?

(2) 台湾雀巢和家乐福为什么要实施 VMI 计划?

案例四　海尔的物流改革

海尔的物流改革是一种以订单信息流为中心的业务流程再造,通过对观念的再造与机制的再造,构筑起海尔的核心竞争能力。

海尔物流管理的"一流三网"充分体现了现代物流的特征:"一流"是以订单信息流为中心;"三网"分别是全球供应链资源网络、全球配送资源网络和计算机信息网络。"三网"同步流动,为订单信息流的增值提供支持。

在海尔,仓库不再是储存物资的水库,而是一条流动的河。河中流动的是按单采购来生产必需的物资,也就是按订单来进行采购、制造等活动。这样,从根本上消除了呆滞物资、消灭了库存。

目前,海尔集团每个月平均接到 6 000 多个销售订单,这些订单的品种达 7 000 多个,需要采购的物料品种达 26 万余种。在这种复杂的情况下,海尔物流自整合以来,呆滞物资降低了 73.8%,仓库面积减少 50%,库存占用资金减少 67%。海尔国际物流中心货区面积

7 200m²,但它的吞吐量却相当于普通平面仓库的 30 万 m²。同样的工作,海尔物流中心只有 10 个叉车司机,而一般仓库完成这样的工作量至少需要上百人。

全球供应链资源网的整合,使海尔获得了快速满足用户需求的能力。海尔通过整合内部资源优化外部资源,使供应商由原来的 2 336 家优化至 840 家,国际化供应商的比例达到 74%,从而建立起强大的全球供应链网络。GE、爱默生、巴斯夫、DOW 等世界 500 强企业都已成为海尔的供应商,有力地保障了海尔产品的质量和交货期。不仅如此,海尔通过实施并行工程,更有一批国际化大公司已经以其高科技和新技术参与到海尔产品的前端设计中,不但保证了海尔产品技术的领先性,增加了产品的技术含量,还使开发的速度大大加快。另外,海尔对外实施日付款制度,对供货商付款及时率达到 100%,这在国内,很少有企业能够做到,从而杜绝了"三角债"的出现。

1. JIT 的速度实现同步流程

由于物流技术和计算机信息管理的支持,海尔物流通过 3 个 JIT,即 JIT 采购、JIT 配送和 JIT 分拨物流来实现同步流程。

目前通过海尔的 BBP 采购平台,所有的供应商均在网上接受订单,使下达订单的周期从原来的 7 天以上缩短为 1h 内,而且准确率达 100%。除下达订单外,供应商还能通过网上查询库存、配额、价格等信息,实现及时补货,实现 JIT 采购。

为实现"以时间消灭空间"的物流管理目的,海尔从最基本的物流容器单元化、集装化、标准化、通用化到物料搬运机械化开始实施,逐步深入对车间工位的五定送料管理系统、日清管理系统进行全面改革,加快了库存资金的周转速度,库存资金周转天数由原来的 30 天以上减少到 12 天,实现 JIT 过站式物流管理。

生产部门按照 B2B、B2C 订单的需求完成生产以后,可以通过海尔全球配送网络送达用户手中。目前海尔的配送网络已从城市扩展到农村,从沿海扩展到内地,从国内扩展到国际。全国可调配车辆达 1.6 万辆,目前可以做到物流中心城市 6~8h 配送到位,区域配送 24h 到位,全国主干线分拨配送平均 4.5 天,形成全国最大的分拨物流体系。

计算机网络连接新经济速度在企业外部,海尔 CRM(客户关系管理)和 BBP(电子商务采购平台)的应用架起了与全球用户资源网、全球供应链资源网沟通的桥梁,实现了与用户的零距离。在企业内部,计算机自动控制的各种先进物流设备不但降低了人工成本、提高了劳动效率,还直接提升了物流过程的精细化水平,达到质量零缺陷的目的。计算机管理系统搭建了海尔集团内部的信息高速公路,能将电子商务采购平台上获得的信息迅速转化为企业内部的信息,以信息代替库存,达到零营运资本的目的。

2. 积极开展第三方分拨物流

海尔物流运用已有的配送网络与资源,并借助信息系统,积极拓展社会化分拨物流业务,目前已经成为日本美宝集团、AFP 集团、乐百氏的物流代理,与 ABB 公司、雀巢公司的业务合作也在顺利开展。同时海尔物流充分借力,与中国邮政开展强强联合,使配送网络更加健全,为新经济时代快速满足用户的需求提供了保障,实现了零距离服务。海尔物流通过积极开展第三方配送,使物流成为新经济时代下集团发展新的核心竞争力。

3. 流程再造是关键观念的再造

海尔实施的现代物流管理是一种在现代物流基础上的业务流程再造。而海尔实施的物流革命是以订单信息流为核心,使全体员工专注于用户的需求,创造市场、创造需求。

机制的再造,海尔的物流革命是建立在以"市场链"为基础上的业务流程再造。以海尔文化和 OEC 管理模式为基础,以订单信息流为中心,带动物流和资金流的运行,实施三个"零"目标(质量零距离、服务零缺陷、零营运资本)的业务流程再造。

构筑核心竞争力物流带给海尔的是"三个零"。但最重要的是可以使海尔一只手抓住用户的需求,另一只手抓住可以满足用户需求的全球供应链,把这两种能力结合在一起,从而在市场上获得用户忠诚度,这就是企业的核心竞争力。这种核心竞争力,正加速海尔向世界 500 强的国际化企业挺进。

思考:(1)海尔的流程再造给我们什么启示?

(2)海尔是如何走好它的物流改革之路的?

案例五　长春烟厂分拣系统设计

长春烟草下辖南关、宽城、朝阳、二道、绿园 5 个区级烟草专卖分局(营销部),农安、榆树、九台、德惠和双阳 5 个县级烟草专卖局(营销部)。长春烟草物流中心平均每天要满足 2 000 个客户的需求,完成 1 500 件烟的分拣配送量。由于在长春市 724 万人中,农村人口就有 400 多万,因此决定了长春市卷烟市场结构偏低。长春烟草物流中心主要由卷烟自动存取系统与设备、条烟分拣系统与设备、管理信息系统三部分组成。卷烟存取采用立体仓库系统,成品烟存储量为 5 000 大箱。每天的条烟分拣量都在 10 000 箱以上,采用两组 A 字形自动分拣线(也称为 A 形架),分拣工人 70 人左右,分两班作业。每天上午接受零售商户的订单,经过信息系统处理,下午两点开始分拣作业,然后按照配送线路装车,第二天一早配送到户。信息中心完成长春市内(外县)烟草销售点的信息采集、电话订购、订购信息处理与分拣单生成等。

库存量:标准库存量 5 000 大箱(25 000 件);以托盘承载,20 件/托盘。

入库量:400 件/车,20min/车。

卷烟种类:约 140 种,每天配送卷烟种类约 100 多种。

订单处理量:2 000 个用户/天,日配送流量 1 500 件/天。

发货:自有配送车辆 30 辆,依维柯和金杯车各 15 辆,3~6 辆车同时发货。

工作时间:发货 3h(早班 8:00~11:00),分拣 6h(晚班 14:00~20:00)。

分拣作业区要完成的工作包括:重力式货架的件烟补货、A 字形自动分拣机的条烟补货、条烟自动分拣、特品条烟分拣等工序。分拣作业区主要包含两条相对独立的 A 字形自动分拣线,可同时进行 4 个订单的分拣工作。

首先 A 字架自动分拣线,按照长春烟草的实际业务数据,在全部约 140 个卷烟品种中,除发货量最大的两个品种(A 类,平均 7 条/单)和次大的三个品种(B 类,1 条/单左右)外,其余品种所对应的分拣量远低于 1 条/单(包括 C 类、D 类)。因此,设定 A/B/C/D 类烟每个品种所占分拣烟道数分别为 6/2/1/1 道。而每天分拣的品种数为 100 个左右,所以 A 字形自动分拣线总烟道数共需 6×2+2×3+1×82=100(个)。A 字形自动分拣线由左右两条分拣线组成,每台分拣机两侧各有 20 个烟道,整条分拣线共有 200 个烟道。

其次为方便补货,同时兼顾重力式货架的合理有效利用,每天分拣的卷烟按两种类型来处理。一类是基本上每天都有需要的卷烟(包括 A/B/C 类),约 100 个品种,这类烟从重力式货架补货(上件烟);另一类是几天才分拣一次的卷烟(D类),约为60个品种,这类烟从北侧和南侧靠墙的搁板式货架补货,其中有20个当天分拣。对应于A字形自动分拣线,重力式货架对应于每个A/B/C类烟道需要1个补货货格。重力式货架有3层,每排需要的货格为(140-40)÷3=33列,实际每排货格数为36列。

现其分拣流程如下。

首先,香烟被放上A字形分拣机后,通过分拣程序被自动分配到传送带上,再通过激光打标机自动打标(图1)。

然后,香烟经过点数机(按客户需求隔离),由分拣员根据分拣程控室提供的"分拣详单",单条装入周转箱,箱上粘贴箱号,之后装车送到各终端零售商户。发货时,配送人员事先要到分拣程控室领取分拣详单,将分拣详单和箱号相对应,把香烟分送给零售商户(图2)。但是,经过一段时间的运行,长春烟草发现上述作业流程容易产生如下问题。

图1 激光打标机自动打标

图2 分拣详单和箱号

(1) 分拣工作量大:由于是单条装箱,在两班倒的工作模式下,晚班工人经常要工作到深夜两三点。

(2) 装烟错误率高:由于全部是人工操作,经常出现"串烟"现象。

(3) 信息化程度低:由于使用分拣程控室提供的分拣详单装箱,无法实现针对每个卷烟零售户一屏一户的实时信息管理。系统信息无法实时更新,出错反查的难度很大。

(4) 外包装形象差:由于是单条卷烟直接交给客户,没有外包装,给卷烟零售户的形象感觉差。

(5) 送货差错率高:由于送货时需要同箱号对应,人为出现差错的概率大大增加。

思考:请针对以上问题,对分拣流程进行调整和优化,给出解决方案。

案例六 正泰集团自动化立体仓库案例

自动化立体仓库的出现是物流技术的一个划时代的革新。它不仅彻底改变了仓储行业劳动密集、效率低下的落后面貌,而且大大拓展了仓库功能,使之从单纯的保管型向综合的流通型方向发展。自动化立体仓库是用高层货架储存货物,以巷道堆垛起重机存取货物,并通过周围的装卸搬运设备,自动进行出入库存取作业的仓库。

正泰集团公司是中国目前低压电器行业最大销售企业。主要设计制造各种低压工业电器、部分中高压电器、电气成套设备、汽车电器、通信电器、仪器仪表等,其产品达150多个系列、5 000多个品种、20 000多种规格。近年来,年销售额近600亿元,并且产品畅销世界多个国家和地区,集团综合实力被国家评定为全国民营企业500强第5位。在全国低压工业电器行业中,正泰首先在国内建立了3级分销网络体系,经销商达1 000多家。同时,建立了原材料、零部件供应网络体系,协作厂家达1 200多家。

一、立体仓库的功能

正泰集团公司自动化立体仓库是公司物流系统中的一个重要部分。它在计算机管理系统的高度指挥下,高效、合理地储存各种型号的低压电器成品。准确、实时、灵活地向各销售部门提供所需产成品,并为物资采购、生产调度、计划制订、产销衔接提供准确信息。同时,它还具有节省用地、减轻劳动强度、提高物流效率、降低储运损耗、减少流动资金积压等功能。

二、立体仓库的工作流程

正泰立体库占地面积达1 600m^2(入库小车通道不占用库房面积),高度近18m,3个巷道(6排货架)。作业方式为整盘入库,库外拣选。其基本工作流程如下。

1. 入库流程

仓库二、三、四层两端六个入库区各设一台入库终端,每个巷道口各设两个成品入库台。需入库的成品经入库终端操作员输入产品名称、规格型号和数量。控制系统通过人机界面接收入库数据,按照均匀分配、先下后上、下重上轻、就近入库、ABC分类和原则,管理计算机自动分配一个货位,并提示入库巷道。搬运工可依据提示,将装在标准托盘上的货物由小电瓶车送至该巷道的入库台上。监控机指令堆垛将货盘存放于指定货位。

库存数据入库处理分两种类型:一种是需操作员在产品入库之后,将已入库托盘上的产品名称(或代码)、型号、规格、数量、入库日期、生产单位等信息在入库客户机上通过人机界面而输入;另一种是托盘入库。

2. 出库流程

底层两端为成品出库区,中央控制室和终端各设一台出库终端,在每一个巷道口设有LED显示屏幕,并提示本盘货物要送至装配平台的出门号。需出库的成品,经操作人员输入产品名称、规格、型号和数量后,控制系统按照先进先出、就近出库、出库优先等原则,查出满足出库条件且数量相当或略多的货盘,修改相应账目数据,自动地将需出库的各类成品货盘送至各个巷道口的出库台上,经电瓶车将之取出并送至汽车上。同时,出库系统在完成出库作业后,在客户机上形成出库单。

3. 回库空盘处理流程

底层出库后的部分空托盘经人工叠盘后,操作员输入空托盘回库作业命令,搬运工依据提示用电瓶车送至底层某个巷道口,堆垛机自动将空托盘送回立体库二、三、四层的原入口处,再由各车间将空托盘拉走,形成一定的周转量。

三、立体库主要设施

1. 托盘

所有货物均采用统一规格的钢制托盘,以提高互换性,降低备用量。此种托盘能满足堆垛机、叉车等设备装卸,又可满足在输送机上下运行。

2. 高层货架

采用特制的组合式货架,横梁结构。该货架结构美观大方,省料实用,易安装施工,属一种优化的设计结构。

3. 巷道式堆垛机

根据本仓库的特点,堆垛机采用下部支承、下部驱动、双方柱形式的结构。该机在高层货架的巷道内按 X、Y、Z 三个坐标方向运行,将位于各巷道口入库台的产品存入指定的货格,或将货格内产品到运出送到巷道口出库台。该堆垛机动性设计与制造严格按照国家标准进行,并对结构强度和刚性进行精密的计算,以保证机构运行平稳、灵活、安全。堆垛机配备有安全运行机构,以杜绝偶发事故。其运行速度为 4～80mm/min(变频调速),升降速度为 3～16mm/min(双速电机),货叉速度为 2～15mm/min(变频调速),通信方位为红外线,供电方式为滑触导线方式。

四、计算机管理及监控调度系统

该系统不仅对信息流进行管理,同时也对物流进行管理和控制,集信息与物流于一体。同时,还对立体库所有出入库作业进行最佳分配及登录控制,并对数据进行统计分析,以便对物流实现宏观调控,最大限度地降低库存量及资金的占用,加速资金周转。

在日常存取活动中,尤其库外拣选作业,难免会出现产品存取差错,因而必须定期进行盘库。盘库处理通过对每种产品的实际清点来核实库存产品数据的准确性,并及时修正库存账目,达到账、物统一。盘库期间堆垛机将不做其他类型的作业。在操作时,即对某一巷道的堆垛机发出完全盘库指令,堆垛机按顺序将本巷道内的货物逐次运送到巷道外,产品不下堆垛机,待得到回库的命令后,再将本盘货物送回原位并取出下一盘产品,以此类推,直到本巷道所有托盘产品全部盘点完毕,或接收到管理系统下达的盘库暂停的命令。若本巷道未盘库完毕便接收到盘库暂停命令,待接到新的指令后,继续完成盘库作业。

正泰集团公司高效的供应链、销售链大大降低了物资库存周期,提高了资金的周转速度,减少了物流成本和管理费用。自动化立体仓库作为现代化的物流设施,对提高该公司的仓储自动化水平无疑具有重要的作用。

案例来源:http://www.soo56.com/news/20150130/72494m1_0.html。

思考:阐述正泰集团自动化立体仓库运作流程,自动化立体仓库给企业带来的价值体现在哪里?

案例七　可口可乐配送中心开创拣选效率新纪录

德马泰克语音拣选和"逆向分货"方案为可口可乐创造了拣选效率新纪录。为此在澳洲供应链与物流联合会全国性的颁奖礼上荣获制造业物流大奖。此奖项肯定了可口可乐澳大利亚阿玛提公司在供应链再造工程(木星计划)上的成功。

一、强强合作,斩获殊荣

可口可乐(CCA)在澳洲供应链与物流联合会全国性的颁奖礼上荣获制造业物流大奖。此奖项肯定了可口可乐澳大利亚阿玛提公司在供应链再造工程(木星计划)上的成功。该计划提高了订单履行效率,减少了配送运输成本,也降低了温室气体排放。

木星计划中一个关键环节是在悉尼的 Eastern Creek 新建了一个配送中心,该配送中心的服务范围是从 Bega 到 Coffs 港延绵 1 000km 内 CCA 的 14 000 个门店客户。这些客户从街头小店到便利超市,再到定点服务站、小杂货店以及生鲜食品专营店,同时还有数量不断增加的酒水店以及啤酒饮料批发商,它们的配送需求量几乎是 CCA 夏季旺季一半的业务。

在短短的八周系统运行期间,CCA 打破了拣选效率的历史最高纪录,新配送中心拣选员的效率显著提升到每小时 1 400 多次,这些都归功于德马泰克新近为其研发并取得专利的"逆向分货"拣选方案。

二、逆向分货:一石二鸟

德马泰克新的"逆向分货"通过订单配对与"货到人"拣选模块,实现了以最少的拣选次数同时完成多个托盘的订单拣选作业。德马泰克已获得逆向分货软件的专利,通过对拣选指令重新排序提高逆向拣选的机会,生成最合理的订单拣选顺序,大幅提高拣选效率。

CCA 的首席项目经理,Grant McClean 称,配送中心 70%的订单经由"逆向分货"模式,其中约 35%的订单经过一次逆向拣选后就已经完成。数据显示混合托盘中约有 20%的货品无须搬动就已符合订单要求了,这就是"逆向分货"的好处。

德马泰克的逆向分货系统优化了混合托盘订单履行,因此降低了拣选员的工作量。

在拣选工位,聪明的拣选员有时会注意到他们的订单有些可以用一石二鸟的方法一次拣选针对两个订单。然而,实践有投机性,一个系统化的方法可以找出所有逆向拣选的机会。通过订单配对,以高效的模式拣选可以大幅提升拣选效率。

德马泰克为此专门开发了逆向分货软件,运用一系列复杂的运算重新排列订单以产生最多的逆向拣选的机会以及对各组订单都最适合的订单履行顺序。一旦订单被启动,输送机将两个载货托盘(原料托盘)和两个分货托盘(目标托盘)一起送到拣选员所在工位。"逆向分货"系统发出指令后,拣选员根据屏幕上显示的操作指示,从第一个载货托盘上拣选出一定数量的货品放在第一个分货托盘上;也可能按订单需要,进一步从第一个载货托盘上拣选一定数量的货品放到第二个分货托盘上。他们也可能被要求从第二个载货托盘上取出货物放在第一个以及第二个分货托盘上。

这种情况下,在货物移动最小次数的前提下,逆向分货同时履行着四个订单。两个载货托盘里所剩的货品数量满足两个订单对此类货品的数量要求,而分货托盘里的货物也为另外两个订单的进一步拣选打好基础——该分货托盘所代表的两个订单中剩余的货品将由常规拣选方式完成。称重机确保操作员拣选托盘的数量是正确的,随后输送机将托盘运到发货工位。

逆向分货运作流程:

(1) 托盘通过三条滑板式自动卸货通道,到达托盘运输机上;

(2) 托盘运输机将载货托盘与分货托盘传送到逆向分货拣选工位的拣选员处;

(3) 大屏幕向拣选员发出拣选指令，拣选员将载货托盘上的货品放到分货托盘上；

(4) 完成的订单会通过升降机和托盘叉车被带到自动发货系统（ADS）。这里规划的 144 条托盘通道，在高峰期可以一次性暂存 16h 的发货量；

(5) 该配送中心所有其他的整箱拣选采用语音拣选方案。

三、其他主要德马泰克解决方案

1. 入库物流：滑板式自动叉车卸货

超过 95% 的存货由 CCA 的 Northmead 生产工厂发出。为了确保有效收货并减少叉车货叉升降，配送中心规划的自动收货系统由 3 条"滑板式"自动卡车卸货通道组成，每个通道在 15min 内都能卸载 22 个托盘。托盘被自动扫描称重后，送到接收系统的托盘运输机上，再被送往预留的暂存位。

2. 发货：更快，更安全的叉车装货

完成的订单会通过升降机和托盘叉车被带到自动发货系统（ADS）。一旦装上 ADS，所有的托盘运输都是自动的。ADS 配备了德马泰克的卫星式移动小车，规划了 144 条托盘通道，每条通道可以存储 12 个托盘。在高峰期可以一次性暂存 16h 的发货量。

德马泰克的 David Rubie 说："自动发货系统使 CCA 有能力实现预分拣、整合以及暂存订单。之所以设计 12 个托盘位，是要与一般卸货卡车的托盘存量匹配，在高峰期可以一次性暂存 16h 的发货量。""暂存区缓解了主要通道上整合订单的压力，确保装车环节高效、可靠，并最大限度地减少卡车在繁忙的发货区的周转时间。"

3. 安全性措施：更安全的工作环境

配送中心集成了创新的理念，包括设置了更宽的货架巷道，加大了货架底横梁和地面之间的距离，使托盘之间有更大的间隔区。更宽的巷道确保了叉车的安全操作以及托盘车的运行，更大的拣选面可以使拣选员更快速、更方便地拿到托盘货品——无论它们被放置在托盘的前端还是后端。这些改进措施还极大地避免了拣选员的走动，拣选员也不会在拣货过程中站立不稳。

四、优势

位于 Eastern Creek 的 CCA 配送中心已大大改善了混合托盘订单履行的效率。除了降低配送和运输成本，CCA 希望配送中心能维持稳定的作业效率，货品处理量增长约 30%。其他主要优势和成本节约包括：

(1) 减少 20% 的人工拣选；

(2) 通过提高拣选效率、提高发货准确性从而提高客户服务质量；

(3) 减少错拣，降低退货和损耗；

(4) 大幅度减少卡车行驶里程，温室气体排放量显著降低；

(5) 采用滑板式自动化收货系统收货；

(6) 创新的、符合人体工学的高效的逆向分货模式；

(7) 启用无线蓝牙语音拣选系统；

(8) 用自动发货系统达到更快、更安全、更有效的储存与卡车装载；

(9) 营造一个安全的工作场所；

(10) 集成了包括仓库管理系统、逆向分货和语音拣选系统等的信息技术。

案例来源：http://news.soo56.com/news/20160519/76834m1_0.html。

思考：阐述"逆向分货"运作流程及其意义。

案例八　KUKA 机器人为 Widmer 公司解决高处卸垛问题

Craft Brew Alliance(CBA)公司是美国一家独立上市的地区性酒业公司，该公司是由美国西北太平洋沿岸啤酒业的三家领军企业——Widmer Brothers Brewing，Redhook Ale Brewery 和 Kona Brewing Company 公司合并而成。

CBA 公司拥有众多的啤酒品种。例如，Widmer 公司的精酿啤酒，Kona 公司的夏威夷岛风味啤酒，以及 Redhook 公司的品牌啤酒风靡全美。然而，伴随着市场需求的不断增长，原有的生产设备以及生产流程已经满足不了如今 CBA 公司的订单需求。坐落在美国俄勒冈州波特兰市的 Widmer Brothers Brewing 公司向 KUKA 订购了一台六轴 KR QUANTEC 系列机器人，目的就是解决酿造车间的啤酒箱取放问题。

以 CBA 公司如今的订单量和产量来看，CBA 公司对生产设备和生产流程的主要需求不仅仅体现在产量和速度上，也体现在精确性上。以前 Widmer Brothers Brewing 公司的卸垛工作通过一种半自动系统来完成，但现在随着生产循环时间的不断缩短，这种缓慢卸垛并造成产能损失的工作方式再也无法适应目前的要求。

"用手工卸垛啤酒箱是一种重复性的并可能导致受伤的动作，因此这种工作方式是存在问题的。"Widmer Brothers Brewing 公司工程部总监里克·金特尔解释说，因此必须要找到替代性方案。而且，在将来，啤酒箱托盘的堆垛要达到其最大高度，而不是像从前那样只要堆垛到一半的高度就可以了；但是由于天花板高度较低，从前的卸垛设备不可能完成这样的工作，因此在一开始就被排除了。对此，从事系统整合的 KUKA 系统合作伙伴 Midwest Engineered Systems 公司提出了使用机器人的解决方案。

总监金特尔这样解释所面临的挑战："机器人必须能够在现有的横梁下方，对进入该区域的高层托盘进行移动。"而 Widmer Brewing 公司所选择的 KUKA KR QUANTEC 系列机器人的程序设计能够很轻松地避开横梁并对堆叠至最大高度的托盘实施卸垛操作。他们之所以选择与 KUKA 合作，是基于他们的实际工作经验：有一台 KUKA 机器人已经稳定可靠地在 Widmer 公司的啤酒桶生产线上运作了七年之久。"这台机器人在生产时间上的表现极其优异，从那时起，维护工作和备件订购都一直保持在最小限度。"总监金特尔强调说。

1. 短周期时间的精确卸垛流程

在 Widmer Brothers Brewing 的工厂，卸垛工作流程是从叉车操作员开始的。叉车操作员将酒瓶放在有五个分区的托盘堆叠传送线的进料区内，装满后，气动托盘推进装置会伸出来，将载有酒瓶的托盘通过其下方的辊子滑动；滑到传送线的另一端，进入机器人卸货区域，这样托盘会进入一个弹出式制动区域，托盘会在这里停下来，在这里，该托盘会被排列至其需要去的方向上，然后气动托盘推进装置又会将载有酒瓶的托盘沿着辊子滑动并将其调节为与传送线前进方向成直角的位置。这时，KUKA KR 270 R2700 ultra 型机器人会定位到高于托盘顶层的位置，将最上面一层的啤酒箱从托盘上取下，移动至分层传送线并将该层啤酒箱放在传送线上。这个过程会重复多次。

此时,分层传送线会以每次一排的频率将啤酒箱传送至啤酒箱传送线,啤酒箱传送线将啤酒箱从分层传送线上拉走,这样就能保证啤酒箱之间存在适当的空隙。在啤酒箱传送线运送啤酒箱的过程中,会经过一个可视化系统,以检查啤酒箱的长度端和宽度端的摆放是否一致(如果有必要,会在此调整其方向)。然后,啤酒箱传送线会向着机器人方向螺旋式退回,并向上方靠近现有的倾斜状传送线,当机器人卸下托盘后,托盘会沿着托盘传送线一路向下,然后被放到一个自动托盘堆垛机上,并且被叉车卸走。

2. 灵活性是最大的优势

KUKA 的 KR 270 R2700 ultra 型机器人在 Widmer Brothers Brewing 公司以其最大限度的灵活性和非常理想的负载率,表现得令人信服。它能轻松提举 270kg 的载荷,最大伸展长度达到 2 700mm。由于其独特的六轴设计,使它有着很高的灵活性,能完美应对天花板低导致的安装困难环境。除此以外,它在堆垛和卸垛操作中的极高精确性,也是其得分点。与所有其他的 KR QUANTEC 系列机器人一样,该系列型号的机器人与其前代系列的型号相比,重量减轻了最多 160kg,体积缩小了 25%;部件的重量减轻使其操作更具动态性且周期时间更短,而且其坚固度也提升了。

3. 产能提高了 20%

"如今我们可以将所有的托盘都堆叠到其最大的高度进行卸垛操作了,对于我们 12 只一箱的啤酒来说,这意味着可以提高 20% 的产能。"总监金特尔总结说:"除了这个益处以外,卸垛工作再也不需要手工操作,这样安全问题,比如员工背肌拉伤以及关节和肌肉受伤这些情况,就从这部分生产流程中消失了。"

该工程部总监在展望未来解决方案时这样说:"对于 Midwest Engineered Systems 和 KUKA 机器人的组合,我们是非常满意的,将来,在任何需要包装自动化产品时,我都一定会使用 MWES 与 KUKA 机器人。"

案例来源: http://news.soo56.com/news/20160309/76300m1_0.html。

思考:阐述 KUKA 机器人的精确卸垛流程及 KUKA 机器人给企业带来的价值。

案例九　为 Halfords 打造新型零部件存储和拣选中心

Halfords 的前身是由 F. W. Rushbrooke 于 1892 年在英国伯明翰开设的一家本地五金产品店,经过 20 世纪 90 年代的两次并购,时至今日公司已发展壮大成为英国顶级的汽车零部件、轮圈和配件零售商。公司拥有 100 多年的历史,年营业额超过 5 亿英镑,是英国商业界的知名企业,在英国和爱尔兰拥有约 470 家门店。

为了高效履行门店订单,Halfords 决定将两个配送中心合并为一个位于考文垂的新配送中心,合并举措意味着新配送中心必须达到超高的系统能力,而保障这点的关键在于建造一个小型产品的拣选系统,快速准确地拣选上万个品种的产品至订单料箱并送至门店。

经再三定夺,Halfords 决定采用德马泰克新型存储和拣选解决方案。处理除自行车以外的所有零售产品,服务于英国和爱尔兰的 470 家 Halfords 门店。项目实施后,这座近 3 万 m² 的配送中心每日发出高达几十万件产品,为这个英国领先零售商遍布各地的业务提供了自动、有序、循环不断的产品配送支持。

新型存储和拣选解决方案集成了自动缓存区的多层穿梭车系统、输送系统以及拣选系统,为配送中心创造了多个亮点。

1. 巧妙设计,大量节省空间

在与 Halfords 紧密工作后,德马泰克设计了一个双夹层小型产品拣选中心,全场 165m,改造后形成 2 万 m² 的拣选区,真正提高了 Halfords 仓库的空间利用率。

2. 实现低成本、高效益的拣选

低成本高效益系统体现在两方面:一是基于输送系统运作的小型产品拣选中心,结合应用了电子标签拣选、语音拣选等先进技术,帮助实现了配送中心需要达到的超高效率。

电子标签拣选操作简单,拣选快速准确,拣选速度高达 300 个订单/h,新拣选员只需经过 1h 的培训就可完成快速的拣选。而语音拣选则以更低成本,准确、迅速地完成慢物动量产品的拣选。且语音拣选技术也以更低的成本每小时拣选 200 个订单。

二是在订单分拣合并区域,采用分拣机需要装配输送系统,但会带来操作上的一些限制。相比分拣系统而言,采用多层穿梭车方案,则能够维持较高的生产率,并为订单合并带来更大的灵活性。

3. 设计具有前瞻性和可扩展性

整个小型产品拣选区的设计具有前瞻性,考虑到未来业务发展,配送中心另一端可多加入一个拣选区域。而得益于多层穿梭车的模块化设计,系统加入更多的滑道,从不影响 Halfords 的运营流程。

4. 可观的客户收益

德马泰克为 Halfords 考文垂配送中心提供的高效人体工学拣选系统,以更快的速度完成订单履行作业,解放了作业人员双手的同时更避免了远距离行走,从而大大提高拣选效率。

完成拣选的订单料箱被送至德马泰克多层穿梭车系统缓存,可提高系统速度、发货准确率和系统生产率。系统的智能控制器进行着复杂的订单排序,有益于合并整个订单或部分订单的灵活性,帮助 Halfords 建立起了门店友好型订单。

仓库管理软件控制存货组合,无缝集成了电子标签拣选和语音拣选技术,从而达到了最大可能的订单履行效率。

案例来源:http://news.soo56.com/news/20160106/75763m1_0.html。

思考:阐述 Halfords 的新型零部件存储和拣选中心给企业带来的重要意义体现在哪里。

案例十　物流信息系统助力物美物流配送中心

北京物美商业集团股份有限公司是国内最早以连锁方式经营超市的专业集团公司之一。物美集团自 1994 年在京率先创办综合超市以来,秉承"发展现代流通产业,提升大众生活品质"的经营理念,以振兴民族零售产业为己任,在连锁超市领域辛勤耕耘,取得了显著的成就,连续多年成为北京地区最大的连锁零售企业,2010 年销售突破 340 亿元,位列中国连锁百强第十位。

目前,物美在华北、华东及西北已经拥有满足顾客一次购物需求的大卖场、提供大社区全面服务的生活超市、便利商店和中高端百货公司等各类店铺 700 余家,建立了为服务城乡居民的连锁零售网络,不断推进着中国商业流通现代化的进程。

一、项目背景

由于业务量的增长及市场的需求的增加,原有的百子湾、大红门、磁各庄和石景山4个物流中心规模小,位置分散,配货能力低,导致集团配送比例低下,采购成本上升,已经越来越不能适应物美的发展。2007年6月,物美集团着手筹建新的物流中心,并选择位于南皋村北京三元公司的化工厂内,按照三元公司建设库房,物美租赁、投资设备和系统的模式进行建设。新的物流配送中心被物美命名为WINDC项目,与此前成功实施的ERP系统WINBOX(基于SAP R/3)相一致。经过公开招标和多方选择,北京伍强科技有限公司成为物美WINDC项目系统总集成商。

二、解决方案

物美集团WINDC是国内少有的多业态并存的物流中心。物流中心分为干货库和冷链物流两部分,冷链物流包括果蔬、日配和冷冻三部分。总面积接近7万m^2。干货库设计日配送20万件,果蔬库设计日配送量460t,日配和冷冻库设计日配送1.2万件。全系统设计年配送能力74.5亿元。

物流中心充分应用现代物流的最新技术。并遵循高度信息化、充分机械化、适度自动化的设计思想。

物流中心充分应用了SAP WM系统的功能,并配合伍强科技的增强型WCS系统和上海索勤的RF系统,构成了高度集约完整的物流信息系统。

1. 常温库(干货库)

本系统建筑面积55 376m^2,分为A、B两部分。负责物美和美廉美北京地区的所有店铺的配送作业(约占全部配送的40%)。

在设计上,干货库将大卖场与综超、便超等分为两类,采用不同的策略和配送方法。其中,"整件拣选"策略的应用,以大卖场为主的店铺按订单拣选,以便超为主的店铺按品种提总拣选的;"拆零拣选"策略的应用则是全部以按订单拣选的方式进行拣选,每个订单按照区域独立拼箱。总体平面布置图如图3所示。

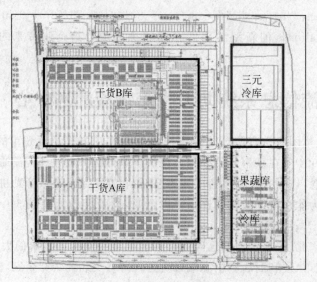

图3 总体平面布置图

收货作业时,要求将直配的商品平置堆放在暂存区,其他商品则上架储存。直配占据物流中心约 66% 的份额。这是物美的特色之一。

物流中心设置南北两侧的收货站台约 400m,全部采用升降调节平台,以方便车辆的直接卸货。采用 RF 进行移动式收货,大大减少了大量数据传递对收货带来的影响。

发货作业时,直配商品作业对于成件的商品按照统一设置的拣选策略进行拣选(包括大卖场和便超),而对于拆零的货物,则按提总后播种的方式完成。系统设计了电子标签为辅助作业手段的直配播种系统。

全部拣选分为"整件拣选"作业和"拆零拣选"作业。

整件拣选分为"按订单拣选"和"按品项拣选"两种主要拣选方式,分别适应于"大店模式"和"小店模式"。对于一个波次中构成整托盘的部分,将按照整托盘提总的方式进行拣选。

拆零拣选按照"课组"进行分类拣选。不同的店铺根据其规模不同,其分类原则是不一样的,有的分为四类,有的分为两类。

拆零拣选采用先进行计算后拣选的方式进行。对于计算有误的情形,系统还可以进行临时调整。

此外,针对贵重品(含易碎品)和异形品还特别设计了特殊拣选区域。其中贵重品采用的是整零合一的拣选策略按单拣选,而异形品由于不适合于输送机运送,故采用人工处理方式。

补货作业时,一般按照波次进行。也可以在拣选的空隙进行补货。

完成拣选的商品将在集货区进行收集。本项目设计了约 10 000m² 的集货区,以便应对每天 20 万件的发货需求。所有集货区均按照订单(店铺)进行动态分区,以便系统进行管理。电子显示屏将根据当前的集货区分配状态,显示当前的店铺信息。

2. 冷库(果蔬库、日配库、冷冻库)

物流中心设计约 6 600m² 的冷链物流系统。其中 0~15℃库房约 4 000m²,0~4℃库房约 2 000m²,-18℃库房约 500m²。分别适用于果蔬直配、果蔬储存和日配冷藏、冷冻品配送。冷库示意图如图 4 所示。

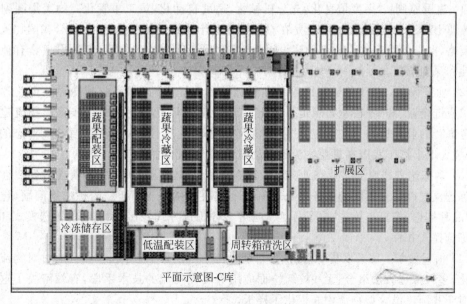

图 4 冷库示意图

针对冷链物流的特点,果蔬配送90%采用直配方式。在完成主力供应商送货后,物流中心将货物直接配送到各门店。收货时间一般在15:00～22:00,发货时间一般在次日3:00～5:00。货物一般在物流中心停留的时间不超过10h。

日配冷藏品的配送采用100%直配方式。为此,系统设计一套电子标签系统完成播种。每天可完成约10 000箱货物的配送。

冷冻库设计为-18℃,其拣选和配送均独立完成。

3. 物美WINDC项目主要流程

物美WINDC项目中库区主要分为干货库、日配区、果菜库和冷冻库四大块,相对应的流程主要有以下13个流程:

(1) 干货库收货流程;
(2) 干货库直流流程;
(3) 干货库库存管理;
(4) 干货库发货流程;
(5) 干货库电子标签拣货流程;
(6) 干货库退货流程;
(7) 干货库盘点流程;
(8) 干货库运输管理流程;
(9) 日配区收发货管理流程;
(10) 日配区直配电子标签播种流程;
(11) 果菜库收发货流程;
(12) 冷冻库收发货流程;
(13) 冷冻库库存管理流程。

三、客户效益

(1) 建设原则:"高度信息化,充分机械化,适度自动化,员工主管化。"物美集团副总裁于剑波博士提出的这一设计原则,是在总结国外几十年的经验的基础上,结合我国物流建设基本策略,提出的具有重大意义的建设思想。其中尤其以"员工主管化"的思想具有独特的创造性和深刻价值。

(2) 业务模式:基于物美集团副总裁于剑波博士提出的"零售业是高科技企业""零售业是供应链企业"和"零售业必须走标准化、工业化和国际化"思想,进一步提出物流建设应充分考虑新的业务模式与之适应。"主力供应商模式"是现代零售业的主要盈利业态的科学论断,极大地丰富了我国零售业物流建设的思想,具有深远的意义。

(3) 多拣选方式对应多业态业务:针对本项目多业态并存的现状,项目组创造性提出多种拣选模式以适应不同的业务形态。有效地解决了物美WINDC的拣选难问题,包括直配、按品种拣选、按订单拣选、电子标签拣选等多种拣选方式并存,大卖场的拣选模式和便利店的拣选模式并存。

(4) 海量发货:每天发货20万件是目前物流中心的巨大挑战,本项目通过对物流路线的优化,多种拣选方法组合、无线终端全面应用等现代物流的技术手段,有效解决了这一难题。对于我国建设大型物流中心提供了样板。

(5) 动态发货区管理:本项目中的动态发货区管理思想,包括按班组拣选和配送、按货位管理集货区和完成集货、按托盘分解装车任务等一系列先进思想,极大地丰富了现代物流设计思想。具有很强的推广价值。

(6) SAP WM 与 WCS 配合:本项目在充分分析了 SAP 负担、物美主流业务、物美未来业务发展等一系列问题后,提出采用 SAP WM 和 WCS 系统连接的软件架构。经实践检验,极大地缓解了 SAP 的压力,提高了系统的灵活性,具有很强的推广性。

此外,物美 WINDC 项目在电子标签应用、重量复核技术应用、直配技术应用等多方面均取得创造性成果。

物美 WINDC 物流配送中心已成为我国零售配送最先进的系统和规模最大的系统,2010 年 5 月成功上线应用以来,取得了预期的效果。该项目以其巨大的成功,得到了业内的高度评价,受到了物流采购联合会的表彰,已成为物美集团核心竞争力的重要组成部分。

案例来源:http://news.soo56.com/news/20110329/60757m1_0.html。

思考:物美 WINDC 项目的运作给企业起到哪些方面的借鉴作用?

TRAINING
综合实训

【项目名称】

现代物流储存与配送作业优化设计与实施

【实训目标】

(1) 测试学生仓储与配送管理知识掌握情况,是对教学实践应用最好的一次验证。

(2) 培养学生组织管理、专业团队协作、现场问题分析与处理、工作效率、质量与成本控制、安全及文明生产等方面的职业素养。

(3) 提高学生的实践动手能力。

RF 手持的操作

【实训内容】

1. 制订储存与配送作业优化设计方案

学生做好工作准备;根据所获取的储存,配货的场地、货物、货架、托盘、各种包装箱、叉车、手推车、月台、客户基本信息、客户需求、配送车辆、配送点及路径信息、工时资料、各种租赁、货位占用费、外包咨询服务费、安全要求等相关信息,进行分析处理;进行货位优化及制订货物入库方案;编制拣选作业计划,进行订单处理及生成拣选单;配装配载方案;撰写外包委托书;编制可实施的储配作业计划;预测出实施方案可能出现的问题和应对方案。

地牛的操作

2. 实施储存与配送作业优化设计方案

学生根据上述储配方案的设计结果,在实训场所实施方案。执行入库作业计划;执行出库作业计划。学生在实施过程中要体现物流企业作业过程所需要的专业知识、操作技能,团队合作,精益管理,提高服务质量与安全意识。学生实施方案过程中,可修改方案,也可外包。修改方案和外包均将按预定的比例增加成本。以操作规范程度、方案是否可行、方案实施效率、成本核算、服务质量、安全意识等要素为依据,计算综合成本为评价标准。

【实训指标体系】

实训指标体系如表1所示。

表1 实训指标体系

一级指标	二级指标	三级指标	三级指标说明
制订物流储配作业优化方案	工作准备	1. 封面	题目:物流储配作业优化方案 参赛队名称:本队抽签序号,如01 选手:胸牌号码如01A、01B、01C
		2. 队员分工	储配作业方案执行时的分工,01A 为主管(队长)

续表

一级指标	二级指标	三级指标	三级指标说明
制订物流储配作业优化方案	入库作业计划	3. 物动量ABC分类表	能够体现出分类过程和分类结果
		4. 制定货物组托示意图	包括奇数层俯视图、偶数层俯视图
		5. 上架存储货位图绘制	以托盘式货架的排为单位,将货位存储情况反映在存储示意图上,在相应货位上标注货物名称
		6. 编制托盘条码	编制托盘条码并打印。码制:CODE39、8位、无校验码
	出库作业计划	7. 订单有效性分析	参赛队收到客户订单后,应对订单的有效性进行判断,对确定的无效订单予以锁定,陈述理由,主管签字并标注日期
		8. 客户优先权分析	当多个客户针对某一货物的要货量大于该货物库存量时,应对客户进行优先等级划分以确定各自的分配量,并阐明理由
		9. 库存分配计划表	依据客户订单和划分后的客户优先等级顺序制订库存分配计划表,将相关库存依次在不同的客户间进行分配并显示库存余额
		10. 拣选作业计划	拣选作业计划设计要规范、项目齐全,拣选作业流畅;拣选单设计应能减少拣选次数、优化拣选路径、缩短拣选时间,注重效率
		11. 月台分配示意图	将月台在客户间进行分配,便于月台集货
		12. 配装配载方案	绘制配送车辆积载图,以体现配送的先后顺序(按客户绘制,不显示货物品种)
	外包准备	13. 外包委托书	各参赛队都要撰写外包委托书,要求格式规范,内容齐全,主要包括委托事项、受托人、委托人、委托时间等,但要留存空白项,以便发生委托时填写。当各参赛队在进行货物入库、拣选、出库、货物配装等作业过程中,遇到不能独立解决的问题时,可委托外包给本队的指导教师协助解决,此时要填写委托书交与裁判备案,无须委托时则不需填写
	编制计划	14. 作业计划	按照时间先后顺序将每位参赛队员在方案执行过程中的工作内容编制成作业计划,包括设备租赁情况及可能出现的问题预案
		15. 预算表	包括作业过程可能发生的各种费用项目及相应的预算金额,以便与实际发生的费用比较,满足预算编制信息的内容

续表

一级指标	二级指标	三级指标	三级指标说明
实施储配作业设计方案	租赁	1. 租赁作业	选择最佳时机及作业任务需求向租赁中心租赁托盘、叉车、地牛、手推车等
	执行入库作业计划	2. 入库准备工作	粘贴托盘条码，整理作业现场
		3. 验货、组托	验收无误后，按照堆码要求，将散置堆放的货物科学、合理地码放在托盘上
		4. 启动 WMS	完成货物信息录入
		5. 入库	完成货物入库操作并指挥叉车工上架作业
	执行拣选作业计划	6. 拣选作业	根据客户订单及拣选作业计划进行拣选作业及拆零货的再包装
		7. 出库	完成各客户所要货物的出货复核、月台点检、理货
		8. 货物配装	根据所给车辆完成货物的配装

【实训安排】

(1) 实训将学生分成 4~6 人每组。

(2) 团队中选出 1 人为主管，其余几人为理货员(保管员)。主管对方案的设计、修订、客户优先等级、外包与否等负主要责任，并安排其余几人工作。

(3) 根据客户需求，编制货位、物料、设施设备、工具、人工等使用计划，并进行成本核算和时间安排。成本核算精确到分，时间安排精确到秒，结果保留整数。

(4) 要预测出实施方案时可能出现的问题并做出应对方案。

(5) 执行方案时，学生应严格按照计划执行，不得擅自修改计划，修改计划应由主管提出并实施。方案修改时，其他选手应停止作业，工作时间连续计算。

(6) 实训过程中出现不文明和不安全的现象、操作不规范、出现质量问题、分工协作不合理等现象，均按比例增加成本和费用。

(7) 若在规定的时间内未完成比赛，按未完成比例增加成本和费用。

【实训考核】

只计团体竞赛成绩，不计参赛选手个人成绩。竞赛成绩分两部分计算，满分 100 分。其中：

制订储配作业优化设计方案部分占 40%；

实施储配作业设计方案部分占 60%。

制订储配作业优化设计方案部分由教师计分，以分数的形式给出；实施储配作业设计方案部分以执行过程成本与费用核算为依据，以成本与费用作为评定标准，在核定成绩时，成本折合成分数。按分数从高到低排列参赛队的名次，当分数相同时，作业时间短的名次在前。

【实训案例】

一、出库作业报表

出库作业报表如表 2~表 7 所示。

表2 出库作业月报一（物动量统计）

制表人：林诺　　　　　　　　　　　　　　　　　制表时间：2017年10月1日

货品编码/条码	货品名称	出库量（箱）
6911989331808	联想便携式计算机	60
6921317905038	康师傅矿物质水	150
6939261900108	好娃娃薯片	900
6901521103123	诚诚油炸花生仁	146
6920907800173	休闲黑瓜子	122
6932010061914	雅比沙拉酱	88
6902563688999	奥利奥夹心饼干	475
6901424333948	王老吉凉茶	720
6932010061860	金谷精品杂粮营养粥	0
6921200101102	旺旺饼干	80
6922100321100	罗技键盘	400
6925011022012	红牛方便面	397
6922266437342	戴尔台式计算机	342
6922654700112	喜洋洋背包	100
6920226613033	精灵鼠标	30
6921100369990	联想台式计算机	37
6920380201108	创意记事本	21

表3 出库作业月报二（物动量统计）

制表人：林诺　　　　　　　　　　　　　　　　　制表时间：2017年11月1日

货品编码/条码	货品名称	出库量（箱）
6911989331808	联想便携式计算机	25
6902563688999	奥利奥夹心饼干	200
6901424333948	王老吉凉茶	850
6932010061860	金谷精品杂粮营养粥	42
6922266437342	戴尔台式计算机	107
6932010061914	雅比沙拉酱	30
6921200101102	旺旺饼干	47
6921317905038	康师傅矿物质水	76
6939261900108	好娃娃薯片	806
6901521103123	诚诚油炸花生仁	56
6920907800173	休闲黑瓜子	41
6920226613033	精灵鼠标	30
6921100369990	联想台式计算机	38
6920380201108	创意记事本	0
6922100321100	罗技键盘	36
6925011022012	红牛方便面	120
6922654700112	喜洋洋背包	45

表 4　出库作业月报三（物动量统计）

制表人：林诺　　　　　　　　　　　　　　　　　制表时间：2017 年 12 月 1 日

货品编码/条码	货品名称	出库量（箱）
6920226613033	精灵鼠标	50
6921100369990	联想台式计算机	25
6920380201108	创意记事本	0
6922100321100	罗技键盘	59
6921317905038	康师傅矿物质水	167
6932010061914	雅比沙拉酱	10
6921200101102	旺旺饼干	189
6901521103123	诚诚油炸花生仁	1270
6939261900108	好娃娃薯片	655
6920907800173	休闲黑瓜子	59
6925011022012	红牛方便面	39
6922654700112	喜洋洋背包	25
6911989331808	联想便携式计算机	0
6902563688999	奥利奥夹心饼干	25
6901424333948	王老吉凉茶	920
6932010061860	金谷精品杂粮营养粥	0
6922266437342	戴尔台式计算机	113

表 5　出库作业月报四（物动量统计）

制表人：林诺　　　　　　　　　　　　　　　　　制表时间：2018 年 1 月 1 日

货品编码/条码	货品名称	出库量（箱）
6932010061914	雅比沙拉酱	50
6921200101102	旺旺饼干	125
6920226613033	精灵鼠标	40
6921100369990	联想台式计算机	80
6920380201108	创意记事本	100
6922100321100	罗技键盘	26
6921317905038	康师傅矿物质水	250
6911989331808	联想便携式计算机	176
6902563688999	奥利奥夹心饼干	220
6901424333948	王老吉凉茶	580
6932010061860	金谷精品杂粮营养粥	45
6922266437342	戴尔台式计算机	269
6901521103123	诚诚油炸花生仁	450
6939261900108	好娃娃薯片	400
6920907800173	休闲黑瓜子	139
6925011022012	红牛方便面	25
6922654700112	喜洋洋背包	80

表6 出库作业月报五（物动量统计）

制表人：林诺　　　　　　　　　　　　　　　　　　　制表时间：2018年2月1日

货品编码/条码	货品名称	出库量（箱）
6902563688999	奥利奥夹心饼干	50
6901424333948	王老吉凉茶	420
6932010061860	金谷精品杂粮营养粥	60
6921100369990	联想台式计算机	63
6920380201108	创意记事本	97
6922100321100	罗技键盘	0
6921317905038	康师傅矿物质水	230
6911989331808	联想便携式计算机	97
6920907800173	休闲黑瓜子	227
6925011022012	红牛方便面	46
6922654700112	喜洋洋背包	40
6922266437342	戴尔台式计算机	82
6901521103123	诚诚油炸花生仁	200
6939261900108	好娃娃薯片	517
6932010061914	雅比沙拉酱	43
6921200101102	旺旺饼干	154
6920226613033	精灵鼠标	27

表7 出库作业月报六（物动量统计）

制表人：林诺　　　　　　　　　　　　　　　　　　　制表时间：2018年3月1日

货品编码/条码	货品名称	出库量（箱）
6901521103123	诚诚油炸花生仁	150
6939261900108	好娃娃薯片	1250
6932010061914	雅比沙拉酱	50
6921200101102	旺旺饼干	458
6921317905038	康师傅矿物质水	148
6911989331808	联想便携式计算机	27
6920226613033	精灵鼠标	0
6902563688999	奥利奥夹心饼干	217
6920907800173	休闲黑瓜子	74
6925011022012	红牛方便面	45
6922654700112	喜洋洋背包	44
6922266437342	戴尔台式计算机	243
6920380201108	创意记事本	100
6922100321100	罗技键盘	65
6901424333948	王老吉凉茶	100
6932010061860	金谷精品杂粮营养粥	12
6921100369990	联想台式计算机	17

二、客户订单

客户订单如表8~表12所示。

表8 华伟商贸有限公司采购订单（订单号1604）

序号	商品名称	单位	单价（元）	订购数量	金额（元）
1	好娃娃薯片	箱	196.00	7	1 372
2	诚诚油炸花生仁	箱	172.00	5	860
3	尝响油多多超级蛋王	只	2.00	25	50
4	维达双抽（绵柔）纸面巾	盒	6.00	10	60
	合 计				2 342

表9 惠民超市采购订单（订单号：1602）

序号	商品名称	单位	单价（元）	订购数量	金额（元）
1	好娃娃薯片	箱	196.00	7	1 372
2	诚诚油炸花生仁	箱	172.00	10	1 720
3	旺旺饼干	箱	486.00	3	1 458
4	雪碧	瓶/支	3.00	15	45
5	椰树椰汁	瓶/支	4.00	15	60
	合 计				4 655

表10 四季青商贸有限公司采购订单（订单号：1605）

序号	商品名称	单位	单价（元）	订购数量	金额（元）
1	诚诚油炸花生仁	箱	172.00	10	1 720
2	旺旺饼干	箱	486.00	3	1 458
3	康师傅矿物质水	箱	24.00	10	240
	合 计				3 418

表11 万家乐超市采购订单（订单号：1601）

序号	商品名称	单位	单价（元）	订购数量	金额（元）
1	康师傅矿物质水	箱	24.00	10	240
2	好娃娃薯片	箱	196.00	6	1 176
3	诚诚油炸花生仁	箱	172.00	5	860
4	旺旺饼干	箱	486.00	2	972
5	可口可乐	瓶/支	3.00	10	30
6	心相印（优选）面巾纸	盒	5.00	14	70
	合 计				3 348

表12 旺旺超市采购订单（订单号：1603）

序号	商品名称	单位	单价（元）	订购数量	金额（元）
1	旺旺饼干	箱	486.00	5	2 430
2	联想台式计算机	箱	3 800.00	6	22 800
3	可口可乐	瓶/支	3.00	10	30
	合 计				25 260

三、客户资料

客户资料如表 13～表 22 所示。

表 13　客户档案一

客户编号		20030401					
公司名称		华伟商贸有限公司			代码		HW
法人代表	黄庆	家庭地址	杭州市西湖区高技街翠苑四区 4-301			联系方式	87535678
证件类型	营业执照	证件编号	120109278362905			营销区域	杭州市区
公司地址		杭州市西湖区文一路 129 号		邮编	310010	联系人	刘鹏
办公电话		87530864	家庭电话		83520573	传真号码	87530865
开户银行		杭州联合银行		银行账号		62839047352	
公司性质	中外合资	所属行业	商业	注册资金	200 万元	经营范围	食品、办公用品
信用额度	8 万元	忠诚度	一般	满意度	较高	应收账款	4.8 万元
客户类型		普通型		客户级别		B	
建档时间		2008 年 4 月		维护时间		2017 年 2 月	

表 14　客户档案二

客户编号		20040602					
公司名称		旺旺超市			代码		WW
法人代表	王力宏	家庭地址	杭州市拱墅区信义坊 6-1-1102			联系方式	87654878
证件类型	营业执照	证件编号	120108776875375			营销区域	拱墅区
公司地址		杭州市拱墅区湖墅南路 154 号		邮编	310011	联系人	王冠
办公电话		83976580	家庭电话		87654996	传真号码	83976581
开户银行		杭州商业银行		银行账号		8654909785	
公司性质	民营	所属行业	零售	注册资金	80 万元	经营范围	日用品、食品、办公用品
信用额度	10 万元	忠诚度	一般	满意度	高	应收账款	9.8 万元
客户类型		普通型		客户级别		B	
建档时间		2009 年 6 月		维护时间		2017 年 5 月	

表 15　客户档案三

客户编号		20030203					
公司名称		家佳福超市			代码		JJF
法人代表	陈开军	家庭地址	杭州市上城区平海路平海家园 5-505			联系方式	83557890
证件类型	营业执照	证件编号	120213432567876			营销区域	上城区
公司地址		杭州市上城区清泰街 204		邮编	310012	联系人	刘俊
办公电话		88293647	家庭电话		83468679	传真号码	88293600
开户银行		招商银行清泰支行			银行账号		9372528903
公司性质	民营	所属行业	零售	注册资金	70 万元	经营范围	日用品、食品、办公用品
信用额度	12 万元	忠诚度	一般	满意度	高	应收账款	9.7 万元
客户类型		普通型		客户级别		B	
建档时间		2008 年 2 月		维护时间		2017 年 4 月	

表16 客户档案四

客户编号	20060504					
公司名称	天天超市			代码	TT	
法人代表	王细红	家庭地址	杭州市下城区和家园5-2-502		联系方式	86554489
证件类型	营业执照	证件编号	120106754788763		营销区域	下城区
公司地址	杭州市下城区星潮王路243号			邮编	310013	联系人	陈洁
办公电话	88654896	家庭电话	84338906		传真号码	88654897
开户银行	杭州商业银行			银行账号	8643989642	
公司性质	民营	所属行业	零售业	注册资金	400万元	经营范围	食品、办公用品
信用额度	50万元	忠诚度	高	满意度	高	应收账款	42万元
客户类型	重点型		客户级别		A	
建档时间	2011年5月		维护时间		2017年2月	

表17 客户档案五

客户编号	20090105					
公司名称	惠民超市			代码	HM	
法人代表	何锡文	家庭地址	杭州市江干区定海路百年家园3-301		联系方式	83438679
证件类型	营业执照	证件编号	120103789346338		营销区域	华东地区
公司地址	杭州市江干区庆春东路193号			邮编	310014	联系人	易继培
办公电话	82641893	家庭电话	87827463		传真号码	82641890
开户银行	中国农业银行庆春支行			银行账号	1566331510296580	
公司性质	民营	所属行业	零售	注册资金	2 000万元	经营范围	食品、日用百货、办公用品
信用额度	180万元	忠诚度	高	满意度	高	应收账款	152.5元
客户类型	重点型		客户级别		A	
建档时间	2014年1月		维护时间		2017年5月	

表18 客户档案六

客户编号	20011206					
公司名称	四季青商贸有限公司			代码	SJQ	
法人代表	聂华	家庭地址	杭州市西湖区大华西溪风情别墅12号		联系方式	87918998
证件类型	营业执照	证件编号	120243132587676		营销区域	杭州市区
公司地址	杭州西湖区体育场路56号			邮编	310015	联系人	葛高峰
办公电话	83287689	家庭电话	86858957		传真号码	83287688
开户银行	杭州商业银行			银行账号	87965687975	
公司性质	中外合资	所属行业	商业	注册资金	3 200万元	经营范围	日用品、食品、办公用品
信用额度	200万元	忠诚度	高	满意度	高	应收账款	99.5万元
客户类型	母公司		客户级别		A	
建档时间	2006年12月		维护时间		2017年3月	

表 19　客户档案七

客户编号	20080807				
公司名称	万家乐超市		代码		WJL
法人代表	毛艺红	家庭地址	杭州市滨江区江红小区丹霞苑 11-2-803	联系方式	67655865
证件类型	营业执照	证件编号	120108754377888	营销区域	滨江、萧山区
公司地址	杭州市滨江区滨康路 43 号		邮编	310019	联系人	唐妙丽
办公电话	63876590	家庭电话	68657973	传真号码	63876591
开户银行	杭州联合银行		银行账号		5357899765569
公司性质	中外合资	所属行业	零售业	注册资金	1 600 万元	经营范围	食品、日用品、办公用品
信用额度	150 万元	忠诚度	一般	满意度	高	应收账款	125 万元
客户类型	普通型		客户级别		B
建档时间	2013 年 8 月		维护时间		2017 年 5 月

表 20　客户档案八

客户编号	20070708				
公司名称	一点红商贸有限公司		代码		YDH
法人代表	付强	家庭地址	杭州市萧山区红旗家园 2-3-302	联系方式	67543885
证件类型	营业执照	证件编号	120108765436754	营销区域	江浙沪地区
公司地址	杭州市萧山区市心中路 33 号		邮编	310022	联系人	吴天梅
办公电话	66548965	家庭电话	66436895	传真号码	66548966
开户银行	杭州联合银行		银行账号		5357865795569
公司性质	外资	所属行业	商业	注册资金	600 万元	经营范围	食品、日用百货、办公用品
信用额度	15 万元	忠诚度	一般	满意度	一般	应收账款	9.5 万元
客户类型	普通型		客户级别		B
建档时间	2012 年 7 月		维护时间		2017 年 3 月

表 21　客户档案九

客户编号	20090809				
公司名称	鼎先商贸有限公司		代码		DS
法人代表	周美华	家庭地址	杭州市拱墅区湖州街紫荆花园 4-201	联系方式	83415468
证件类型	营业执照	证件编号	58966324770041	营销区域	拱墅区
公司地址	杭州市拱墅区东新路 107 号		邮编	310016	联系人	王志刚
办公电话	89912861	家庭电话	83415468	传真号码	89912880
开户银行	中国农业银行德胜支行		银行账号		1574845631314 50
公司性质	国有	所属行业	商业	注册资金	400 万元	经营范围	服装、食品、办公用品
信用额度	15 万元	忠诚度	一般	满意度	一般	应收账款	13 万元
客户类型	普通型		客户级别		B
建档时间	2014 年 8 月		维护时间		2017 年 3 月

表 22　客户档案十

客户编号	\multicolumn{5}{c}{20050510}				
公司名称	\multicolumn{2}{c}{零点超市}	代码	\multicolumn{2}{c}{LD}
法人代表	张柏芝	家庭地址	杭州市余杭区世纪大道玉园 2-302	联系方式	66712398
证件类型	营业执照	证件编号	120105679898388	营销区域	余杭区
公司地址	\multicolumn{2}{c}{杭州市余杭区临平东大街 52 号}	邮编	310033	联系人	谢廷峰
办公电话	63546029	家庭电话	60269362	传真号码	63546030
开户银行	\multicolumn{2}{c}{余杭农村合作银行}	银行账号	\multicolumn{2}{c}{7368203765}
公司性质	中外合作	所属行业	零售	注册资金	60 万元	经营范围	日用品、食品、办公用品
信用额度	24 万元	忠诚度	一般	满意度	高	应收账款	19 万元
客户类型	\multicolumn{2}{c}{普通型}	客户级别	\multicolumn{2}{c}{B}
建档时间	\multicolumn{2}{c}{2010 年 5 月}	维护时间	\multicolumn{2}{c}{2017 年 4 月}

四、仓库库存表

仓库库存表如表 23～表 25 所示。

表 23　重力货架库存表

序号	商品编号	商品名称	货位	数量	单位
1	6921004208601	王老吉凉茶	Z1-01-02-01	10	箱
2	6921004208601	王老吉凉茶	Z1-02-01-01	20	箱
3	6924512320231	红牛方便面	Z1-01-03-02	20	箱
4	6925674823487	戴尔台式计算机	Z1-02-02-02	22	箱
5	6945815421783	喜洋洋背包	Z1-01-02-03	30	箱
6	6941278128971	精灵鼠标	Z1-02-01-03	18	箱

表 24　阁楼式货架库存表

序号	商品编号	商品名称	货位	数量	单位
1	6908512108419	可口可乐	G1-01-01-02	18	瓶
2	6901347800053	椰树椰汁	G1-01-02-02	20	瓶
3	6908512109416	雪碧	G1-01-03-02	20	瓶

表 25　摘取式电子标签库存表

序号	商品编号	商品名称	货位	数量	单位
1	6922868286874	心相印(优选)面巾纸	D1-01-03-02	19	包
2	6949085300053	尝响油多多超级蛋王	D1-01-05-01	20	个
3	6901236340363	维达双抽(绵柔)纸面巾	D1-01-01-02	21	包
4	6901236341056	维达纸面巾	D1-01-06-02	20	包
5	6922233613045	五月花盒装面纸	D1-01-06-01	2	盒
6	6922266436192	真真纸手帕(18 包)	D1-01-02-01	12	袋

五、订单有效性判断

订单有效性判断：可的配送中心累计应收账款超过信用额度 15%，其订单视为无效订单。

六、配送中心与客户的距离

浙江可的配送中心有额定载重量为 500kg、L 1 600mm×W 1 200mm×H 1 200mm（长×宽×高）的 2 辆配送车（实际操作时只配载一辆）可供送货。该配送中心的配送网络见图1。

浙江可的配送中心到各客户及两两客户之间的最低里程数值见表26。

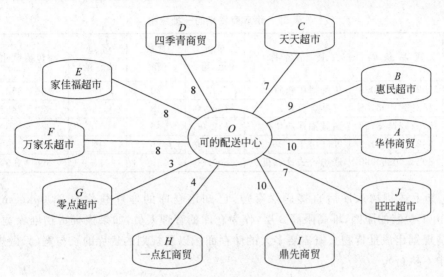

图 1　配送网络

表 26　最低里程　　　　　　　　　　　　　　　　　　　　　　单位：km

	可的配送中心	华传商贸	惠民超市	天天超市	四季青商贸	家佳福超市	万家乐超市	零点超市	一点红商留	鼎先商贸	旺旺超市
华伟商贸	10										
惠民超市	9	4									
天天超市	7	9	5								
四季青商贸	8	14	10	5							
家佳福超市	8	18	14	9	6						
万家乐超市	8	18	17	15	13	7					
零点超市	3	13	12	10	11	11	6				
一点红商贸	4	14	13	11	12	12	8	2			
鼎先商贸	10	11	15	17	18	18	17	11	9		
旺旺超市	7	4	8	13	15	15	15	10	11	8	

仓储管理软件操作　　　　如何绘制甘特图

七、入库任务

（1）浙江可的配送中心接到供应商发来的一批货物（入库单号 20130315），货物已通过验收，现在需要进行组托、上架入库至重型货架，其货物名称、规格、数量和包装尺寸等见表27。

表27 供应商发来的一批货物

序号	货品条码	货品名称	单价（元/箱）	数量（箱）	重量（kg/箱）	外包装尺寸（mm）
1	6921317905038	康师傅矿物质水	24.00	20	13	200×360×270
2	6939261900108	好娃娃薯片	196.00	18	9	330×245×280
3	6901521103123	诚诚油炸花生仁	172.00	46	10	275×215×200
4	6921200101102	旺旺饼干	486.00	26	12	320×220×320
5	6921100369990	联想台式计算机	3 800.00	10	25	595×395×340

（2）如上述货物入库后直接码垛存放，已知该仓库的地坪载荷为 2 000kg/m²，库高12m，且由于包装的原因，堆高限高3层，作为仓库的管理人员，如果该批货物堆垛宽度不超过1m，请规划出该批货物大概需要多大的储存面积以及规划的货垛的长与宽（只做规划，实施过程中不执行）。

八、设备清单

该配送中心目前配备有下列设备，在方案实施阶段需要下列设备用于货物的装卸搬运及上架。设备种类规格型号及使用成本见表28。

表28 设备种类规格型号及使用成本

序号	设备名称	设备规格	设备型号	使用成本	可供数量	计费规则
1	托盘	L 1 200mm×W 1 000mm×H 150mm	托盘	20元/个	6	按使用个数计算
2	地牛	2 000kg	手动	0.01元/辆·秒	1	每种设备只允许租赁2次（入库1次，出库1次）
3	半电动堆高车	载重1t 起升高度2.5m	半电动	0.05元/辆·秒	1	
4	重型货架	2排3列3层货架	重型托盘货架	30元/个	见货位存储图	按使用个数计算
5	摘取式电子标签及流利式货架	瑞意博 RY10-1360	瑞意博 RY10-1360	免费	1组	
6	播种式电子标签及货架	瑞意博 RY10-1350	瑞意博 RY10-1350	免费	1组	
7	阁楼货架			免费	1组	模拟
8	计算机	PC	DELL330	免费	1台	
9	WMS系统	中诺思WMS	V2.0	免费	1套	
10	手持终端	MOTO	C500W	免费	1台	队员都可使用

续表

序号	设备名称	设备规格	设备型号	使用成本	可供数量	计费规则
11	条形码标签纸	104mm×45mm		10元/组	50张	托盘、周转箱条码标签需要自己打印,按实际使用数量计费
12	无动力滚筒输送机	L 1 500mm×W 550mm×H 750mm		免费	1套	
13	半自动传输机	L 4 500mm×W 550mm×H 750mm		免费	1套	输送摘取式电子标签货架拣选的货物
14	简易配送车	L 1 600mm×W 1 200mm×H 1 200mm	载重量 500kg	0.05元/辆·秒	1辆	从租赁开始计费直到比赛结束
15	折板箱	L 590mm×W 400mm×H 350mm	塑料折板箱	免费	10个	
16	周转箱	L 602mm×W 402mm×H 267mm	塑料周转箱	免费	4个	
17	手推车	50kg	ST50	免费	1辆	
18	人工费成本	主管1人、仓库管理员2人		0.05元/人秒	3人	从方案实施比赛计费直到比赛结束
19	超常租赁成本	增加1次租赁设备的费用		50元/次		第一次租赁免费,以后每增加一次租赁,增加50元/次的成本

注意:

(1) 设备使用时应按照相关设备的操作规程进行。

(2) 托盘长距离移动应使用地牛拖拉。托盘上不允许货物间堆压混装。

(3) 电动堆高车仅允许在仓储区和托盘交接区使用。使用时注意安全。

(4) 拖拉地牛时不允许跑动。

(5) 手持终端设备使用时轻拿轻放,手持终端传递信息需要一定时间,请不要反复按键,以免死机。

半电动堆高车的操作

(6) 方案实施完成时,所有设备必须放回设备存放区,空托盘放回托盘存放区。

(7) 托盘编码 10000001—10000009;周转箱编码 20000001—20000005。购买条码 10元/组(每组两个条码),在实施储配方案时粘贴条码。

(8) 重型货架说明:2排3列3层货架。货位条码编制规则为库区、排、列、层 4 号定位法,如 Z1020103,代表的信息是 Z1 库区第2排第1列第3层。各参赛队所在赛区均指定为 Z1 库区。

九、重型货架库存图

重型货架库存图见图2。

仓储与配送管理实务

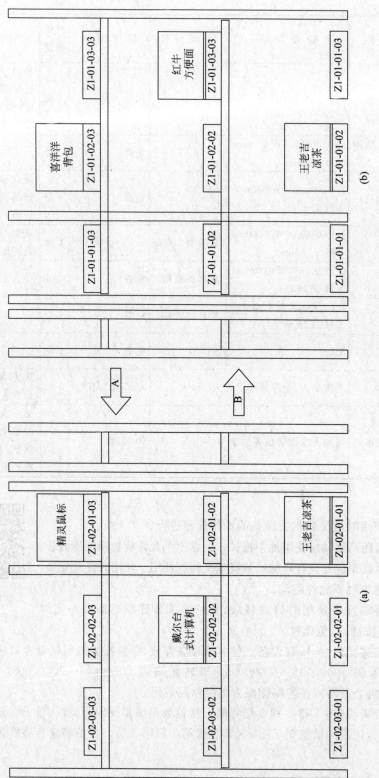

图 2 重型货架库存图

十、租赁申请书

租赁申请书

为完成储配作业第____参赛队特此申请租赁

地牛_____（台），　　　　租赁起始时间：_____；

叉车半电动堆高车_____（台），租赁起始时间：_____；

托盘_____（个），　　　　租赁起始时间：_____；

简易配送车_____（台），　　租赁起始时间：_____。

申请人签字：　　　　　　裁判签字：

退　租

地牛_____（台），　　　　退租时间：_____；

叉车半电动堆高车_____（台），退租时间：_____；

托盘_____（个），　　　　退租时间：_____；

简易配送车_____（台），　　退租时间：_____。

申请人签字：　　　　　　裁判签字：

参考文献

[1] 沈文天.配送作业管理[M].2版.北京：高等教育出版社,2014.
[2] 杨凤祥.仓储管理实务[M].北京：电子工业出版社,2007.
[3] 薛威.仓储作业管理[M].北京：高等教育出版社,2014.
[4] 赵启兰,刘宏志.库存管理[M].北京：高等教育出版社,2005.
[5] 郭元萍.仓储管理与实务[M].北京：中国轻工业出版社,2006.
[6] 郑丽.仓储与配送管理实务[M].北京：清华大学出版社,2014.
[7] 黄静.仓储管理实务[M].大连：大连理工大学出版社,2007.
[8] 宋文官.仓储与配送管理实务[M].2版.北京：高等教育出版社,2014.
[9] 刘敏.物流设备操作实务[M].北京：高等教育出版社,2015.
[10] 朱华.配送中心管理与运作[M].2版.北京：高等教育出版社,2014.
[11] 范珍.物流管理案例与实训[M].武汉：武汉理工大学出版社,2008.
[12] 朱文涛.仓储与配送管理[M].北京：冶金工业出版社,2009.
[13] 赵启兰,刘宏志.库存管理[M].北京：高等教育出版社,2007.
[14] 周云霞.仓储管理实务[M].北京：电子工业出版社,2007.
[15] 孙彦东.物流商品的养护技术[M].北京：知识产权出版社,2006.
[16] 周岳.助理物流师工作要求[M].呼和浩特：内蒙古人民出版社,2005.
[17] 周岳.物流员工作要求[M].呼和浩特：内蒙古人民出版社,2005.
[18] 沈文天.配送管理[M].北京：中国人民大学出版社,2014.
[19] 梁军,李志勇,仓储管理实务[M].3版.北京：高等教育出版社,2014.
[20] 浦玲玲.仓储与配送管理实务[M].北京：中国环境科学出版社,2016.
[21] 何倩英.物流案例与实训[M].北京：机械工业出版社,2010.
[22] 郑文岭,赵阳.仓储管理[M].北京：机械工业出版社,2009.
[23] 周晓杰.物流仓储与配送实务[M].北京：机械工业出版社,2011.
[24] 钱芝网.仓储管理实务[M].2版.北京：电子工业出版社,2011.
[25] 骆卫青.仓储与配送业务管理[M].北京：国防工业出版社,2013.
[26] 王桂花.现代物流管理实训[M].北京：中国人民大学出版社,2014.
[27] 罗树林,刘翠芳.仓储管理实务[M].沈阳：东北大学出版社,2014.